▲ 2017 年 3 月 27 日下午，湖南省委书记、省人大常委会主任杜家毫在听取步步高集团董事长王填关于“点石计划”的汇报后，对着王填竖起了大拇指。也就是这次汇报，让杜家毫决定委托王填到十八洞村去看看有没有适合发展的产业。

▲ 2017 年 9 月 21 日，湖南省委书记、省人大常委会主任杜家毫调研湘西自治州十八洞村脱贫攻坚工作，步步高集团党委书记、总裁陈志强向他汇报十八洞山泉水厂项目建设情况。

◄ 2018 年 9 月 14 日上午 10 点，国务院扶贫办主任刘永富，湖南省委常委、常务副省长陈向群等领导来到十八洞山泉水厂视察。尝了十八洞山泉水后，刘永富说：这个水有点甜！

► 2017 年 10 月 8 日，步步高集团与十八洞村共同打造的十八洞村山泉水厂正式建成投产并举行启动仪式。湖南省人大副主任、湘西州委书记叶红专出席并宣布十八洞山泉水厂正式上线投产。

◄ 2017 年 10 月 7 日，湖南十八洞山泉水有限公司总经理邹爱华（右一）向步步高集团党委书记、总裁陈志强介绍水处理系统的工作原理。

► 2017 年中秋国庆期间，为了赶工程，步步高集团部分员工在党委书记、总裁陈志强的带领下，牺牲假期，坚守工地，图为中秋节部分员工在厂房前合影。

◄ 2017 年 10 月 8 日，步步高集团与十八洞村共同打造的十八洞村山泉水厂正式建成投产并举行启动仪式。湖南省人大副主任、湘西州委书记叶红专出席并宣布十八洞山泉水厂正式上线投产。

►为积极响应习近平总书记“精准扶贫”的号召，2018 年 9 月 5 日，在中车株机首届慈善文化节上，中车株机与十八洞村签约，对十八洞山泉水项目进行重点扶持，助力该村产业扶贫。

◄十八洞山泉水厂大门一角

►十八洞山泉水厂生产线一角

◄十八洞山泉水厂内一角

探路

TANLU

中央财经大学新闻系
北京市写作学会
北京指点文章国际教育科技公司
联合策划组织

产业扶贫
十八洞村思考

谭云明　艾华◎著

中国经济出版社
CHINA ECONOMIC PUBLISHING HOUSE
·北 京·

图书在版编目（CIP）数据

探路：产业扶贫十八洞村思考 / 谭云明，艾华著．
—北京：中国经济出版社，2018.10（2023.5 重印）
ISBN 978-7-5136-5385-5

Ⅰ.①探… Ⅱ.①谭… ②艾… Ⅲ.①农村—扶贫—概况—湘西土家族苗族自治州
Ⅳ.①F127.642

中国版本图书馆 CIP 数据核字（2018）第 230060 号

责任编辑　王西琨
责任印制　马小宾
封面设计　任燕飞设计工作室

出版发行　中国经济出版社
印 刷 者　北京建宏印刷有限公司
经 销 者　各地新华书店
开　　本　710mm×1000mm　1/16
印　　张　22.5　**彩页印张**　0.25
字　　数　284 千字
版　　次　2018 年 10 月第 1 版
印　　次　2023 年 5 月第 2 次
定　　价　78.00 元
广告经营许可证　京西工商广字第 8179 号

中国经济出版社　**网址** www.economyph.com　**社址** 北京市东城区安定门外大街 58 号　**邮编** 100011
本版图书如存在印装质量问题，请与本社销售中心联系调换（联系电话：010-57512564）

策划与撰稿者

谭云明　艾　华

参与撰稿者

王　凯　邹　璇　丁洪梅

李　彰　罗一坤　付羿雨

訾悦露　王　肖　李少菲

首都高校师生十八洞调研团指导教师

谭云明　中央财经大学教授，北京市写作学会秘书长

陆　地　北京大学教授，北京市写作学会副会长

张桃洲　首都师范大学教授，北京市写作学会副会长

孙利军　中国人民大学教授，北京市写作学会监事

吴金希　清华大学教授

彭文祥　中国传媒大学教授

罗自文　中国社会科学院大学教授

首都高校师生十八洞调研团成员

谭云明　中央财经大学教授，北京市写作学会秘书长
艾　华　北京市写作学会副秘书长
谢百利　北京市写作学会副秘书长
彭剑彪　北京市写作学会常务理事
曾晗君　北京市写作学会会员
王　凯　中国社会科学院大学学生
李　彰　北京大学学生
张向韬　清华大学学生
丁洪梅　中国人民大学学生
李少菲　中央财经大学学生
张彩霞　中央财经大学学生
杜雨薇　中央财经大学学生
闵　文　中央财经大学学生
温琳琳　中央财经大学学生
行家玮　中央财经大学学生
李星瑶　中央财经大学学生
麻钟元　中央财经大学学生
罗一坤　中央财经大学学生
刘彦希　中央财经大学学生
邹　璇　中国传媒大学学生
訾悦露　中国传媒大学学生
付羿雨　北京师范大学学生
王　肖　首都师范大学学生

目录
CONTENTS

引言

INTRODUCTION

梦里的边城

穿过矮寨大桥，汽车逐渐向着湘西深处驶去。距离沈从文《边城》的原型地湖南省花垣县茶峒不远的十八洞村，像一扇古老的木门，吱呀吱呀地徐徐撑开。诚如“翠翠”的故事从边城茶峒开始一般，首都高校师生调研十八洞的旅程也就从矮寨大桥映入眼帘之际，如淳朴的湘西自然山水般，不经意间慢慢撩开了它轻柔的面纱。

沈从文笔下的湘西，如同一个水墨丹青描绘出的童话世界，单纯、美丽、凄婉却不伤感。人性之美、之善，湘西之自然淳朴、秀丽多姿，就如同流淌的溪水般清婉、悠然、绵长。散文般的随性恣意，与小说的含蓄细腻糅合在一起，把一个少女的心思和一个老者的犹豫表现得淋漓尽致。或许只有在湘西的山水风俗中才能孕育出如此凄婉的故事，如此纯洁的村民，如此美丽的山村。

然而，我们的旅程不是寻访沈从文笔下“翠翠”故事的诞生地边城茶峒，而是另一个“梦里的边城”——十八洞村。因为在这里，曾发生过远比“翠翠”的故事更有价值和意义的故事。而这次能聚集这么多师生，踏上探路之旅的起因，还要从一年前一位教授的调研之行说起。

2013年11月3日，对于十八洞村梨子寨的村民来说，绝对是一个不平凡的日子，这一天所发生的一切，也许一生都难以忘记。尽管这天冬日的晨曦，依然是从村东边的山峰上冉冉升起，寨子的炊烟依旧袅袅，但村民做梦也没想到，我们的习近平总书记会踏上这块古老而神奇的土地！那天村寨的阳光格外耀眼，格外温暖。

习近平总书记来到梨子寨最高处的开阔地，坐在板凳上，面对着十八洞村的父老乡亲，语重心长地说，“扶贫要实事求是，因地制宜，要精准扶贫，切忌喊口号，也不要定好高骛远的目标”。从此，“精准扶贫”的理念，如同飞翔的大雁，瞬间传遍了全国。

2017年8月，正值“精准扶贫”提出后三年多之际。有一位教授叫谭云明，也是湖南人，在中央财经大学从事新闻学教研工作。也许是“湘情”的触动，也许是新闻敏感的拨动，他“突发奇想”，要对习近平总书记调研考察过的湘西贫困村十八洞进行走访，通过重访习近平总书记扶贫路，在实践中探索培养新时代新闻人才的新途径。

三年多过去了，十八洞村的精准扶贫工作开展得怎么样？那里的产业扶贫有些什么特色和经验？那里的百姓生活有了多大的改变？于是，带着诸多问题与思考，谭云明教授带领他所教的8名中央财经大学新闻专业学生，组成“产业扶贫调研团”，成员是李少菲、张彩霞、杜雨薇、闵文、温琳琳、行家玮、李星瑶、麻钟元。调研团确定了四个典型的产业扶贫村落，即湖南麻阳县楠木桥村、花垣县十八洞村、绥宁县插柳村、邵阳县塘代村。

调研团自8月9日抵达怀化开始，历时7天，途经千余公里，穿过大半个湖南。调研成员一边向当地扶贫工作队员了解一线产业扶贫的工作重点和难点，一边深入各个贫困户家中进行实地走访，收集到了大量一手资料。9月，同学们回到学校后，对调研材料进行了系统整理，终于形成了10余万字的大型调研报告《精准扶贫 踏石留印》。

这样一个无意间的“大动作”，被《中国教育报》的记者王强先生发现了，他认为这是一个很有价值的“新闻”。于是，2018年1月2日《中国教育报》头版以《“走过泥巴地，感知真实的农村”——8名大学生奔波千余公里考察湘西贫困村，写出10万字报告》予以报道，第四版则用整版的篇幅，以《听，“扶贫曲”响彻贫困村——中央财经大学8名大学生在湖南探访贫困村、调研精准扶贫》予以深度报道。主流媒体报道之后，引发了全国高校师生不少的赞誉。

如此好的舆论效应是谭教授没有预料到的。不过，谭教授却以《点燃学生内心深处的火把》为题表露了自己的心声：

“如何培养党的优秀新闻工作者？如何立德树人？如何让学生坚定新闻理想？如何将课堂教学与新闻实践结合起来？如何让学生掌握好采、写、编、评、摄等新闻技能？这是高校从事新闻教育工作者必须认真思考的现实问题，在网络新媒体蓬勃发展的今天，琢磨好这些问题，显得尤为迫切和必要。

“从事新闻教育20余年，这些问题常常萦绕在我心头，我也一直想为此破解迷思、寻找答案。

“这趟历时7天，途经千余公里，穿越神秘湘西，穿过大半个湖南的采访调研，注定是一个兴奋、紧张、好奇甚至有些恐惧的旅程……

“10万余字的报告，虽然稍显稚嫩，但饱含着深情与真挚。所谓雏凤试声，几声清亮，真心为学生的成果感到骄傲。这次策划、采访、调研、写作活动，提升了学生的使命感和责任感，坚定了学生的新闻理想和胸怀天下的情怀，这些都是在课堂上难以感受到的，须亲自体验，方得‘真经’。

“作为一位大学新闻专业的老师，我愿意当一颗火种，去点燃学生内心深处的火把，照亮他们未来前行的路。”

这次扶贫调研活动也是中财学子勇担历史责任，在基层磨砺自身意志与能力的重要探索。它的意义不仅在于让学生深入了解国家的相关政策，了解农村的风土民情，更能使学生从舒适的象牙塔迈出，培养学生将理论应用于实践，再由实践提炼、升华理论的能力，以及自主发现问题、自主探索问题、自主解决问题的能力。

这是一场泥土芬芳混合书本墨香气味的旅行，这是一份知行合一的勇敢担当，这是一次思想政治教育与专业教育通过实践进行无缝对接的探索。

无论是精准扶贫还是实践教育，这些模式的探索创新从来就不是一蹴而就的，现实注定这将是一条不会一帆风顺的漫漫长路。但庆幸的是，我们看到了高校师生、企业家和老百姓在党和政府的带领下的探索脚步，迈出了第一步，第二步便也会跟上来，踏实走好每一步，终点总会到达。

胡适曾说，万事成功在“尝试”。谭教授无意之举的“尝试”，得到了社会极大的赞誉，自己也受到了极大的鼓舞。时隔一年，谭云明教授为了让更多的首都大学生了解湘西产业精准扶贫的事迹，2017 年由中央财经大学单独组团，2018 年则扩充至由首都八所大学联合组队去十八洞进行深度调研，这些成员来自北京大学、清华大学、中国人民大学、中国社会科学院大学、中央财经大学、中国传媒大学、北京师范大学、首都师范大学的师生，我们一行十余人从首都出发，千里迢迢奔赴湘西，进驻十八洞，与那里的百姓同吃住，开展为期一周的深度调研和访谈。旨在挖掘十八洞村的产业扶贫故事、扶贫经验、扶贫经历，力求把十八洞村精准扶贫的模式从理论层面高度予以总结概括，从而形成一套可复制的脱贫模式，向全国推广，以惠及全国贫困之百姓。

如果说边城茶峒“翠翠”的故事是沈从文在真实基础上改编而成的文学故事，那么这次调研十八洞产业精准扶贫的所有故事则是实实在在的事情。

传说古夜郎国人迁徙，跋山涉水来到湘西深山老林，发现了一个能容纳几万人的大溶洞，且洞内有十八叉溶洞，洞洞相连，便在此定居下来繁衍生息，故名夜郎十八洞，简称十八洞。2005 年，十八洞所在的飞虫村和竹子村合并为一个村，以洞名作为村名，十八洞村由此得名。

十八洞村位于武陵山脉中段，湘黔渝交界处的湘西花垣县境内，隶属湘西土家族苗族自治州，全村辖 4 个自然寨，6 个村民小组，225 户 939 人，属纯苗聚居区，苗族风情浓郁，苗族原生态文化保存完好。这里既有婺源乡村的建筑模式，又有凫耳岭的自然景观。这里既有漫山遍野的野生猕猴桃，又有清澈甘甜的山泉水，更有美丽如画的乡村景观。

然而，就是这样一个美丽的村落，世世代代却被一个问题所困扰：贫困。“山沟两岔穷旮旯，每天红薯苞谷粑。要想吃顿大米饭，除非生病有娃娃。”这是十八洞村当地广为传唱的一首苗歌。2013 年，全村人均年收入只有 1668 元，仅为当年全国农民人均纯收入的 18.75%。人均耕地面积只有 0.83 亩①，村内的青壮年劳动力都外出打工，老人和小孩留守在村里，靠着每年种植一点粮食生活。村里的留守人口几乎人人都是“贫困户”。

电影《十八洞村》根据真实故事改编而成，影片深刻反映了现

① 1 亩约等于 666.67 平方米——编者注。

实中令人无奈的贫穷。主人公原来是一个军人，复员时恰逢20世纪80年代落实包产到户政策，他们家也分到了土地。因为农民对土地的热爱，他一直辛勤耕作了30年。现在，“杨英俊”老了，家里还有智障的孙女，就算一年到头勤勤恳恳、兢兢业业，依然脱离不了贫困。这也为脱贫工作提出了难题，到底怎样才能让自己战胜贫穷？电影中，面对贫困的现状，村民虽心态各异，但对于改变命运的期盼却时刻共鸣，在追求生活脱贫的过程中，更是完成了一次精神上的脱贫。电影结尾引人遐想，“杨英俊”在扶贫队的帮助下联合其他的几个贫困户正式向贫困宣战。而现实中，这种向贫困宣战最终也成了真实，在“精准扶贫”政策的推动下，十八洞村村民苦干加巧干，终于脱贫摘帽了，终于向“贫困”说再见了。

这些年，在十八洞村，除了“杨英俊”的故事外，还涌现了许许多多感人的扶贫故事：“施六金的婚事”“养鸡养牛专业户施关保”“守了十年林的龙祖安”“艰难的水厂建设”“猕猴桃园的入股故事”，等等。这些扶贫的感人故事，早已融入十八洞村的整体发展与变化之中，在这里，政府、村民和企业一起谱写出一幅动人的产业扶贫的壮丽图景。

十八洞村虽然成功脱贫了，但这仅是第一步。实现乡村振兴，走向致富之路，才是十八洞村村民的最高目标。目前，十八洞村正在紧锣密鼓的建设中，而产业开发与运行在其中起着非常重要的作用。因为从脱贫致富走向振兴，不仅仅是让村民个人富裕起来，更重要的是让村民拥有自己的产业，通过产业实现可持续发展，最后实现振兴乡村的目的。

十八洞村的产业扶贫之路依然在探索中前行，它不仅为中国探索出一条脱贫致富之路、一条乡村振兴之路，而且它也是在为世界扶贫事业做榜样，因而十八洞更是受到了世界各地有识之士的瞩目。

2018年6月2日，老挝人民革命党中央总书记、国家主席本扬也来到十八洞村，旨在取中国“精准扶贫”之经。作为世界上最不发达国家之一，老挝也确定了到2020年实现脱贫的目标，和中国的时间进程遥相呼应。

脱贫致富奔小康，永远在路上。面对日新月异的十八洞村，我们愿意做一位敏锐的观察者、忠实的见证者和真实的记录者。

一

十八洞的传说

每个中国人心里都藏着一份对于桃花源的向往，因为那里远离了俗世喧嚣，脱离了红尘世俗，那里的生活悠然宁静，那里的人热情好客。每个文人的骨血里都有着归隐田园的愿望，都推崇着不为五斗米折腰的气节。然而，桃花源只是陶渊明的理想之地，是无数文人墨客的梦想之所，所有的追寻都以“不复得路”终结。

虽然陶渊明笔下的桃花源是虚幻的，但是湘西花垣县境内的十八洞村确是真实的“桃花源”、梦里的边城。于是，仿陶渊明《桃花源记》笔法赋之：

公元两千一十三年末，习近平总书记进湖南、访湘西。缘路行，忘时之长短。忽逢群山，夹路数十里，中无岔路，峰峦叠嶂，连绵不绝，其人甚异之。复前行，欲穷其路。

山环水绕，不见尽头。纵山重水复，终柳暗花明。山水尽头，村落乍现，初极狭，才数户，复行数十步，豁然开朗。土地交错，屋舍俨然，有良田美池桑竹之属。阡陌交通，鸡犬相闻。其中村民行走，男女衣着，悉如外人。黄发垂髫，并怡然自乐。

见来人，乃大惊，问所从来。具答之。便要还家，设酒杀鸡作食。村中闻有此人，咸来问讯。自云为夜郎后人，战败，灭国亡家逃亡至此。群山为障，溶洞为居，暂避仇敌。后安居于此，繁衍至今。群山是护亦是困，出入不便，遂与外人间隔。问今外世状，诸多鲜闻，遑论熟知。此人一一为具言所闻，皆叹惋。余人各复延至其家，皆出酒食。不久，辞去。此中人语云："愿得相助，脱贫致富。"

既出，得其车，返其路。至省县，说如此。忧民苦，下指示。实事求是，因地制宜，分类指导，精准扶贫。县省委即遣人探其情，查其实，解其忧，富其民。五年，不复贫困。

图 1－1　"梦里边城"十八洞村梨子寨俯瞰

夜郎十八洞

十八洞村隶属于湖南省湘西土家族苗族自治州，有婺源乡村的建筑模式，又有兔耳岭的自然景观。位于湖南省西部，武陵山脉中段，湘黔渝交界处的湘西花垣县。地处素有花垣"南大门"之称的排碧乡西南部，紧临吉（吉首）茶（花垣县茶峒）高速、209 和 319 国道，距县城 34 公里，距州府 38 公里，距矮寨大桥 8 公里、高速出口 5 公里，全村辖 4 个自然寨，6 个村民小组，225 户 939 人，属纯苗聚居区，苗族风情浓郁，苗族原生态文化保存完好。

十八洞村处于高寒山区，冬长夏短，是高山熔岩地区，海拔在 700 米左右。全村面积是 14162 亩，而人均耕地 0.83 亩，它的农耕面积也只是占它的5.8%，森林覆盖面积高达78%，所以，这里原生态文化的保护依然非常完好。甚至还有地方能看到5000年前的环境状态，可以了解蚩尤、后羿年代的文化，也可以看见湘西苗族的一些传统习俗，一睹五千年中华农耕文化的影子。

原本是没有十八洞村这个行政村名的，这个村名的得来始于2005年，当时，竹子寨、飞虫寨这两个自然村寨要合并，双方对新的村名发生了激烈的争执，施金通担任竹子村村主任，他提出原来的两个村名都不采用，因当地有个特大溶洞十八洞，大伙最后商议新村名就叫“十八洞村”。

外界一直有人误以为十八洞指当地的十八个溶洞。其实，十八洞是一个超级溶洞群，用垂直软梯才能进去，接着通过一个仅可容身的更小洞口，一个人匍匐进入后才豁然开朗，慢慢可以发现其中的18个岔洞。十八洞村扶贫工作队队长吴式文说过，“我进过一个岔洞，走了六七个小时。曾经有一支来自广西的探险队在洞内走了七天七夜，还没看全”。

十八洞村后来又合并了梨子寨和当戎寨两个自然村寨。因此，十八洞村共辖4个自然寨，6个村民小组，225户，939人。2013年11月3日习近平总书记考察的寨子叫梨子寨，是十八洞村4个寨子中最小的一个，只有108人。

十八洞村的“飞虫”“竹子”也好，“梨子”也罢，可以想见，这些大山里到处可见的昆虫、植物、水果，于是，这些便成了世世代代村寨子的名字，纯朴中透出的可爱令人感怀。

其实，关于十八洞，自古以来还有一个更神秘的“夜郎十八洞”传说。夜郎十八洞位于花垣县双龙镇莲台山，是湘西地区喀斯特地貌中的大型岩溶混合洞穴。传说当年夜郎国先民打败仗后，翻山越岭来到这里的深山老林，经过探寻，发现了一个能容纳几万人的大溶洞，洞内有十八岔洞，洞洞相连，且冬暖夏凉，景色优美。于是他们便定居下来，休养生息，繁衍后代，故称夜郎十八洞。

夜郎国是中国在西南地区由少数民族先民建立的第一个国家。西汉以前，夜郎国名无文献可考。夜郎之名第一次问世，大约是在战国时期，楚襄王派“将军庄跃溯沅水，出且兰（今贵州福泉市），以伐夜郎王”，“且兰既克，夜郎又降”。这时，人们方知西南有一夜郎国。

夜郎国被中原政权记述的历史，大致起于战国，至西汉成帝和平年间，夜郎王兴同胁迫周边 22 邑反叛汉王朝，被汉使陈立所杀，夜郎也随之被灭，前后约 300 年。之后古夜郎国神秘消失，其中一部分夜郎人被流放到贵州镇宁一带。这个古老的文明在中原史籍记载中留下了一团迷雾。

2000 年 5 月，考古学家在湖南沅陵发现了一个庞大的巨型墓葬群，其年代在战国至汉代之间，大部分墓葬规模超过了长沙马王堆汉墓和 1999 年全国十大考古发现之一沅陵虎溪山 1 号汉墓。专家推断，墓主可能就是夜郎王。而沅陵有很长一段时间是夜郎古国的文明中心。唐代大诗人刘禹锡于唐永贞元年被贬到朗州（今常德），其间作《楚望赋》云：“武陵（西汉初年幼黔中郡改名）故郢（楚都，代指楚国）之裔邑，夜郎诸夷杂居。”这指的是古黔中境内为夜郎各族杂居之地。唐代大诗人李白所作《闻王昌龄左迁龙标遥有此寄》：“杨花落尽子规啼，闻道龙标过五溪。我寄愁心与明月，随君直到夜郎西。”这里的夜郎便是今日沅陵。

当我们走进十八洞村的寨子深处，随处可见峰林起伏，层峦叠嶂，危岩耸立，景色之美不逊色于一般的风景区，难怪当初习近平总书记称赞这里是“小张家界”。但这如画的景色在这武陵山中只是寻常的风景。可与这如画风景相伴的，偏偏是世代的贫瘠。是啊，十八洞的神秘传说也许永远留在了善良人的心底，并在苗族后裔的口耳间传颂着，但美丽而贫困的现实，依然总是在世代生活于这片神奇土地上的苗族后来者面前一直“晃悠”着。

蚩尤部落群

在武陵山中，大小峡谷彼此相连，十八洞村所在地是蚩尤大峡谷。而蚩尤便是苗族公认的先祖。远古苗族生活在黄河流域，其先祖蚩尤与炎黄部落作战失败后，苗裔退居江汉、洞庭湖一带，建立三苗国。商周时，三苗被破，继续迁徙到湘西，又由湘西分迁到西南各地。

图 1－2　远眺十八洞村所在的蚩尤大峡谷

由此可见，苗族既是一个历史悠久的民族，也是一个赋予坚毅、勇敢、抗争特质而又饱含苦难的民族。五六千年前的炎黄传说时代，在黄河下游和长江中下游一带出现了以蚩尤为首的九黎部落联盟，而在甘陕黄土高原上形成了以炎帝神农氏和黄帝轩辕氏为首的另两大部落集团。炎帝与黄帝沿黄河由西向东发展，先后与蚩尤在涿鹿一带发生战争。蚩尤先败炎帝，“蚩尤乃逐帝，争于涿鹿之阿，九隅无遗”。后来炎帝与

图1－3　位于花垣县的蚩尤像

黄帝联合打败了蚩尤，“轩辕之时，蚩尤最为暴，莫能伐，于是黄帝乃征师诸侯，与蚩尤战于涿鹿之野，遂禽杀蚩尤”。

蚩尤死后，天下大乱，黄帝便画了幅蚩尤的画像威慑天下，天下这才安定下来。而蚩尤的九黎战败后大部分向南流徙，开始了苗族多苦多难的迁移史。至今苗族人民中还广泛流传着蚩尤的传说，他们始终信奉蚩尤为其始祖。

不过，蚩尤的九黎，共有九个部落，每个部落有九个氏族，蚩尤是他们的大酋长。《史记》等书记载：蚩尤姜姓，炎帝之后。酉字对应于鸡，易经中为巽，主号令群雄之意。故蚩尤古又记为蚩酉。传说蚩尤有兄弟八十一人，即有八十一个支系氏族。他们信奉巫教，杂拜鬼神。掌握文化的人称为“巫”；能用铜制造兵器；有刑法。这些文化对于后来的华夏族有深刻的影响。九黎势力很大，上古传说中三皇五帝中的天皇伏羲、地皇女娲、人皇神农皆从东夷九黎出。后羿、帝狻、熙和等神话体系亦出自东夷九黎。

如今贵州关岭一带流传有“蚩尤神话”，传说远古时，苗族居住在黄河边上，共“八十一”寨，他们的首领叫蚩尤，蚩尤为民除掉了危害苗民的“垂耳妖婆”，使百姓过上安宁的生活，后来妖婆的三个妖娃请来了赤龙公和黄龙公（赤帝和黄帝）复仇，蚩尤率领苗族人民英勇作战，多次打败赤龙和黄龙二公。赤龙、黄龙二公联合起雷老五（雷公），水淹苗兵，擒杀了蚩尤，焚毁了“八十一寨”。剩下来的苗族子民被迫远走他乡。

“蚩尤神话”尽管是一个古老的神话传说，但它是关于人类和世界变迁的神圣故事，是一个民族的意识形态用故事的形式表达出来的美好传说。人们借助于幻想企图征服自然，神话中神的形象大多具有超人的力量，这是原始人类的认识和愿望的理想化。许多民族的原始社会的历史，都是从神话故事开头的。神话中的人物大多来自原始人类的自身形象。狩猎比较发达的部落，所创造的神话人物大多与狩猎有关；农耕发达的部落所创造的神话人物多与农业有关。神话中的英雄也以刀斧、弓箭为武器。从神话中，我们也可以窥见先民的一些事迹。

当年，蚩尤与黄帝大战“涿鹿”，蚩尤不敌，败走疆场，溃退中原，一路南下，九黎分散，各自成习。而湘西苗族便是其中一支，奉蚩尤为祖。而湘西苗族的起源地就在花垣县，隶属花垣县而又位于武陵山腹地的十八洞村，是一个纯苗族村寨，这里山高林密，民风淳朴，这里的村民理应属于远古蚩尤部落的后裔了。

花垣有句俗语叫“蚩尤故里，世界边城”，“世界边城”即沈从文《边城》笔下的原型地茶峒，而“蚩尤故里”就在离十八洞村不远，且也是处在蚩尤大峡谷中的金龙苗寨。这次调研，花垣县副书记彭学康特地带我们去考察了一番。

“巍巍武陵山，蚩尤于此眠。仙丹随手采，能活五百年。”刚进金龙苗寨，村支书龙子彬就让我们看“蚩尤睡佛”，面对独特的山景，他情不自禁地吟唱起来。

我们边走边看，支书在一边不停地解说。金龙苗寨的美景、动人的神话传说，侃侃而谈，滔滔不绝，如痴如醉。

的确，看那蚩尤睡佛，卧也是佛，立也是佛，再倒立也是佛，威武雄壮，故事篇篇，传说连连。相传蚩尤与炎帝黄帝中原大战，战得天昏地暗，尸横遍野，血流成河，终因实力不及炎黄，兵败逃亡。伤痕累累、奄奄一息的蚩尤带着余兵剩将来到武陵一带，正愁无处安身，仰天长叹。然天不灭人，神佑苗族祖先，危急时刻，一只神龟从云海中游来，将蚩尤及余兵剩将驮在安稳如山的背上，安放在金龙村、让烈村一带，从此繁衍生息，龙脉不绝，后人不断，时至今日，太平盛世。而这只神龟也就永永远远地留在了武陵山，在矮寨大桥对面的山上挺立于天，傲首向前。据此传说，当地人把金龙认作是蚩尤真龙，武陵蚩尤山就是蚩尤长眠安息的圣山。

那山，那水，那人

十八溶洞，洞洞相连，神态各异，巧夺天工。最具代表性的胜景给予了这个地方朴实的名字——十八洞村。群山连绵，望眼欲穿，葱翠欲滴，摄人心魄。不是每个地方都有如此撩人的山峦，不是每个地方都有潺潺极净的流水，不是每个地方都有那样一群纯如琥珀的人民。那山，那水，那人，带给了这个地方无与伦比的魅力。

十八洞村地处湘西州境，武陵山脉自东北向西南斜贯全景，东以雪峰山为屏，西骑云贵高原，北邻鄂西山地，弧形的山区仿佛将其围成了一方小小天地，也因此被冠以“小桃花源”的美誉，溶洞、伏流等喀斯特地貌景观在地底甚至地面上展现着其别具一格的风范。湘西州西南石灰岩分布广泛，岩溶发育充分，又因地壳作用形成小片峰，溪河纵横其间，两岸多冲积平原。湘西知名作家彭学明先生在其《湘西游记》中这样写道：

岁月偏偏是个典型的完美主义者，也是艺术大师。他拿起斧子这里一劈，那里一砍，悬崖就出来了，断壁就出来了，残垣就出来了，流泉、飞瀑、洞穴，都飞出来了。大音希声，大美无形，大隐隐于市，大戏在后头。多少文人学者，都叹服于湘西帧帧美景中。大自然又以其伟大力量，给予了十八洞村独具一格的气候。在冬季风与夏季风的交替控制下，花垣既水热同季、暖湿多雨，又冬暖夏凉、四季分明；气候类型多样，垂直地带性显著，河谷温热湿润带、山地温暖较潮湿带、山地温良潮湿带，一座山峰上呈现数种植物与气候特色，给予了当地更加多元化的自然景观。婺源式的梯田，绿入心坎；抬眼望去，山地上尽是丛丛树林。如此美景，大概就是自然的馈赠。

湘西苗族蚩尤后裔的十八洞村民，就在这样一片土地上书写着自己的故事。五六千年前的炎黄传说时代便有了苗族人民的身影。这也为当代人们感叹于他们的智慧与神秘奠定了基础。在这片小小的土地上，苗族人民创造了灿烂鲜活的文明。

首当一提的便是他们的住房特色。不同于云南傣家人民的吊脚楼，苗族吊脚楼是苗族人民在艰难的山地环境下独具特色的创造。沿山势而上，舒展平缓，依坡筑屋，建筑群体高低错落，玲珑有致。干阑式建筑架空楼的下部，以木柱支撑，抬高居住层面，对于防潮、防虫蛇猛兽具有举足轻重的作用。开间少、进深浅、占地不多，干阑式建筑能在土地有限的情况下最大限度地开发利用，开拓场地，争取利用空间。同时加以穿斗木式房屋结构，稳定性强，易于加工，简单灵活，它对于这一地域的气候和环境适应性强，想要去掉基础部分，只需要在柱脚铺垫脚石即可，因此享有“没有基础的房子”之称，这也致使苗寨吊脚楼在外观上轻盈飘逸、鳞次栉比、层叠而上，极具美感。就是在这样原生态的房屋建筑中，人们孕育了一代又一代子孙。

图 1－4　十八洞村苗寨民居一角

而苗民的服饰也极具地方特色与神秘之感。男子服饰为缠头布帕，多为青色，戴多层人字形。身穿对襟衣，袖长而小裤筒而大，包青色裹脚。衣料多为自家织“家机衣”。妇女衣服一律满襟，腰大而长，袖大而短，无衣领。腰系围裙，胸口、袖口多习惯绲边，绣花或排纱，五光十色，灼灼夺目。说到服饰，最不能少的便是苗家的银饰。有银帽、银盆、凤冠、耳环、项圈、手镯、戒指、披肩等，各种银饰又有不同造型。项圈就有轮圈、扁圈、盘圈等；耳环有梅花针耳环、龙头耳环、瓜子耳环、石榴耳环等。苗族妇女每当出嫁、串亲、做客、赶集、节日赴会等均会佩戴。

而往往这种场合，都少不了另一样至关重要的元素——食物。苗族菜肴除了自产的新鲜蔬菜之外，最具特色的是其腌制酸辣食品，如酸鱼、酸菜、酸汤、酱辣子等。苗家平时买肉不方便，为避免客人到后临时张罗不周，因而，一般人家均用特殊方法腌制的酸鱼、酸肉、腊肉等招待贵客。其中以酸鱼最具特色。鱼带血抹上食盐和花椒，层层叠放，密封于坛子中进行腌制，一月后取出即食。鱼鲜美的肉质得到完好保留，坚中带嫩。苗家历来好客，来了客人总要以酒相待，如糯米酒、苞谷酒。而有鱼有酒，此二者是为极好的伴侣。

在经历了漫长的奴隶社会制度后，中华人民共和国的成立将苗寨人民带向了社会主义社会。原来的一夫多妻制也变为了现代的一夫一妻制。但在婚姻的方面，苗民仍保留着他们的传统习俗。苗族青年通过劳动、集会、赶场、串亲等方式相互接触，经过多次约会、对唱情歌等方式确立恋爱关系，而后自由婚姻。订婚，通常是男方家主动向女方家求亲，央媒人去女方家讨口风，媒人往返次数越多越好，俗称“多为求贵”。订婚后，男方要择日向女方“过礼”，随后向女方“讨庚”，取女方生辰八字。娶亲前一晚，男方带抬花轿、嫁妆的队伍前往女方家迎亲。发亲时，新娘整装哭拜父母，正式嫁入男方家。第二天上午举行吃酒仪式，恭贺新禧，主客方各有一名老人互敬贺词与祝酒词。晚上，新郎与新娘家请的“巴江莎”开场对歌，宾客以此为乐，通宵达旦。而在党的十一届三中全会后，旧的婚俗逐步革除，婚事从简，与汉婚无异。

在苗民老人生命结束后，实行土葬。用桃叶或菖蒲烧水洗澡，穿上寿衣上柳床，然后入棺。棺木放在堂屋的正中间，全家举哀，戴孝帕，大门上贴“当大事”字样，晚上请道士打棺念经，停柩三至七日，上山安葬。子孙披麻戴孝，手执香纸，撒纸钱。抬丧不走弯路，逢山翻山，遇水涉水。到坟地棺木入穴后，由孝子亲手持锄连挖三下，众人才动手埋葬。

独特的地理环境，给十八洞村这个独特的地方带来了灿烂的生态和人文文明。人与自然，在这一朝一暮，一起一落中，找到生命的皈依。一生辛劳，带来儿孙满堂，祖宗家业得以传承。起点、终端，那都是十八洞村人秉持百年的信念，朴实，但富有力量。

藏在深山人未识

数百年的岁月，每一块青石，每一片乌瓦，每一方田地，每一座房屋，留下的都是时光的痕迹，写满了岁月的沧桑。在数不清的日子里，他们走过那些艰难岁月，渴望得到救赎。但不是每一道热切的目光都会得到会心的回应，不是每一对久别的人儿都会有重逢的佳时。即便有如此迷人的风景与灿烂的人文景观，十八洞村依旧是“藏在深山人未识”。如若不是习近平总书记在扶贫的大背景下，选择最贫困、最艰难的扶贫一线去视察、去抚慰，像十八洞村一般的很多地方，或许永远不会为世人所知。

人们不禁思考，这到底是为什么？有人说，纵有千般美景又如何？当地经济落后，基础设施建设依旧停留在中华人民共和国成立时期，交通通达度完全无法支持其为世人所知。连到都无法到达的地方，又何来被人们熟知之说呢？但有更深刻研究的学者指出，更为主要的原因，或许是十八洞村村民的观念问题。

由于数百年来的闭塞，使他们变为了“乃不知有汉”的局外人。教育水平、资源分配的不均，使得他们依旧保留着大部分的奴隶社会生产生活方式与理念。这是一个信息时代，地球村的形成不断加快，没有人能阻挡信息化的发展、互联网的使用步伐。在这片与世隔绝的大森林里，人们依旧采取的是一家一户的小农耕作方式，不知道什么是智能手机，也没有无线网络的概念。这应当是阻碍十八洞村走向现代化的首要主观原因。

当习近平总书记踏上这片土地之后，不仅提出了经过深思熟虑的

“精准扶贫”的理念，而且还重点强调：要保持十八洞村的原生态自然景观与人民生活景观，在保留与尊重十八洞村村民的生活方式的同时，保留传统文化与民俗。更重要的是，在这些年里，十八洞的蚩尤子民们，他们用自己的实践，诠释了什么才是真正的“精准扶贫”，从而为这个伟大的理念注入了时代的活力与历史的价值。

二 世代的挣扎

2018 年 7 月 22 日中午，调研团成员乘坐高铁抵达怀化后，租车前往花垣县十八洞村。除带队的谭老师外，其他成员都是第一次前往。十八洞村，相信很多人或多或少从媒体上听说过这个名字，而对于当今的中国来说，十八洞村不仅仅是一个行政村级的地名，它还承载着不同寻常的政治意涵。因为，2013 年 11 月 3 日，习近平总书记来到了这个贫困村考察，第一次提出了“精准扶贫”的政策倡议，也正是如此，十八洞村作为“精准扶贫”的首倡地而备受世人关注。近年来，十八洞村在各级党委和政府的关注下，掀起了一场“惊心动魄”的扶贫攻坚战，成为“精准扶贫”的样本。虽然十八洞村早已经脱贫摘帽，但抚今追昔，回首来时路，不时触摸一下历史的记忆，对于十八洞村未来的致富奔小康，不免也是另一种的激励和鞭策。

健谈的司机大哥

调研团一共包了两辆轿车，开始了前往十八洞村的旅程。因为十八洞村所在的花垣县不通火车，要么从怀化乘车去那儿，要么从怀化坐火车到吉首，然后再乘坐汽车去。而我们选择了前者。

时当晌午，天气闷热，因长途坐高铁后，转乘汽车，让人感觉有些疲乏，打开车窗，清新的山风灌入，很是提振精神。一路上两侧掠过的都是连绵的青山，山不高，但是绵延不绝，层峦叠嶂，郁郁葱葱，植被覆盖极多，几乎看不见裸露的山体。群山的间隙里多是耕地菜土，面积不大，与硕大的山体不成比例，偶尔闪过一二村庄，也只是十几户人家簇拥而成，这正是南方喀斯特地区独有的风景。

我们小组乘坐的包车，开车的师傅姓金，30 来岁，也是湘西人，个子不高，但很敦实，因常年在外跑车，皮肤晒得有些黝黑。金大哥的言语开始不多，几乎没有主动与我们搭话，当他得知我们来自首都北京，是特地去十八洞村调研考察时，顿时显得异常兴奋。

我们问他是否熟悉十八洞村，他说："我知道啊，湘西人谁不知道？那是 2013 年 11 月，习近平总书记在十八洞村首次提出了精准扶贫的重要思想，这可是大事情哩。"金大哥说，自从习近平总书记在湘西考察扶贫之后，湘西州的面貌确实有了不小的改变，人均收入提高、基础设施建设加快，都是看得见的变化，外出打工的人也回来了很多，包括他自己也是从长沙回到家乡工作的。说起这些变化，小伙子很是激动。但当我们问到十八洞村之前的情况时，他一咧嘴说："十八洞村在之前也是比较出名的，出名的原因就是，他们这一带，实在是太穷了。因为穷，那里的光棍据说特别多，周围村庄的姑娘都不愿意嫁到那里去。"

贫困线上挣扎的湘西

十八洞村隶属于湖南省湘西土家族苗族自治州（简称湘西州），有婺源乡村的建筑模式，又有兔耳岭的自然景观。位于湖南省西部，武陵山脉中段，湘黔渝交界处的湘西花垣县。这里处于湘西内部，具有典型的湘西地理特征，十八洞村的贫穷是在湘西的整体贫穷之下产生的。了解十八洞村，首先要了解湘西。

图 2－1　十八洞村的民房

在中国，分布有11个集中连片特困地区，如果以面积计算可以达到全国国土总面积的15%，也就是中国最穷最穷的15%。11个集中连片特困地区由国务院扶贫办于2011年划定，具体有大兴安岭南麓片区、燕山—太行山片区、吕梁山片区、六盘山片区、秦巴山片区、大别山片区、武陵山片区、乌蒙山片区、滇西边境片区、滇桂黔石漠化片区和罗霄山片区等，如果加上之前已经实施特殊政策的西藏、新疆南疆四地州、甘青滇川四省藏区，则是14个，占全国面积的比例还将更大。2017年底，中国3046万贫困人口大部分就居住在这15%的土地上。

不难发现，这11个地区无一例外，全是分布于山区。中国最后的极端贫困地区，往往与环境有着很大的关系，那些让外来旅行者赞叹的美景，背后却是当地人的艰难求生。

再看看湘西州的情况。湘西州位于湖南省西北部，下辖吉首市和龙山、泸溪、凤凰、古丈、花垣、保靖、永顺7个县，全境多山，自然环境封闭，有苗族、白族、土家族、瑶族、侗族等多个少数民族。湘西州所辖7县均为国家级贫困县，属于典型的老少边穷地区，境内贫困人口分布广，贫困人口基数大，脱贫任务艰巨。随着湘西州社会经济的发展及党和政府扶贫工作的努力，湘西州在摆脱贫困方面取得了不小进步，扶贫开发已取得显著成效，极大地减轻了贫困程度，但由于受历史、自然条件、社会等影响，整个地区的贫困现象依然明显，其经济发展水平与湖南省其他地区都还存在较大差距。

湘西州的贫困范围广

改革开放以来，湘西州的社会经济有了一定的发展，贫困人数逐渐减少，但整体而言，湘西州的贫困现象依然明显，且贫困范围广。全州下辖1市7县，除吉首市属省级贫困县外，其他7县都属于国家级贫困县，区域整体经济发展水平偏低。

湘西州2009年生产总值为268.97亿元，人均生产总值为10724元，到2017年，湘西州生产总值升至582.6亿元，居民人均可支配收入达13949元。而湖南省2009年生产总值为12930.69亿元，人均国内生产总值20226元，到2017年，湖南省生产总值达34590.6亿元，人均地区生产总值50563元（资料来源：湖南省2017年国民经济和社会发展统计公报）。

从数据可以看出，湘西州生产总值数年来呈上升趋势，增长率达117%，但远远低于湖南省生产总值增长率167%。且湘西州区域内生产总值占省生产总值的比值极低，2009年为2%，到2017年仅为1.6%，说明近些年湘西州生产总值的绝对数量虽在增加，但增长速度远远低于湖南省其他地区，整个区域内经济发展较缓。从州内人均生产总值和省人均生产总值的对比可以看出，湘西州经济发展水平低的状况非常突出，多个国家级贫困县的存在说明湘西州贫困范围广，并且贫困程度较深。

湘西州的贫困程度深

湘西州的州内生产总值，不管是总量还是人均，相较湖南省和全国其他少数民族地区而言，都处于落后位置。另外，州内农村受教育程度不高，科技水平低下，基础设施建设落后等都表明其贫困程度深，农民生产生活条件有待进一步改善，扶贫任务依然艰巨。

湘西州处于典型的偏僻山区，大多数村庄散落在群山环抱之中，封闭的自然环境和落后的交通条件导致与外界交流不畅。另外，经济发展水平低，优秀人才缺乏导致湘西州接受教育程度不高，科技水平低下。

湘西州在大学和高中这个教育程度的人数均低于全省平均水平，每10万人中拥有大学学历的仅为5761人，比全省少1834人。而达到高中文化程度的人数仅为10456人，比全省少4964人。只有初中和小学教育程度的人数较多，因此可以看出湘西州的整体受教育水平还有待提高，尤其应注重提高接受高等教育的人数。另外州内文盲率达5.76%，还处于较高水平，这比全省高出近3个百分点（资料来源：湘西自治州教育和体育局政府网站工作年度报表）。因此，一方面应进一步加大教育宣传力度，采取相关措施确保义务教育阶段学生全面入学；另一方面要重视教育科研事业，针对湘西州具体情况，深化教育领域的改革，加强师资队伍建设，提供优惠条件吸引优秀人才任职任教，为湘西教育事业的发展打好基础。

湘西州贫困程度深还体现在湘西州从事农业生产的人口众多，农业发展一直处于较低水平，因此农民持续增产困难。这主要是因为湘西州传统农业发展停滞不前，较多农民外出务工进一步减少了劳动力，从而一定程度上阻碍了农村生产力的发展。而近几年发展的部分农村特色农业由于规模小、资金少、附加值低、产品知名度低等原因依旧没有取得发展突破，产业链中生产和流通环节十分薄弱。大部分农户处于产业链的最低端，农民增收困难，农民在发展产业中所得的收益也十分有限。因此要结合实际，顺应农业现代化发展的趋势，发挥农业产业化在发展农村经济中的优势，增强贫困人口脱贫能力。另外，由于湘西州自然灾害频繁，农民在生产活动中受自然因素影响明显，普遍抗灾能力不强，极易产生致贫返贫现象。

基础设施建设落后也是湘西州贫困程度深的体现。湘西州是个典型的以农业生产为主的偏僻山区，很多村庄地处大山深处，远离城市和市场，特殊的自然环境和较低的经济发展水平使得其基础设施建设水平相当落后，缺少吸引外部投资的硬件条件。湘西州基础设施建设落后主要有两点原因：一是特殊的自然环境，山区建设难度大，建设成本远高于其他地区；二是较低的经济发展水平使得本地很难筹集足够的基础设施建设资金。

湘西州的相对贫困问题凸显

随着人们对贫困问题的认识不断深入，相对贫困的现象逐渐得到重视。相对贫困的“相对”有两个含义：一是界定贫困的尺度是相对的，它以一定比例的社会中位数收入或者平均收入水平作为参考标准；二是指贫困程度处于相对而不是绝对的匮乏状态，即个人或家庭的收入水平虽然能满足基本生活需求，但仍远低于社会平均水平。经过较长一段时间的社会经济发展，湘西州的绝对贫困人口已大幅下降，维持基本生存条件即温饱问题已基本解决，人均可支配收入有了很大提高。但与此同时，分配不平等造成的相对贫困问题也要引起重视。湘西州各县市居民人均纯收入虽多年持续增长，但与湖南其他地区的差距并未明显缩小，仍远远低于平均水平。

以上就是湘西的贫困现状。而湘西州的扶贫脱贫工作的开展也经过了漫长的努力。改革开放以前，各种原因影响着脱贫工作的开展，由于历史、自然条件等多种因素制约，直到 1984 年，湘西州尚有 156 万、占农业总人口 84% 的群众食不果腹，房屋不避风雨，艰难度日。

湘西为啥这么穷

改革开放 40 多年了，湘西州为何与其他地区有这么大差距？是我们的扶贫政策不到位，是政府不作为吗？还是那里的百姓不勤劳、不努力？

事实上，这 40 多年来，我国走出了一条中国特色扶贫开发之路，7 亿多农村贫困人口成功脱贫。湘西扶贫这场“接力赛”也是一棒接一棒。早在 1984 年，中共中央、国务院下发《关于帮助贫困地区尽快改变面貌的通知》，将武陵山区定为全国贫困片之一，予以重点扶持；1986 年，国家农业部定点扶贫湘西；1994 年，国家出台“八七扶贫攻坚计划”，全面实施扶贫攻坚战略；2011 年，国家划定包括湘西在内的 14 个集中连片特困地区重点扶贫。湖南省委、省政府也一直将湘西作为全省扶贫攻坚的主战场。

湘西花垣县委副书记彭学康说，多年来，十八洞村一直是扶贫对象。2013 年前，十八洞村还是湖南省民委的扶贫点。“当时，十八洞村连进村公路都没有。要想脱贫，修路是先决条件，后来拉通了进村的毛坯路。要不然，习近平总书记就只能走泥巴路进村了。”

湘西州持续扶贫 40 年，为什么还有像十八洞村这样的村寨在贫困线上世代挣扎？“扶了半辈子，还是没脱贫。”当地曾经有人如此埋怨。

国务院扶贫办主任刘永富撰文曾指出，经过多年的努力，容易脱贫的地区和人口已经基本脱贫了，剩下的贫困人口大多贫困程度较深，自身发展能力比较弱。越往后脱贫攻坚成本越高、难度越大。

湘西州委书记叶红专说，总书记到十八洞村调研后，湘西全州干部多次开会学习、讨论、反思，“反复找问题，最后挖根子还是出在扶贫工作不精准上”。

湘西州州长龙晓华认为，湘西历史上就是贫困地区，山高、路险、灾害高发、贫困面广、程度深，“至今没有高铁，也没有机场”，社会财富积累很少。

自然灾害频发是湘西深陷贫困的重要原因。比如，2013 年 8 月，一场也许对湖南其他地区来说并不严重的干旱，却让凤凰县尤其是腊尔山区陷入绝境：凤凰县 154 处人饮工程中 109 处断流，造成 10 万人、3.5 万头牲畜饮水困难，部分村寨无水源可用，当地 90% 以上的稻田绝收，玉米、烤烟、红薯等经济作物也大幅减收，直接经济损失达 2.5 亿元。究其原因，还是湘西的自然环境造成的。

有一种贫困被称之为“喀斯特式贫困”，这种贫困是自然地貌造成的。包括十八洞村在内的湘西致贫之因，很大程度上也与此有关。

19 世纪末西方地理学家在南欧的喀斯特高原发现一些可溶性岩石被水溶蚀后会形成包括溶洞在内的一系列地貌，于是将它们统称为喀斯特地貌。数十年后，中国的地理学家意识到，南欧的喀斯特高原不过是冰山一角，中国才是喀斯特地貌的集大成者。尤其是南方滇、桂、黔、川、湘诸省区，地表上沉积了总厚度达 10 千米，裸露区总面积超过 50 万平方千米的可溶性岩石。南方充沛的降水又加剧了岩石的溶蚀，滴水穿石的改造持续了亿万年，从未停歇。

水流沿着岩石地表流动切割出许多凹槽，凹槽愈溶愈深，中间突出的部分越发尖削高大，高度可达 30 ~ 40 米，剑状、塔状、柱状、蘑菇状，形态千变万化，有如岩石森林，是为石林。石林之外，另一种溶蚀规模更加庞大。在极厚的可溶性岩石区域水流切割出连绵不绝的群山，如果山与山之间基座相连，则被称为峰丛；如果山体相对独立散布，则为峰林。与此同时，地下的溶蚀也不容小觑，它制造出巨大的溶洞。当溶蚀继续，洞穴大厅发生坍塌，会在地表制造出特大型塌陷漏斗天坑。

石林、峰丛、峰林、溶洞、天坑，拥有如此独特景致的地区，在人们印象中似乎都应该拥有“昼出耕田夜绩麻，村庄儿女各当家”的田园生活。然而美景却带来了贫困。武陵山区、乌蒙山区以及滇桂黔石漠化区都面临着缺水、缺土的严重问题，原因就在于此。

这三个片区年降水量往往超过 1000 毫米，将近是华北地区的两倍，但缺水也是真真切切的。地表上几乎不存在水，大大小小的喀斯特孔洞就像是无底洞，“吸”走了大部分的流水。流水不断地冲刷使得表层土大量流失，而自然状态下恢复 1 厘米的土层需要至少 100 年。缺少土壤，人们必须精打细算地利用零散耕地。农业是万业之本，农业的发展受到了掣肘，世世代代居于斯长于斯的人们就不免与贫困做斗争了。

这种恶劣的自然条件和环境，直接导致在当地发展产业难上加难。步步高集团董事长王填去了十八洞村后曾说过，“那个地方没法搞种植，十亩地一个平地都找不出来，都是巴掌大的地。养殖业也一样，山都是那么陡，根本就没法搞养殖”。

湘西州委书记叶红专表示，由于地理条件、市场对接和农民素质等因素制约，发展稳定增收的当家产业、培育村级集体经济难度较大。

虽然湘西的自然环境和客观原因增加了扶贫的难度，但是诚如龙晓华州长坦言，湘西扶贫工作的粗放，也是不可回避的因素。“首先是站位不够高，扶贫摆在什么位置？没有作为第一民生大事来办，不是当作政治上的重要工作来抓，也没有用扶贫工作来统筹社会经济全局。其实，在湘西这样的深度贫困地区，抓住了扶贫工作，也就抓住了经济社会发展的牛鼻子。”

彭学康也认为，当时国家投入资金也不是特别多，谁跑得勤快、跑得好，谁就能拿到更多的资金。“花垣县以前一年的扶贫资金只有几千万，‘大水漫灌’的时候，真正落到贫困户口袋里的钱是杯水车薪。”

而以前派什么样的干部下去扶贫？彭学康直言：“不回避地讲，就是在单位不干活，碍事的、爱发牢骚的人下乡扶贫。出于这样的想法，派这样的人去扶贫，谁会真正地融入老百姓中间去，认认真真做实事？”

此外，部分老百姓的等靠要思想比较严重也是贫困的一个重要原因。十八洞村扶贫工作队队长吴式文说，工作队刚到十八洞村的时候，有人就说，“这是总书记来过的地方，看你们怎么扶”，还有人坐等政府和社会各界送钱送物资上门。更早以前，十八洞村还先后尝试过直接现金帮扶、养猪、养鸽子等多种扶贫方式，但有的村民拿到小猪仔后转身就放背篓里去镇上卖掉了。

还是湘西州书记叶红专说得好，总书记到十八洞村调研后，为湘西的扶贫工作拨开了云雾，指明了方向，那就是扶贫要“实事求是，分类指导，因地制宜，精准扶贫”。

2013 年前的十八洞村

曾经的十八洞村是湘西贫困村的缩影，而且它的贫困是深入骨髓的贫困，世世代代都在这土地上挣扎，却无法逃脱贫困的捆绑。十八洞村的村民，日出而作，日落而息。他们的梦想很简单，幸福也很简单。但是贫穷却把他们最简单的梦都淹没了。这里的村民世世代代以农业为主，种植水稻和烤烟，看天吃饭。收成好了可以勉强满足一家人的温饱，收成不好，连温饱都无法满足。

贫困犹如一座山，十八洞村的百姓就被这座山压得透不过气来。贫困之因就是山太多。十八洞村是一个苗族聚居的山寨，地处武陵山区腹地，全村 225 户、939 人，人均耕地 0. 83 亩。千百年来，这个村的祖祖辈辈“只能”也“只会”靠田、靠山吃饭。2013 年以前，村里的产业几乎是空白的，2013 年人均纯收入仅 1668 元，为当年全国农民人均纯收入的 18. 75% 。村里没有通向外界的公路，想要出去只能靠腿。徒步从村里走到公路上，再搭车出去。大山把这里的人与外界隔绝，也把外界的财富隔绝。单单听着这些情况和数字，可能并不能触动人的心灵，且听下面几个故事，可能让你对十八洞村曾经的贫困多少有些感同身受。

40 个单身汉

扶贫工作队队长吴式文介绍说，由于十八洞村偏远、贫穷，当时外面的姑娘根本不愿意嫁到十八洞村来，2013 年村里大龄单身男青年有 40 人。整个十八洞村不足一千人，除去老人、小孩、妇女，成年劳力也就几百人，然而本不多的男性中，就有 40 人是老光棍。他们找不到媳妇，不仅仅是因为他们的个人问题，更是因为十八洞村太穷了。“本村的人就这么多，附近村子的一听说是十八洞的都不愿意来。她们都知道，十八洞村没有光明。”“村里的年轻小伙都出去了，不出去不行了，赚钱是一方面，重要的是在村里娶不到媳妇，祖宗的根都断了。”“我们这些年龄大的，家里有老人出不去的，也就这么自己过了。没办法啊，村子就是这么个村子，要怪就怪生错了地方吧。”

在调研中，很多老人跟我们讲起之前的那段岁月，眼里都直泛眼泪。一个村子，只往外出人，而没有相应的新力量加入，那这个村子也基本走到了消亡的尽头。十八洞村就是这样一个村子，2013 年，城市化在如火如荼地进行着，而这个偏远的山村，也走到自己消亡的漩涡中去了。

全年收入 1668 元

在一般都市人看来，今天的 1668 元能做什么？买一部低配的手机？一件时髦的裙子？一块手表？一双高跟鞋？在城里人随手买些东西就动辄上千元的时代，十八洞村的村民却在诠释 1668 元的另一层含义：这是十八洞村 2013 年前一人一年的所有收入。一年 365 天，十八洞村村民只能有1668元的纯收入，而这1668元还要养活家里没有劳动能力的老人与小孩。在电影《十八洞村》中“杨英俊”与妻子的对话反映出了这钱的价值。

“把米都卖了吧，能卖些钱，给娃治病。”

“把米卖了，我们吃啥?”

“留下一点口粮，我少吃一点，以后每周的鱼，不吃了。”

“庄稼都是你在种，不吃点肉怎么有力气？我看把牛卖了吧。”

“不行，没了牛，谁给耕地?”

短短的几句话，说到所有人的心坎上。把米卖了换钱治病，就没得可吃，留着口粮，又没钱治病。一场病，足以让十八洞村普通的一户居民焦头烂额。这每年每人的1668元，不仅仅是一个数字，它是十八洞村村民一年的生计。

图2-2　十八洞村的儿童

做“小偷”只想赚点钱

扶贫工作队队长吴式文还给我们调研团讲过这样的故事：曾经有很多村民都偷偷地上山，把成长了多年的树木砍断，干部去阻止他们，可他们还是去砍。山上的树不能随便砍，砍太多是要出问题的，一是破坏环境，二是极易引起泥石流滑坡。没办法，干部就在村口堵他们，早上六点去堵，第二天他们就五点走，干部五点去堵，他们又半夜去。没办法只好报警，警察来了，一位盗树的村民的一句话，把大家差点搞哭了。他说："我不想砍，可我只想卖木材赚点钱，吃得饱饭啊。"

"我只想赚点钱，吃饱饭啊！"多么简单的理由，可又多么无力。如果有舒适的生活，谁又愿意去破坏自己赖以生存的土地呢？如果有多余的钱财，谁又会在乎那一点点卖木材的钱呢？十八洞村有十八个溶洞，溶洞里的钟乳石也会偶尔被敲下来卖掉。"都是没办法，不是亟须用钱，村里的人不可能去破坏溶洞。"艰难的生存环境把十八洞村朴实的村民逼到了绝路上。谁都想保留自己的青山绿水，谁都想做一个老老实实的本分人。可当"温饱"都成为问题，当一场小病就会拖垮一个家族，当娶妻成家也是奢望的时候，谁又能去安心做一个"本分人"呢？

"多余"的挣扎

十八洞的村民们并不是懒惰之辈，他们世代与大自然和大山做着抗争，也想通过自己的努力过上好日子，可是囿于资金、技术、思想、环境的限制，即使是忙碌辛苦一整年，也仍然无法战胜贫困。他们的斗争与努力就像是多余的挣扎，是在泥潭里的挣扎，做着收效甚微的努力。

《十八洞村》电影里主人公杨英俊的一句话，把这种挣扎体现得淋漓尽致。他说："种了一辈子地，早出晚归，兢兢业业，最后却成了拖后腿的贫困户。"老杨不想做"贫困户"，成为"精准扶贫"对象的原因是不想因为自己晚节不保，在全国人民集体"脱贫致富奔小康"的大好形势下拖了全国人民的后腿。但现实的处境是老杨儿子常年在外打工，因生活所迫将患病的女儿留在家里。每天辛苦种田却也无法改善贫困的生活。电影中的故事根据真实事件改编而成，这也真实地反映出十八洞村村民们的无奈与悲哀。

人均 0.83 亩的土地

十八洞村世代以农业为主，每人平均只有不到 0.83 亩的土地。我们不妨也来做一道数学题吧：在调研中我们得知，十八洞村一亩地每年最多能产七八百斤粮食，而这七八百斤粮食扣除一家人的口粮，能够拿去换钱的，撑死不到一半。土地就这么多，不说遇到天灾，就算是大丰收，每年累死累活也就是这些粮食。单单依靠在大山里与土地为伴，怎么能够富起来？土地的限制、技术的限制、环境的限制、交通的限制注定了十八洞村村民的努力并不能产生同等的效益。

无用的副业

十八洞村的村民也搞过一些副业，例如：养殖业、苗绣、种植黄桃，甚至还开过小水电站。但是，先天的自然条件以及资金技术的限制注定了这些产业的失败。搞养殖业，往往自己的口粮都不够吃，养出来的牛还要种田，而因为粮食不够，养得猪仔也比较瘦，卖不出好价钱，往往还不能弥补母猪的粮食费。搞种植业，十八洞村气候宜人，适合黄桃和猕猴桃生长，漫山遍野的野生猕猴桃足以证明这里是适合种植的，奈何一座大山阻断了种植业的前路，没有路，运出去的产品路费太贵导致价格也贵，并没有太大的竞争力。苗绣也是这样，自己的生活都成问题，每天种田，哪还有多余的时间大量地生产苗绣，就算生产出来了，卖给谁呢？小水电站也因为资金、技术、地理等种种原因未能成行。这些产业，都是十八洞村村民的祖辈们的尝试，可这些尝试又都以失败告终。不成规模、不成系统、不成体系的产业并不能把十八洞村从贫困的泥沼中挽救出来。

图 2－3　十八洞村艰险的山路

世世代代被贫困所困，十八洞村的村民只能做无奈的挣扎，这无奈使得十八洞村村民的努力都成为无用功。然而，十八洞村村民也想正式与贫困好好地打一场仗，这场仗不仅是十八洞村村民的事，也是全国人民与贫困的战争。2013 年 11 月，随着“精准扶贫”政策的提出，这场仗正式开始了。

三 沸腾的山村

当我们调研团成员乘坐租赁的汽车，于傍晚时分抵达十八洞村梨子寨中心停车坪，踏上十八洞村的土地时，映入眼帘的是寨子斜坡的条石上刻印的四个红色大字——“精准扶贫”。在路上，我们曾设想过十八洞村的种种模样，此刻终于如此真切地展现在我们面前了。对于我们这些来自首都的师生们来说，除了蓝天白云、空气清新富含负氧离子有点新奇外，我们的直觉是：远离喧嚣的城镇之地，这里实在安静得有些孤独。在这个安静之所，多年前的冬日，习近平总书记来到这里的一切情境，我们只能通过采访当事人，请他们回忆和讲述，才能还原和体味当年的情境与情意。

“传播”十八洞村的第一人

在没有来十八洞村之前，我们就非常好奇，习近平总书记是怎样想到要来这个遥远、偏僻而贫困的十八洞村的呢？当我们一来到这里，目睹这里的山水自然风貌之后，这种追问的冲动感更加强烈。

虽然十八洞水厂的张和良厂长和邹爱华总经理早先就告诉我们，要了解这些情况，第一人选非施金通莫属，因为他不仅做过十八洞村的主任，直接接待过习近平总书记，而且关键他还是第一个“胆大”而机智地向上级有关部门领导报告十八洞村情况的，这样才有后来习近平总书记来此考察的可能。所以，他也是向习近平总书记报告十八洞村情况的第一人，更是向世界“传播”十八洞村的第一人！

但我们来到十八洞村后，发现他早已到花垣县行政执法局上班了。十八洞村离县城又有几十公里的路程，我们只好联系好交通工具，直奔县城，请他讲述一下曾经的故事。

当见到朴实而憨厚的施金通时，他的热情和亲民，一下子就给我们以亲切之感。他说，十八洞村是一个远离喧嚣的苗寨，青山绿水，民风淳朴，自然风光旖旎。位于花垣县双龙镇西南部，紧临吉茶高速、209 和 319 国道，距矮寨大桥 8 公里、县城 34 公里。全村 6 个村民小组，225 户 939 人，人均耕地 0.83 亩，是一个典型的苗族聚居贫困村。

现在的十八洞村比以前热闹多了，不但有各级领导来十八洞村考察学习，而且有很多大学生也来这里考察学习，不过，首都高校师生组团来还是第一次。要是时光倒回到五年前，“这个村子无人问津，平常来个科长都是大‘官’”。施金通告诉我们，十八洞村以前是个典型的贫困村，村民世世代代居住在这里，一直过着平静但贫穷的生活。以前这里的人，不仅仅是物质经济上穷，更主要的是精神心理上穷，村民没有斗志，组织他们出去打工，都不愿意去，有的村民甚至把山里的树砍掉卖钱。“这样哪能行啊？树没了，山洪滑坡就来了，到时候就更穷。”施金通说，他们只顾眼前利益，如此这般，十八洞村有可能会一直平静下去，平静地种田，平静地生活，平静的贫穷。

不过，十八洞村的转变是从 2013 年 11 月 3 日开始的，那一天习近平总书记来了，十八洞村彻底沸腾了起来。

还有一个村，叫十八洞

施金通 23 岁当了十八洞村的会计，25 岁当了村主任，是村里公认的

“能人”。2010 年经公开招考，当上了排碧乡的乡干部，因为当时十八洞的村主任，外出打工空缺了，他便临时兼任了十八洞村村主任，就是因为这次兼任，让他终生难忘，也让十八洞改变了世世代代的“模样”。

施金通记得，2013 年 11 月 1 日，有 20 多个中央和省市“领导”及工作人员来到花垣县排碧乡考察，排碧乡党委书记因病不能陪同，临时让他作为乡干部陪同，“他们说要看排碧乡里最有特色的民居村落。最好原始一点，贫困一点的”。施金通告诉调研团说，那天下午，乡长和他带着这些上级领导去了板栗村和盐锣村。但“他们不太满意，可能看到这些村里有一些砖瓦房，感觉那里百姓的生活不是特别贫困”。后来，我们又去了好几个村落，要不就是交通不方便，要不就是村子不够有特色，都没有符合上级领导要求的。

当时的领导请施金通寻找“满意”的村落，提出了三个限定条件：一是要能反映湘西最真实情况的；二是离高速公路车程 20 公里以内的；三是条件艰苦一点的。

其实，在去板栗村和盐锣村之前，施金通被县领导特别“提醒”过，千万不要带上级领导去十八洞村，一是因为他是那里的村主任，如果带领导去，容易被人说“闲话”，二是十八洞村在湘西属于特别贫困的村子，带上级领导去，会丢面子，怕影响不好。可如今看来看去，上级领导看了几个村落都不满意，施金通心想：“上级领导要看的村落房子，富有苗族特色，又要贫困一点的，莫非是要进行危房改造?”自己作为十八洞村的主任，难免在心底怀有一些“私心”，想着如果真是危房改造，将上级领导带到十八洞村考察，将来能给村里做些贡献这也是应该的。

正是因为施金通怀有这样的“私心”，就在上级领导不满意好几个村落，而又“无路可走”之际，他就大着胆子怯怯地对着领导们说了一句："还有一个村，叫十八洞。""可能是因为我底气不足，说话声音太小了，领导压根没听到。这时领导已经要上车了，我就又大声一点点地说了一句，还有一个村子，叫十八洞。这次有一个领导听到了，但可能他们已经有些着急要去别的县里考察合适的村落，虽然他看了我一下，但也没有要去十八洞村看看的意思。我当时特别紧张，觉得应该抓住这次机会。于是我大声地喊道：'报告！还有一个村子，它叫十八洞！'这次全场的领导们都听到了，其中一个估计是中央级的领导，回头看看我，问道：'你说什么了？'领导这样问时，我反而有点心虚起来，连忙说：'没，没说什么。'这位领导认真地说道：'不可能，你肯定说了，再说一次。'于是，我鼓足勇气地说：'领导，还有一个村子，我希望您去看看，它叫十八洞。'这位中央级的领导说：'快去快回。'"

施金通说到这里，心有所虑地向我们解释道，他当时听着领导的语气，似乎只是不想驳自己的面子。因此，施金通当时还是对上级领导们是否愿意去十八洞村考察，是没抱多大希望的。不过，施金通在心里想，如果这次上级领导真能成行去十八洞考察，十八洞村一定让他们满意，十八洞一定会满足他们的考察条件。

说到这里，施金通顿了顿说，十八洞村有四个自然寨，为何单独推选梨子寨让领导们去考察呢？其实原因很简单：一是梨子寨的寨子口前面，有一块稍大的空地，领导考察的车子到后可以停车，而其他几个寨子担心没法停；二是梨子寨依整体风貌看，它的苗族特色保存得比较好，在十八洞村中的四个寨子里，也是最为贫困的寨子。

就这样，施金通带着一行 20 多个中央和省市领导及工作人员，在天快黑的时候终于来到了十八洞村，村子距 309 国道 4 公里，地貌风景不错，但村民生活贫困。百姓的房屋都是泥土墙砌成，里屋的墙壁用一条条木板竖盖，一看这样的地方感觉非常穷困。领导们看了看基本情况，其中一个领导责怪似的对施金通说："你怎么不早说有这样的村子呢?"随后一锤定音似的说："今天先就这样吧，我们明天再来!"

"如果不是这一次的巧合，习近平总书记可能不会来十八洞村了。"十八洞村扶贫工作队队长吴式文后来如是说。

那一天，像做梦一样

说起那天有关部门领导提前来十八洞考察民居村落的事，施金通至今还是犯迷糊，他说："直到现在我仍然以为是当时是为危房改造的考察，真不知道这些上级有关部门的领导是为习近平总书记来调研，提前做铺垫、打前站的。"

施金通说，当时的领导离开梨子寨之前，特别嘱咐他两个任务：一是两个小时之内，把十八洞村的基本情况汇总统计好；二是布置好领导来访的路线。

施金通说："当时我意识到有领导要来十八洞村，但是哪位领导，还真不知道，心想着，估计是省里的大领导吧。"

11 月 2 日，这群人又来到了十八洞村，进家入户了解民情。"一直到晚上才走。"直到当天晚上，一位湘西州里的干部才悄悄地告诉施金通："习近平总书记可能会来十八洞村考察，你要做好一切准备，但是一定不要告诉村民，也不要跟任何人说，习近平总书记想了解最最真实的情况！掺了假的不要。"

当晚，施金通辗转难眠。他总觉得习近平总书记不可能来十八洞这样的小而又穷的地方。"我当时就不相信他会来。"施金通说，他一直没跟排碧乡的领导说这事。"当时十八洞村这样的地方，连一个科长都不会来的，习近平总书记怎么可能会来。""直到今天，我仍以为当时应该是一个梦，习近平总书记不会来。”

11 月 3 日一大早，湘西自治州的时任女州长郭建群来到了十八洞村。她告诉施金通“中央领导会来”，让他汇报时“把情况说得全面些、真实些，有什么说什么，不要掺假”。

施金通当时感觉特别紧张，“州长为了让我放松，还说习近平总书记也当过大队党支部书记，很和蔼的”。施金通这时才终于相信：“习近平总书记真的要来十八洞村。这不是梦！”

施金通连忙通知梨子寨的村民，“中央领导会来”，让乡亲们暂时别外出干活。当时乡亲们哪管那么多，有些村民还是去地里干活，直到那天下午，村民们才发现，原来到访的领导竟是“中国最大的‘官’”。没能见到习近平总书记，他们现在都后悔得不得了。

施金通说，习近平总书记一下车，就走访村民，他参与陪同，一面给习近平总书记讲解十八洞村的基本情况，一面带领习近平总书记走进农户家里，了解真实情况。原本预计 30 分钟的走访时间，最后整整延长到一个半小时。很多外出的村民，听说习近平总书记来了，也开始匆匆往村子里赶。

“那天整个寨子里像过节一样！全村都沸腾起来了。”施金通说，习近平总书记走家串户，访贫问苦，乡亲们和总书记围坐在一起，拉家常，话扶贫，亲切而温暖。说起那天的情景，施金通不由自主地说，“那一天，简直像做梦一样”。

重走习近平总书记访贫路

如果收看了 2018 年元旦习近平总书记发表新年讲话的新闻，我们不难发现习近平总书记讲话时的背景中出现了多张照片，这些照片被认为是“新年贺词”的“背景”而备受关注，关于“扶贫”的照片有4张，其中两张是十八洞村的。

自习近平总书记到访十八洞村虽然快5年了，这两张十八洞村的照片，依然摆放在总书记的办公室里，足见习近平总书记对十八洞村的关怀备至，也可想见十八洞村在总书记心里的位置和分量。是啊，十八洞村，不仅仅是一个苗寨村落，也是“精准扶贫”的标杆。

为了更好地理解习近平总书记“精准扶贫”的思想，我们调研团成员沿着当年习近平总书记走访村民的线路重走了一遍。

我们来到了石阿婆（石拔专）家，这是习近平总书记来到十八洞村梨子寨的第一站。石阿婆家里还留着当初习近平总书记坐过的凳子，屋子的布局、氛围基本上都没有变化，连当时家里唯一的一件电器：五瓦的白炽灯都还留着。但是变化了的是阿婆的日常生活——家里铺上了水泥地板，装上了自来水龙头，屋子里添了几件电器。阿婆告诉我们，自从习近平总书记来过之后，很多人都慕名前来参观，她心里很是高兴，很感谢习近平总书记的到来。

石阿婆不识字，不会说汉语，她讲苗语，我们很难听懂，只好请十八洞村扶贫工作队的吴式文队长翻译。吴队长介绍说，当时习近平总书记问，这是不是她屋？她说是的。总书记问，可不可以进屋坐下子？她高兴得赶快拉着总书记的手往屋里走，边走边讲：“可以，可以，稀客，稀客!”总书记进屋后看了粮仓，问石阿婆粮食够不够吃，种不种果树，养不养猪。总书记还走到猪栏边，看阿婆养的猪肥不肥。

然而，面对眼前的客人，石阿婆问：“怎么称呼您?”当时村主任施金通在现场当起了翻译，他向习近平总书记解释：两位老人家里没有电视，所以认不得他。习近平总书记听了后，笑了。施金通赶紧用苗话对石阿婆说：“是习近平总书记来看您了。”石阿婆又问习近平总书记是谁?

施金通说是中国最大的“官”，她问有多大。施金通只得回答跟毛主席一样大。习近平总书记向大妈介绍自己说，“我是人民的勤务员”。习近平总书记握住石大妈的手，询问她多大年纪。他听说老人64岁了，说：“您是大姐。”“您是大姐”这四个字让石大姐非常激动，她说没想到总书记是这么和蔼的人。

后来，石阿婆家里有了政府送来的电视，她说，真的要感谢习近平总书记，感谢党，希望能在电视中多看看习近平总书记，经常等着看《新闻联播》。

图3－1　调研团成员向石阿婆（石拔专）了解当年习近平总书记到她家来的情况

图3－2　调研团部分成员在石阿婆家合影留念

我们沿着青石铺就的村路继续前行，路过一个外露的水管，吴队长饶有兴致地说，这个水管龙头和自来水是大有来头的。当年习近平总书记来到这里，看到水管之后，就把水龙头拧开，看看这水是否干净。村主任施金通介绍说，这自来水是从十八洞峡谷底下抽上来的天然矿泉水，紧接着直接用手把水捧着喝了起来，用行动告诉总书记，这矿泉水肯定是没问题的。这时，习近平总书记说，这是真正的“农夫山泉”啊！也许正是总书记的这句话，启发了扶贫工作者的思考：如何因地制宜，充分利用十八洞村丰富的矿泉水资源，兴建现代化水厂，使之成为十八洞村产业扶贫的一个主导产业。

来到十八洞村梨子寨的寨顶，施成富家开的“巧媳妇”农家乐是游客必去的一站。他家建在苗寨的顶端，门前一块30平方米左右的空地正对着山谷，视野开阔。左侧是大好山水，右侧是袅袅炊烟。吴队长向我们介绍，习近平总书记就是在他家门前的空地上和乡亲们开的座谈会，总书记不让地方干部汇报，他拉着老百姓的手，自己提问，老百姓自己讲。

也正是在这里，总书记提出了“实事求是、因地制宜、分类指导、精准扶贫”的重要指示，强调发展是甩掉贫困帽子的总办法，贫困地区要从实际出发，因地制宜，把种什么、养什么、从哪里增收想明白，帮助乡亲们寻找脱贫致富的好路子。

习近平总书记明确指出，扶贫切忌喊口号，也不要定好高骛远的目标。“不要搞特殊化，但不能没有变化”“不要堆出一个盆景来”。三件事要做实：一是发展生产要实事求是，二是要有基本公共保障，三是下一代要接受教育。各级党委和政府都要想方设法，把现实问题一件件解决，探索可复制的经验。

习近平总书记不时向村民解释精准扶贫政策，也听村民诉说村里的基本情况。习近平总书记甚至还关心起了村里单身汉的婚姻问题。

习近平总书记指示，抓扶贫开发，既要整体联动、有共性的要求和措施，又要突出重点、加强对特困村和特困户的帮扶。脱贫致富贵在立志，只要有志气、有信心，就没有迈不过去的坎。

吴队长介绍说，看着眼前雄奇俊秀的苍翠青山，习近平总书记亲自给十八洞村的发展支招，“你们这里就是小张家界”，建议十八洞村发展乡村旅游。

山村沸腾之后……

习近平总书记来十八洞村梨子寨考察的温馨场面早已成了村民最美好的回忆，每个来访十八洞村的客人问起这些情况时，村民们总是非常乐意一遍又一遍地讲述那些温馨的场景。

十八洞村算是归于平静了。大家各司其职，在脱贫致富的共同目标上彼此在默默地努力着。俗话说，“火车跑得快，全靠车头带。”曾几何时，十八洞村也有 24 名党员，但平均年龄有 55 岁，“散漫、薄弱”是当时村党支部的真实写照。习近平总书记考察完十八洞村以后，为有效推进精准扶贫工作，2014 年 1 月，花垣县委抽调 5 名党组成员组成了十八洞精准扶贫工作队，同时选派第一支书驻村，工作队队长和第一支书的党组关系下转到村党支部，全力支持两委开展工作。在村委换届选举中推行“双述双评”，把讲政治、有文化、“双带”能力强、群众信任的能人选进班子。2014 年选出大学生村干部龚海华担任村支书、致富能人施进兰担任村主任，班子结构得以优化，班子成员的带富能力进一步增强，筑牢了基层党组织的战斗堡垒，群众对村支两委的满意率由以往的 68% 上升到现在的 98%。

尽管如此，在十八洞村脱贫致富过程中，大家遇到了重重的困难，驻村扶贫工作队的压力巨大自不必说。对于普通的村民来说，要脱贫，不仅仅是物质经济上的脱贫，首先还得从改变和解放思想开始，精神上也要“脱贫”。比如，刚提出“土地入股”的时候，每家每户都有自己的情况，村民们都不理解。调研团采访杨建军老师时，他就说，土地工作确实难做，好在后来干部给老百姓做思想工作，乡亲们最后还是理解了，接受了。

杨建军老师说，梨子寨的杨明充家有两亩地，妻子和大儿子都在外务工，小儿子在长沙医学院就读，家里的地都是杨明充一个人耕种。提到土地入股，杨明充曾顾虑重重：水田种树之后就没法再恢复了，而且入股之后拿到的钱只能买200多斤米，而自己种每年能收获700多斤，而且两个儿子都还未成家，以后没有了这两亩地可怎么办。杨老师了解了杨明充的情况，也就理解了杨明充的顾虑，帮着他分析了目前的状况。其实入不入对于家里影响并不大，不入也只有两亩地，将来一个儿子分一亩也不够养家，他们还是得自己掌握别的能力。杨明充再过几年就六十岁了，种地还是很辛苦的。田地入股的政策是每亩山地每年200元；旱地400元；水田600元，这是土地入股后的保底，之后还会加上分红。另外合作社的大原则是尽量不改变土地用途，原来种水稻的尽量还是种水稻，不破坏水田最下面的基础层。合作社有县农业局做技术后盾，发展起来后对整个十八洞村的村民有益无害。把利害关系讲清楚了，村民们都纷纷支持。

四年多来，十八洞村人牢记习近平总书记的嘱托，在各级党委、政府的支持下，县驻村工作队和村支两委带领全村群众，积极探索可复制、可借鉴的精准扶贫模式，先后荣获“全国少数民族特色村寨”“全国乡村旅游示范村”“全国文明村”“全国民族团结进步示范村”“全省脱贫攻坚示范村”等殊荣，全国各地前来十八洞村考察、参观的游客累计达40余万人次。全村人均纯收入逐年增长，2013年为1668元，2014年为2518元，2015年为3580元，2016年为8313元，2017年为10180元。2017年集体经济收入53.68万元，贫困户136户533人实现稳定脱贫，2016年在全县率先退出贫困村行列。

这些年，十八洞村的干部人事，也发生了很大的变化，曾经的村主任施金通，早已经调离十八洞村，去花垣县行政执法局任职了。尽管如此，每每谈到习近平总书记到访的这次经历，施金通总是说："就像梦一样。"谈到如今的十八洞村，施金通说："最大的变化不仅仅是村民富起来了，而且村民的思想也变了，村民不再是等、靠、要的态度，而是自己主动要脱贫，自己与贫困做斗争。希望越来越多的人才能够来到十八洞，为十八洞建设出力。"

是啊，十八洞村在为脱贫致富、乡村振兴而"沸腾着"。它不仅承担着"精准扶贫"政策实施的任务，也承担着"乡村振兴"的任务，它更承担着给全国贫困山村提供一套"可复制、可推行"的脱贫致富模板的任务。为了完成好这些艰巨的任务，它还有很多的路要走。十八洞村人，对于如何改变自身命运的理性思考从未停止，思想、精神上的"沸腾"在激荡，诚如一颗石子投入湖中所荡开的一圈圈的涟漪般，它在不知不觉中影响着更多的贫困村落，同时也在影响着全世界扶贫减贫的伟大事业。

2018年6月2日，老挝人民革命党中央总书记、国家主席本扬率老挝党政高层代表团也来到十八洞村，他们也重走了习近平总书记5年前走过的路线。当代表团进入村里的精准扶贫展览室参观时，映入眼帘的是习近平总书记在十八洞村考察时的照片。讲解员、十八洞村驻村扶贫工作队队员杨建军为本扬总书记等详细介绍了十八洞村的教育发展、产业脱贫、乡村旅游和医疗救助等工作。

在本扬主席来华访问之前，2017 年 11 月，习近平总书记对老挝进行国事访问时，本扬主席说，老挝农业自然禀赋较好，但受困于资金和技术，不知如何扶贫脱困，一直想来中国探寻“精准扶贫”的经验。习近平总书记回答说，农业领域可以成为双方合作的重点领域，中国不仅可以帮助老挝发挥自然优势，还可以帮助更多人摆脱贫困。正因如此，2018 年 5 月底，本扬应习近平总书记邀请来华访问，结束在北京的行程后，本扬主席马不停蹄地赶赴湘西十八洞村，亲自来看一看中国精准脱贫的样本工程。

十八洞村在为世界扶贫事业搭建友谊交流的桥梁，它在世界其他贫困地区，势必掀起另一股扶贫、脱贫、致富的“沸腾”旋风。

四 出题人与答卷人

如果把“脱贫致富”比作一道试题，出题人是谁？答卷人又是谁呢？答案又在哪里呢？这是一个很有意味的命题。

我们以为，当年习近平总书记来到十八洞村时，提出“实事求是、因地制宜、分类指导、精准扶贫”的十六字方针，既是最高的扶贫“指示”，同时也是给全党和全国人民出了一道伟大的世纪“命题”，我们的党如何带领全国人民奔小康，如何让贫困地区的百姓脱贫致富，而标准答案就在“指示”之中。为了完成这道伟大的命题，答好这份“试卷”，让答案尽量对接“标准答案”，这中间无疑是需要答卷人的精心准备，认真答题才行。而这“答卷人”就是各级党组织和政府，各个基层的干部和群众。只有依靠他们的聪明才智，依靠他们的智慧和汗水，一点点地答卷，才能完成这道伟大命题。

一份亮丽的成绩单

在习近平总书记到访之前，十八洞村是一个典型的苗族聚居贫困村，全村共 6 个村民小组 225 户 939 人，其中建档立卡贫困人口高达 136 户 533 人，贫困发生率为 56.76%，人均耕地面积 0.83 亩，2013 年人均纯收入仅为 1668 元，35 岁以上的单身大龄青年有 22 人。2013 年 11 月 3 日，习近平总书记亲临十八洞村考察，首次提出“精准扶贫”的战略思想，其实这也是给十八洞村的党员干部和群众出了一道试题，虽然其中好像有了某种标准答案,即“实事求是、因地制宜、分类指导、精准扶贫”，然而，这答案是需要实践和努力才能完成的。

十八洞村人作为“答卷人”之一，始终牢记总书记的殷切嘱托，深入推进十八洞村精准扶贫、精准脱贫，积极探索可复制、可推广的经验。如今，打开已完成的试卷答题，该如何评价试卷的成绩呢?

2014 年，十八洞村有 9 户 46 人脱贫。这 9 户脱贫户主要是村主干、组长，一年各类收入共 411959 元，人均收入 8956 元，户人均收入最低为 3040 元，最高为 19416 元。

2015 年，十八洞村有 52 户 223 人脱贫。通过对 52 户逐一进行详细的调查核实，这些脱贫户主要是外出务工农户和经商农户。52 户 223 人各类收入共 2371603 元，人均收入 10635 元，户人均收入最低为 4574 元，最高为 20912 元。

图 4-1 镇上的公费医疗补偿点，十八洞村村民可到此享受公费医疗

2016 年，十八洞村 75 户 264 人脱贫，75 户全年总收入 2105595 元，生产经营性支出 46800 元，人均纯收入 7798 元，其中人均纯收入最高为 22105 元，最低为 3200 元。这些村民已实现不愁吃穿，学生义务教育、家庭基本医疗和住房全部得到保障，实现学生 100% 入学率，家庭人口 100% 加入新型农村合作医疗，住房全部达到安全标准。

2017年，全村人均纯收入由2013年的1668元增加到10180元，贫困发生率由2013年的56.76%下降到1.17%，村集体经济收入53.68万元。该村先后被评为“全国先进基层党组织”“全国少数民族特色村寨”“全国乡村旅游示范村”“全国文明村”“全省脱贫攻坚示范村”。

看看这些数据，对于答卷的十八洞村人来说，他们无疑是交出了一份亮丽的成绩单。而这份试卷，究竟是如何回答的呢？花了多少时间和精力？答卷人发挥多少才华和智慧呢？且听我们慢慢叙来。

图4－2　十八洞村的杨建军老师为调研团成员讲述十八洞村脱贫成果

精准识贫，迈好第一步

遵照习近平总书记提出的“扶贫开发，贵在精准，重在精准，成败之举在于精准”的重要指示，十八洞村始终把“精准识贫”作为“精准扶贫”的奠基石。

结合实际情况制定出的《十八洞精准扶贫贫困户识别工作做法》，其中明确了“十八洞村贫困农户识别9个不评”的标准：

①拥有砖混结构楼房或在城镇购有商品房的家庭不评；②2000年以来违反计生政策和未按规定落实计生手术的家庭不评；③打牌赌博成

性，经营或提供赌博场所，正在服刑、劳教或正被警方通缉和屡教不改的“两劳”释放人员的家庭不评；④不务正业、懒惰成性的家庭不评；⑤不履行赡养义务的家庭不评；⑥时常刁蛮阻挠公益事业建设和当地经济发展的家庭不评；⑦全家外出打工经通知不回家的家庭不评；⑧国家机关、事业单位工作人员的家庭不评；⑨拥有大中型农业机械、农用车、矿车、面的、轿车、中巴及经营性加工厂的家庭不评。

按照“户主申请→投票识别→三级会审→公告公示→乡镇审核→县级审批→入户登记”七道程序，结果进行张榜公布，对识别工作实行全程民主评议与监督，把识别的权利交给广大群众，确保识别公开、公平、公正。

全村共准确识别出贫困户136户533人，占总人口的56.8%。通过识贫、校贫、定贫三步走来摸清底子，找准真正的贫困户、贫困人口。在此基础之上，因地制宜，制定了全村整体发展规划、扶贫项目规划和农户个体脱贫规划等，针对不同致贫原因实行分类帮扶。驻村工作队和县扶贫开发办、县苗汉子合作社干部职工37人，与136户精准扶贫户实行结对帮扶，每人联系3~5户贫困户，引导贫困户建立产业，定期深入贫困户家中解决实际困难和问题，切实做到“一家一本基础账、一个脱贫计划、一套帮扶措施”，因户因人施策，精准滴灌到户到人。

思想先行，扶贫先扶志

“脱贫致富贵在立志，只要有志气、有信心，就没有迈不过去的坎。”这不仅是总书记的重要指示，也是最需要大家集中力量践行的。坚持扶贫先扶志、治贫先治根，这需要注重激发贫困群众的内生动力。针对群众“等、靠、要”等思想较为严重的实际情况，村里组织党员群众学习习近平新时代中国特色社会主义思想，引导村民对习近平总书记与村民座谈时的讲话进行了深入学习，鼓励村民们由“要我脱贫”向“我要脱贫”转变。

图 4－3　调研团成员向村民了解扶贫情况，村民与调研团成员聊天

针对群众对公共事务不热心的实际情况，积极探索了“村民思想道德星级化管理”模式，每半年组织召开一次全体村民道德评比大会，18岁以上的村民全体参与，以组为单位互相评分。评分内容包括遵纪守法、勤劳致富等6个方面，每户按家庭成员平均计分，90分以上为五星级家庭，80分以上为四星级家庭，以此类推。根据评议结果，给每家每户贴上星级牌，形成了“向先进学习，争当优秀村民”的氛围。村民施六金因为在村里公共事务上有过一次阻挠施工的经历，第一次评选只得了60多分。在那次评选之后，他积极参与村里的事务，村里唯一一块比较宽敞的能修建停车场的地是他家的，因此占了他家一亩多地，他把门口的地贡献了出来。两星级农户的标牌刚刚挂上不久，他就通过自己的努力摘下了，在年底的村民评议中，一跃成为四颗星。

同时，实行“依法和依德治村双结合”，开设道德讲堂，开展歌咏、舞蹈、小品、苗鼓等丰富多彩的文化活动，树立身边榜样，统一群众思想，改变“村合心不合”的状况，鼓励贫困户走出贫困，激励群众自力更生、建设家园。四年多来，村民参加村内各种公共建设累计自愿投工投劳2800余个。村里在发展猕猴桃产业时，除了合作社和村民自投资金外，尚有1000余万元的缺口，面对这一缺口，村民不等不靠，选出代表，在扶贫工作队的带领下，挨家挨户找银行贷款，最后以猕猴桃产业园的土地经营权作为抵押，从银行贷到了这笔钱，确保了产业园按时开工。

发展产业，给扶贫造血

为了认真贯彻落实习近平总书记“把种什么、养什么、从哪里增收想明白”的重要指示，十八洞村把产业建设作为扶贫“造血”的核心举措。一方面，选准扶贫产业，通过直接帮扶、委托帮扶、股份合作等模式，组织和支持贫困农户跟着能人搞项目、闯市场、参与当地特色产业发展，按下脱贫“快捷键”。另一方面，立足丰富的资源，制定长期、中期、短期产业发展规划，确定了种植、养殖、苗绣、劳务、乡村游、村集体经济六大产业为主的发展思路。

第一，种植业。包括三大块：一是千亩精品猕猴桃。2017年猕猴桃初挂果，9月28日开园销售，采取线上线下相结合的销售模式，同时完成猕猴桃产品检验检疫，各项指标全部符合出口标准，实现港澳直通销售。2017年产量180多吨，村民收益73.75万元。二是种植订单蔬菜。引进兴盛公司，发展订单蔬菜种植80余亩，每亩增收3000元以上。三是传统种植业。全村种植水稻247亩，玉米107亩，油菜19亩，西瓜15亩。

第二，养殖业。全村养牛50余头，山羊300多只，蜜蜂80余箱，

图4－4　村民圈养的牲畜

母猪600多头，年出栏仔猪1600多头。农户散养生猪100余头，采取以奖代补形式，共发放奖补资金8万余元。

第三，苗绣加工。依托十八洞村苗制农产品加工专业合作社，由35名（其中十八洞村26名）妇女组成苗绣发展团队，与金毕果等四家公司签订订单苗绣协议，完成60米苗绣长卷《锦绣湘西》作品绣制。2018年再次举办苗绣培训班，培养苗绣接班人。2014年以来，实现苗绣产值26万元（苗绣订单收入2014年11万元，2015年6万元，2016年2万元，2017年7万元）。

图4－5　苗家大姐正在绣苗绣

图 4-6 苗绣图案

第四，劳务输出。与深圳、广州劳动力市场对接，全村 540 名劳动力中有 300 余人在外稳定务工就业，85 人在村里就业创业，实现劳动力转移就业增收 600 万余元。

第五，乡村旅游。目前，十八洞已成功获评 3A 级景区，正致力于打造 4A 级景区，2017 年共接待游客 26 万人次，实现旅游收入 200 余万元。与首旅集团、消费宝公司合作，全力打造十八洞精准扶贫升级版，开发十八洞乡村旅游。截至 2018 年，乡村旅游开发累计投入 4050 万元，其中大型停车场建设已经完工，游客服务中心已完成整体框架工程；2017 年 5 月 13 日，夜郎十八洞正式动工开发，溶洞规划设计包装、溶洞接待中心场地平整已经完成，2018 年底对游客开放，引进地球仓科技有限公司的地区仓桩基建设基本完成，2018 年 6 月底已完成 8 栋地球仓精品酒店建设；梨子寨新建 40 个蹲位星级厕所已投入使用；旅游开发公司人事招聘已经完成，20 多位村民实现家门口就业；规范 8 家农家乐经营行为，组织农家乐厨艺培训班，提高农家乐品位。

“天天都有客人来，最多的一天，我家接待了 130 多位客人，足足坐满了 10 大桌。”习近平总书记当年探访过的、如今年近八旬的村民施成富脸上满是笑容，他介绍说，他夫妻俩在家里开了农家乐，生意红火；他的小儿子娶到了一个“外面的姑娘”，这些如果放在以前，绝对是稀罕事。

第六，村集体经济。与步步高集团合作，由步步高集团全额投资3000万元，建设十八洞山泉水厂，2017年10月8日山泉水厂正式建成投产。山泉水厂每年将按“50+1”形式给村集体分红，即每年给村集体保底分红50万元，每生产一瓶水再拿出1分钱注入村扶贫基金。此外，通过股份合作异地流转建设的精品猕猴桃基地1000亩，2017年开始挂果，贫困群众人均分红1000元。

基础设施，扶贫路上的保障

十八洞村探索的“可复制、可推广”的模式，也同样用在了基础设施建设方面。不搞“高大上”的项目，不进行大拆大建，结合十八洞村实际，确定了“人与自然和谐相处，建设与原生态协调统一、建筑与民族特色完美结合”的建设总原则。四年多来，按规划实施“三通”“五改”和景观旅游设施及公共服务设施建设。

道路建设方面，拓宽村道4.8公里，改造梨子寨通组公路，实现两车道路宽，并铺上柏油；梨子寨至十八洞山泉水厂1.5公里路基平整基本完成；完成6公里长的机耕道建设和1118米游步道建设；完成村内公共通道、入户道路的青石板改造任务。

居住环境方面，按照传统古村落保护要求，进一步完善民居包装与保护，已完成民居“五改”（房屋改造、改厨、改厕、改浴、改圈）方案的计划制定，首先在梨子寨实施人畜分离、污水处理工程，目前污水处理池及管道铺设已经完成。已实现竹板墙特色改造12户、改厕10户、改圈21户、改浴18户、改厨65户、新建沼气池11口。

图4－7　正在修建的山路

农网改造方面，全面完成全村农网改造任务，家家户户用上放心电，同网同价电。水利工程建设方面，完成3千米水渠建设，自来水入户入厨。新修人饮及消防水池3个，完成3千多米消防管道铺设及消防栓安装。绿化美化亮化村容村貌方面，对进村公路进行美化，在公路两旁种植紫薇树和格桑花，对梨子寨进行绿化，栽种桂花树、柿子树等。

图4－8　十八洞村的杨建军老师带领调研团成员参观村容村貌

图4－9　村里的卫生室，为村民提供基本的医疗服务

公共服务设施建设方面，建设村级游客服务中心，建立村级电商服务站、村级金融服务站，无线网络覆盖了全村；完成村大门升级改造；完成飞虫寨、梨子寨停车场建设，正在抓紧建设竹子寨停车场；完成梨子寨观景台和原生态安全护栏升级建设；完成竹子小学、排骨美小学和村卫生室的升级改造；装修改造完成标准村卫生室1个；完成飞虫寨、当戎寨和竹子寨太阳能路灯的安装；完成2处较大地质灾害治理工程；完成村级民族文化展示中心建设。彻底改变了原来十八洞村交通闭塞、村舍简陋、环境不佳的状况，村容村貌焕然一新，十八洞村的“鸟儿回来了、鱼儿回来了、虫儿回来了、打工的人儿回来了，外面的人来了”，村民个个脸上洋溢着幸福的笑容。

脱贫一小步，幸福一大步

2014 年，十八洞村 35 岁以上未“脱单”的青年有 22 人，四年多来，随着生活条件的改善，十八洞村先后举办了相亲会、联谊会等，为贫困单身大龄青年“脱单”搭建平台，让外村的姑娘了解十八洞村的苗族青年。全村先后有 10 名贫困大龄男青年不仅成功脱贫，还娶上了媳妇，顺利“脱单”。

十八洞村 6 组村民杨再康 43 岁，家里有年逾古稀的母亲和残疾的哥哥需要照顾，所以杨再康肩上的担子比较重。再加上十八洞村地处偏远山区，生产生活条件差，曾经谈过的女朋友最后都没有成功，所以杨再康上了 40 岁还是一直单身。

为了解决大龄青年的“脱单”问题，驻村工作队想出了个法子——举办相亲会。2015 年底，杨再康听说村里要举办相亲会，他特意从浙江赶回来参加，相亲会上虽然没有牵手成功，但是他以一首苗歌“嗨爆全场”。后来，一个城里的姑娘得知如今的十八洞村变了样，名气大了，进村的游客多，脱贫摘帽有希望，便答应先和他处“朋友”。杨再康家位于梨子寨的顶坡上，4 间木房连着一间偏房一字排开，200 多米的青石板院坝甚是宽敞。杨再康“因地制宜”，在家里办起了农家乐，月均纯收入达到 5000 多元，现在农家乐的生意很是红火。2016 年 11 月 30 日，杨再康家张灯结彩，把家住县城的新娘娶进了家门，圆了期盼已久的“脱单”梦。“现在收入好了，不仅娶到了媳妇，没想到四十多岁又盼来了一个儿子，没有精准扶贫，就没有我今天的幸福。”村民杨再康的脸上洋溢着笑容。

单身的不止杨再康一人。十八洞村 4 组村民龙先兰 30 岁，父亲于 2009 年去世，母亲改嫁，所以龙先兰独自一人生活，靠打工维持生计，

2013年收入1500元。龙先兰勤劳肯干，但因家底薄，又没有什么技术，属于村里的贫困户，也一直单身。2014年工作队驻村后，为激发年轻人努力建设家园的内生动力，村支两委组建民兵突击队，龙先兰欣然报名加入，同其他突击队队员一道为家乡公益事业出工出力。2015年，扶贫工作队为龙先兰出主意，建议他养土蜜蜂。龙先兰担心技术难以掌握，而且一年只能产一次，产量不高，所以先在家里进行试验。家里的4箱土蜂蜜当年卖出了40多斤百花蜜，收入3000多元，龙先兰由此获得了创业的第一桶金。

2016年初，龙先兰决定扩大养殖规模，但扩大规模首先要有启动资金，因此他申请了5万元小额贴息贷款，购买当地土蜜蜂，养殖规模达18箱，当年11月底，产出了200多斤蜂蜜，每斤市场价120元，且销路很好，供不应求，龙先兰一下就收入了两万多元。此时龙先兰萌生了新的想法，他决定带动其他的贫困户跟他一起养土蜜蜂，共同脱贫致富。有了想法马上就干，他邀请了6户贫困户在2016年12月一起组建成立了十八洞村苗大姐蜜蜂养殖专业合作社，再次扩大养殖规模。如今合作社的蜜蜂已经有85箱了，龙先兰信心满满，相信来年一定会有更可观的收入。

2015年扶贫工作队首次举办相亲活动，龙先兰踊跃报名，在相亲活动才艺展示环节，他通过做俯卧撑、秀肌肉等方式展现了自己身体好、年轻力壮的特点，给现场的观众和女嘉宾们留下了深刻的印象。双龙镇板栗村的吴满金姑娘和龙先兰现场牵手成功。他们俩在2017年1月18日喜结连理，婚礼现场，扶贫工作队送上了两副对联："孤儿不孤全村个个是亲人；贫穷不穷苗寨处处见精神"，横批"爱的力量"；"幸福生活比蜜甜，勤劳致富靠双手"，横批"养蜂致富"。现在吴满金还被推选为村妇女主任，相信在龙先兰和吴满金的共同努力下，他们的日子一定会越过越美满。

创新是答题的“必杀技”

十八洞村人脱贫致富的答卷年年交，但最需要的还是“因地制宜”。十八洞村脱贫到底该发展什么样的产业，首先应该考虑的就是当地的土壤、气候、人文等因素，这是保证各项产业成功推进的基础。目前根据当地气候、土质和海拔选择的猕猴桃产业、养殖产业以及根据人文风俗发展的苗绣产业都较为成功。当然，这也离不开对干部群众积极性、主动性和创造性的调动。

激发大家的内生动力，是脱贫致富的“发动机”。“精准扶贫”刚开始的时候，村民“等、靠、要”的思想比较严重，但大家一起想办法，推行了“思想道德星级化”的管理模式，村民们互相投票打分来确定思想道德星级，村民之间有了对比和差距，有效激励了村民的意识和热情。另外，还要根据村民的文化水平，分批送他们出去参加苗绣制作、烹饪技能、种植技术等职业培训，村民掌握了一技之长后，上岗就业和自主脱贫致富愿望更加强烈，精神面貌也焕然一新，自主脱贫的意识明显增强了，由此成为脱贫攻坚的主体。在他们的不懈努力下，十八洞村一定会交出一份份更好看的答卷。

十八洞村人脱贫致富的答卷年年新，最重要的“必杀技”是“创新”。看着满满的成绩单，对于十八洞村人来说，无论是物质层面的，还是精神层面的，一种沉甸甸的获得感、自豪感油然而生。当我们蓦然回首十八洞村人的答卷过程、答卷方式、答卷的速度和质量，确还有许多令人思考的地方。

产业扶贫是精准扶贫的重要内容，产业扶贫之路虽行之艰，但其发展前景不可漠视。如何搞好产业扶贫？产业扶贫的路径应该是什么样的？如何突破路径，或者说创新路径？

在我们调研过程中，湖南省委省政府不仅为十八洞的产业扶贫，也为全省的产业扶贫工作，创造性地提出了“四跟四走”的新思路。何谓“四跟四走”呢？原来这个“必杀技”便是“资金跟着穷人走，穷人跟着能人走，穷人能人跟着产业项目走，产业项目跟着市场走”。

仔细思索这四句简单的话语，我们不难发现其中的内在“逻辑”：政府帮扶资金一定要与贫困人口精准对接，为贫困人口服务，而不要出现资金闲置或者另挪他用的情况，真正让扶贫专项资金物尽其用。同时，群众有了资金，切不可把它当作一笔可观的收入而挥霍，要在思想和行动上跟随“能人”，如何让这笔资金发挥经济效益，“能人”总是知道怎么做的。如何将单打独斗的“能人”聚集在一起，发挥更大的效益，这就要求他们跟着“产业”走。这一步的连接可谓是“惊险的一跃”，作为精准扶贫的新模式，产业是将困难群众与市场和效益连接在一起的关键。实现了这个飞跃，我们最后才考虑产品、产业追随市场的潮流和方向发展。

湖南省在产业扶贫过程中，包括十八洞村在内的很多贫困地区，敢于突破不敢与民营企业家打交道的思想束缚。扶贫工作，资金是高压线，和老板打交道，最怕人家产生误会，说扶贫工作人员与老板有利益勾结，不敢和老板联系。于是，能与民营企业家搭上关系，无疑是一大创新。比如，原来贫困户是一家一户地种药材，喂些鸡鹅，这种分散的、小规模的生产，永远形成不了产业。产业扶贫需要产、供、销一个完整的链条，谁能把这个“链条”串起来呢，民营企业应是最佳选择，但过去苦于“不敢”，所以一直困扰着大家。经过不断的思索和实践，终于得出了“四跟四走”的产业扶贫推进思路，让贫困户与企业家建立利益共同体，使产业扶贫在理论和实践上形成了重大突破。

产业扶贫工作有了新思路后，关键在具体实施。那么如何落实呢？下面的三条路子无疑也是一大创新：

一是直接帮扶，即将扶贫资金直接打给贫困户，与有经济实力、有责任心、有爱心的企业合作，挑选主导产业，由企业提供种子、肥料，贫困户和企业签订合同，农作物成熟后由企业以“保护价”进行包销，再扣除种子肥料费用，使贫困户的一家一户生产形成大规模生产，真正实现“穷人跟着能人走”。通过此模式，贫困户可以掌握一定的农作物种植技能，且“保护价”的设置降低了贫困户种植农作物的风险。而企业可以获得扶贫资金的 10% 作为资金支持，同时也可以获得良好的社会效益，较好地调动了企业参与产业扶贫的积极性。

二是委托帮扶，即贫困户与企业签订合同，贫困户将资金交给企业，企业根据经济发展状况和自身利润，每年给予贫困户资金回报，一方面有利于企业的融资，另一方面也使不懂理财知识的贫困户获得较多收益，实现了资金的高效利用。

三是股份合作制，即贫困户可以根据要求以资金、土地或者劳力的方式入股，收益共享，风险共担，此方法的风险相对更大，因此在选择企业和产业时会尤其谨慎，且还会由贫困户组成监事会，参与产业运作。

“四跟四走”的产业扶贫思路在思想上使穷人、能人实现了对接，而思想对接的方法才是有生命力的，可持续性的。“四跟四走”在湖南各地贫困地区的实践中，取得了十分明显的成效，形成了一种星火燎原的态势。据说，在 2017 年国家扶贫专题研讨会上，湖南的“四跟四走”政策受到了习近平总书记的赞扬，中央电视台等相关媒体也多次在湖南就此问题进行采访。

五 忙不停的“巧媳妇”

“忙”：只有忙，才能脱贫致富，因为天上没有馅饼掉，幸福只会光顾奋斗者。

“巧”：脱贫致富不仅要苦干，更要“巧干”。

“媳妇”：脱贫致富路上，男人固然要顶天立地，但女人也可以发挥其优长和价值，男女平等，彼此没有高低贵贱之分，唯有全民努力，贫困之地的百姓才能致富奔小康。

“忙”“巧”“媳妇”，这三个词倘若各自独立来看，也许没有太多的含义，但连起来思考，其背后却映射着十八洞村脱贫致富的经验与艰辛。

十八洞兴起了“农家乐”

“巧媳妇”农家乐，是十八洞村的第一个农家乐，它见证了十八洞村从一个偏远的山村变成一个游客络绎不绝的旅游景点的全过程。

2013 年 11 月，习近平总书记来到十八洞村，并在此提出精准扶贫政策，十八洞村成为精准扶贫政策的首倡地和践行地。如今，十八洞村已不再是昔日贫困的十八洞，不仅成功脱贫摘帽，还拥有了许许多多的产业，围绕这些产业的上下游端，村民根据各自的特长和优势，也开始经营了自己的“小生意”，如农家乐，等等。

千万不要小看十八洞村的农家乐这类“小生意”，这些农家乐的背后反映的是整个十八洞村几年来翻天覆地的变化。谁能想到五年前一个贫穷、闭塞、冷清的小山寨，如今会成为游客光顾的旅游景点，又有谁能想到昔日一个个都想要外出打工，不想回来的山寨，如今可以令村民主动回来开农家乐，并成功脱贫致富。

如果说步步高集团投资兴建的水厂是十八洞的主打产业，是扶贫这篇大文章的“主题”，那么，十八洞的农家乐餐饮业，无疑可归之为辅助产业，是扶贫这篇大文章的“副题”。“主”“副”相映成趣，如日与月交相辉映，共同构成了十八洞村产业扶贫的绚丽图景。

随着十八洞村旅游业的发展，游客的数量越来越多。游客来了，需要的服务也就多了。吃、穿、住、行、消费等，都会带动十八洞村经济的发展和村民收入的增加。这不，十八洞的“巧媳妇们”开始谋划自己的致富路了。

开一家农家乐并不是一件简单的事情，它需要有游客，它要以游客为中心。如果没有游客，开再多的农家乐，也是只有赔钱的份。想要游客到来，交通、知名度、基础设施、治安管理、公共管理等一系列后续服务都要跟得上。这对以前的十八洞村来说，是根本不可能的事情。但2013年11月，习近平总书记在这里第一次提出“精准扶贫”政策后，这个偏远的小山村开始出现了根本性的变化。

这变化首先从交通开始。原先，村子里的交通十分闭塞，调研团为了体验当时村民们的生活，特地请了一位当地大姐带我们走之前常走的山路，即从梨子寨走到村民办事处。现在坐车10分钟的距离，竟然走了将近两个小时！坑坑洼洼、上下起伏不断，光走这一段路成员们就已经腰酸背痛累得不行了，更别提像村民们一样走到集市上去交换物资。如此这般，也自然没有人愿意花如此高昂的代价，翻山越岭到十八洞村一探究竟了。

如今，十八洞村的交通设施已经大为改善，并仍在不断的完善中。

十八洞村委还在大力发展旅游业，不仅以梨子寨为中心开发红色旅游，还在开发大峡谷、溶洞、十八洞水厂等风光旅游。十八洞村旅游业的发展和交通的改善，为村里的农家乐餐饮产业增长，提供了有利条件。

我们采访了好几户十八洞村的中等生活水平的家庭，他们纷纷表示：十八洞村的发展获得了社会各界的重点关注，他们来调研考察、旅游观光、政治学习的人络绎不绝。以前，十八洞村确实比现在要安静得多。那时候基本看不到小卖部的影子，就更别提农家乐了。“精准扶贫”政策的推行，使十八洞村在2017年2月集体“摘帽”脱贫，村民手里有了积蓄，有了“余钱”后，农家乐和小卖铺才逐渐开起来了。

看似简单的农家乐，反映的是十八洞村整个村容村貌以及整个村民状况的好转。唯有交通的改善、基础设施的完善、旅游景点的建设，才能吸引游客。而村民脱贫，手里有了闲钱，才能开得起农家乐。二者缺一不可。农家乐的开设，也会使村民更加富有。在村里第一个吃螃蟹的，就是“巧媳妇”农家乐。

“巧媳妇”贵在“早”与“好”

一波三折的“姻缘”

“巧媳妇”农家乐是十八洞村的第一个农家乐餐饮业店，这家店就是习近平总书记在十八洞村与村民们一起座谈的施全友家。2013年11月，习近平总书记来到十八洞考察，并在施全友家的院子里与村民座谈，就是在这里习近平总书记提出了“精准扶贫”，就是在这里，习近平总书记还关心村里大龄男青年的“脱单”问题，当时的施全友还是个光棍呢。如今的他不仅看到了村子的变化，更看到了村里发展的商机，便和妻子孔铭英一起开起了“巧媳妇”农家乐。说起这农家乐，还得从一次新闻报道说起。

施全友和孔铭英两人原本是2011年在网上相识的。那时，他们一个在广东手袋厂打工，一个在浙江做五金。网聊一段时间后，于2012年春节，孔铭英应约来到施全友家见面。可二人的第一次见面，施全友并未给孔铭英留下太好的印象。一个是年龄比孔铭英大，但最主要的还是十八洞村这里实在是太穷了。“第一次来他们家，上厕所的时候，遇上下雨的话，还得打伞。”孔铭英说，虽然她家也是农村的，并非一定要求男方家庭条件很好，但当时看到这里山多田少，老百姓生活贫穷，实在没有什么信心能够在这里生活下去。见面后也就不了了之了。两人中间虽有联系，但一直也没确定关系。

2013年11月3日，很久不联系的施全友忽然给孔铭英打了电话：“快，看电视。习近平总书记来到十八洞村考察了，并提出了‘精准扶贫’的好政策。”从此以后，孔铭英对这个村子的印象也开始慢慢好转起来。2015年，当孔铭英再次来到十八洞村时，被这里的变化彻底震惊了。基础设施改善了，产业有了发展，村容村貌焕然一新，连村道也扩建成了原来两倍宽，并铺上了沥青，自来水入厨入厕，还安装了太阳能路灯，修建了观景台、停车场和公厕，改造了上百户民居的条件。

十八洞村开始富起来了！但在孔铭英看来，最重要的还是施全友的精神面貌和以前大不一样了，他变得积极向上，浑身充满干劲！他说：“习近平总书记都让我们和贫困打一仗，我们还害怕什么呢?”施全友的脱贫致富态度也令孔铭英看到了生活的希望。她常年在外打工，一直漂泊，心里一直想有个家，可哪有那么容易，作为农村里的姑娘，她不怕吃苦，就怕吃了苦却没办法致富。现在十八洞村有了翻身的机会，而她也要和施全友一起，为这个村子做些什么，自己也要成就一番事业。就这样，二人正式开始谈婚论嫁。

2015年10月23日，阳光正好。村民施成富家，32岁的儿媳妇孔铭英捧着户口本递给家中长辈，郑重其事地说："爸，妈，从今天开始我也是十八洞村人了，我吃得苦，希望能和大家一起努力，为十八洞村的发展出一分力。"

门口大红的"囍"字，还是2016年元旦的时候，小儿子施全友和儿媳妇孔铭英结婚的时候贴上去的，也正是那时籍贯重庆秀山的孔铭英，正式把户口迁到十八洞村。

湖南省花垣县十八洞村，地处武陵山腹地，2013年的全村人均纯收入仅仅1668元。山中之村，难出难进，男人娶媳妇都是大难题——村里的"老光棍"数量可不少，而今外地女孩愿意嫁到十八洞村来，那可是稀少的奇事，也是十八洞村接纳外人、逐步开放的重要一步。

好媳妇开起"巧媳妇"

孔铭英的确是一个聪明、果敢的"好媳妇"！俗话说，成家必立业。既然嫁到了十八洞村，做了十八洞的人，那该干些什么呢？她和施全友思来想去后决定：不再出去打工，要在十八洞村创业！十八洞村现在正在飞速发展，正在大力发展旅游业，他们家作为习近平总书记开座谈会的地方，必将吸引大批游客，施全友的家也就具备了特殊意义。既然游客都喜欢过来，我们又有一身吃苦耐劳的精神和做饭的好手艺，那就开个农家乐吧！就这样，二人正式开始筹划做起了农家乐生意。

农家乐叫什么呢？在名字上，全家人犯了难。孔铭英嫁到十八洞村，在这个小山村里也算引起了不小的轰动，以前大家都争相出去，现在有人嫁进来，而且还决定留下来创业。孔铭英的魄力和能干让全家人和邻里连连赞叹。邻居都很喜欢这个来自重庆的山城妹子，她不仅能吃苦，更重要的是能干很多"巧活儿"，很多难题在她这里很快就得到解决。邻里也都爱叫她"巧媳妇"。既然开设农家乐是孔铭英决定的，也正是因为有了这个

“巧媳妇”，才能有精力和盼头开设这个农家乐，全家人一合计，干脆就叫“巧媳妇”农家乐吧！这是十八洞村最早的农家乐餐饮店。

苦干加巧干，撑起“巧媳妇”

俗话说，干得好，不如赶得早，赶得早，不如干得巧。孔铭英主张开办的这家“巧媳妇”农家乐是“好、早、巧”三者兼而得之。

不过，“巧媳妇”农家乐一开始并不顺利，主要是家里为数不多的资金周转和物资的补给不足。孔铭英二话没说，便把自己带来的一点嫁妆全都贴了进去，这既是对丈夫事业的支持，更是对美好未来的坚信。夫妻俩从早忙到晚，几乎没有一刻是歇息的。用他们自己的话调侃就是“屁股永远挨不到凳子”。

有时候，他们也会对自己所选择的这条餐饮“新路”产生怀疑，甚至也有想过要放弃。夫妻之间为此而争吵过，甚至妻子有时会看着手上越来越少的资金，躲在角落里偷偷地哭泣过。特别是有一次，实在是没有钱了，还向街坊邻里借了些钱。自己觉得不好意思，本来大家就都没钱，维持生活已是困难，还给他们添麻烦，但街坊们都说没关系，大家都愿意为十八洞村的第一个个体餐饮业出份力。如果施家做好了，那就是给整个十八洞村做个体餐饮产业的希望，就能不仅仅靠政府扶持脱贫了，也能靠着自己的努力脱贫致富。施家夫妻看着父老乡亲们殷切的期盼，心里想着，就算是为了大家，为了十八洞村也要把这第一个农家乐给办好！

天上没有掉馅饼的事情，只有付出了才能有回报，只有“忙起来”才能有更多的游客进来。孔铭英和施全友把全部心思都放在了农家乐上，每天把院子打扫得干干净净，把每一个细节都考虑到，甚至是凳子上的“倒刺”也一根一根地处理好，以免给游客带来麻烦。每天早上5点就去排碧乡赶集，确保到访的游客能够吃上最新鲜的食材，有的时候一忙就忙到大半夜。“吃苦不怕，既然决定嫁到十八洞村，在这里创业，就做好了吃苦的准备。”

光“吃苦”不行，还要“巧干”。聪明能干的孔铭英也明白这个理。她来自重庆，川菜做得炉火纯青，十八洞有很多湖南苗族特色的菜品。“巧媳妇”根据游客来的地域，精心给游客搭配不同的菜品，让游客吃得舒心。刚开始时，每次都因为上的菜过多而造成浪费，也使游客多花钱。最后，“巧媳妇”总结出了经验，菜品重“质”不重“量”。每人收30元，然后根据游客口味上各种各样的“小碗菜”，哪个菜吃完了，就再补一小碗，哪个菜没有吃完，就记下来，下次少做一点。就这样，孔铭英摸索出一套游客最喜爱的菜肴，不仅减少了浪费，更使农家乐的菜品符合了游客的口味。

经过巧干和苦干，“巧媳妇”农家乐渐渐有了起色。

“忙起来”，才能“富起来”

“巧媳妇”农家乐确实忙起来了，然而，越忙孔铭英夫妻俩越发有干劲，一咬牙一使劲，似断了退路地往前冲。

付出总归是有回报的。

开业一段时间后，地道的农家饭，价廉味美，几乎天天都有游客上门。最为火爆的是节假日，老人们上阵当帮手，依然忙得团团转。“最多的时候，一天接待了130多个客人，足足10大桌。”孔铭英说。

“忙了好，天下没有白吃的午餐，忙起来才能富起来。”肯吃苦，巧干事，忙不停，这是调研团在“巧媳妇”孔铭英身上发现的最大的精神特质。不怕吃苦，苦中作乐；做事讲究“巧劲”，不蛮干；不闲下来，忙着就是幸福。这不就是十八洞村人的整体写照吗？十八洞村在落实精准扶贫政策时，一不怕吃苦，二讲究技巧，三是永远在路上！

小小的农家乐，体现的是十八洞村整体状况的变化，而施全友和孔铭英的“巧媳妇”农家乐更是体现出十八洞村村民心态的变化，从

“走出去”到“想回来”，从“怕贫困”到“向贫困宣战”。十八洞村的“巧媳妇”农家乐，也见证了十八洞村的脱贫与振兴。

毫不逊色的“杨姐饭庄”

如果说“巧媳妇”农家乐是十八洞村餐饮业第一家“吃螃蟹者”，那么杨姐饭庄也是一家毫不逊色的“跟随者”。

调研团在十八洞吃的第一顿饭，就是在十八洞鼎鼎有名的杨姐饭庄吃的。

杨姐饭庄是十八洞村规模较大的农家乐，不仅有餐饮服务，还包括民宿服务，凭借着一手苗族特色饭菜的厨艺，在当地的餐饮行业里算是生意比较火爆的。而巧媳妇、杨姐饭庄的成功也反映出整个十八洞餐饮行业的逐渐成熟。

之前，随着游客越来越多，单单依靠“巧媳妇”一家农家乐，已经是供不应求了。十八洞的名气越来越大，基础设施也在逐步完善。慕名前来的游客越来越多，出现了游客没地方吃饭、没地方住宿的情况。市场需求急需更多的“巧媳妇”们站出来。杨姐饭庄就在这样的背景下应运而生。

然而，怎么开办呢？需要哪些准备？有哪些经验？杨姐对此一无所知，这时邻居孔铭英站了出来。作为开设农家乐的“老前辈”，孔铭英有丰富的经验。“只有整个十八洞好了，我们的生意才会越来越好。”孔铭英毫不吝啬地把经验传授给其他想要开设农家乐的村民，村里的农家乐也逐渐丰富起来。

就这样，越来越多的“巧媳妇”站了出来，为十八洞的餐饮服务业贡献力量，同时各自通过自己的劳动，也走上了脱贫致富之路。随着十八洞餐饮行业的逐步壮大，村委也开始对其进行一定的管理和控制，并制定了相关的规定来完善其服务。

在采访中，我们了解到，村委对农家乐的开设也有一定的规定，必须符合村委的标准才能开办农家乐，这样做的理由，一是要引入适当的竞争机制，确保农家乐的质量，满足游客需求；二是太多的农家乐会引起不良竞争，全村需要各个行业的和谐发展，而不仅仅是农家乐餐饮业一家独大。扶贫队的杨建军老师告诉调研团，开设农家乐，一是家庭比较困难，需要扶贫的；二是家里的硬件条件符合的，如果家里太小或者人手不够，也不提倡开设农家乐。

“巧媳妇”农家乐，不仅把自己的经验传授给各家农家乐，还联合全村的农家乐以及村委一起制定餐饮规则，各家统一按规则来经营农家乐，避免无序竞争和恶性竞争。十八洞村的所有农家乐规定：各家不按单个菜价收费，而是按人头收费，午餐和晚餐统一按 30 元一人管饱的模式收费，这 30 元里面的“含金量”可是相当的高。拿调研团的第一餐来算，10 个人，最后收了 250 元，但是菜品却包括野鸭、野山菌、鱼、腊肉、腊肠、炒土鸡蛋等十几个菜，全是山里的特色野味，餐后还有西瓜、猕猴桃、黄桃等水果，可以说是相当实惠了。

图 5－1　农家乐的饭菜

十八洞的“巧媳妇”们

随着对餐饮业管理的逐步优化，十八洞村目前有老杨饭庄、“巧媳妇”、小杨餐馆、幸福人家四家比较大的农家乐，还有一些零散的小型饭馆和小卖铺。越来越多的“巧媳妇”在十八洞的产业扶贫中发挥着积极的作用。十八洞的发展也离不开“巧媳妇”们的智慧和力量！正是有了十八洞无数个“巧媳妇”在忙个不停，才演奏出了团结协作的“脱贫致富”合奏曲。

多赚一点就很幸福的“陈阿姨”

除了农家乐之外，调研团还走访了村子里其他几位个体经营户，在与他们的交谈中，更能体现出十八洞村的变化与发展。

“小卖部的生意怎么样?”

“其实还好，也就是闲着的时候做一做。”

“那有没有给生活带来不同?”

“当然有，其实说能赚多少钱不至于，但是让你能不闲着，能够有一点一点的钱进账，就是很幸福的事情。”在陈阿姨的讲述中，我们了解到小卖部的收入变化很大，是随着游客的多少而定的。在旅游旺季和节假日期间，卖出的商品数量就十分可观，没隔几天就要去县城里进货。这时虽然忙了点，但看着商品一件一件的卖出，心里像是乐开了花，自然对当季家庭的收入就举足轻重了。但是如果处于旅游淡季，就基本没什么收入，因为没有了游客的购买，就基本上没有了收入，当地人都是等着五天一次的集市，在补充家庭物资方面，他们是不会到附近的小卖部购买的。集市上的物品更加便宜，而且品种多样，虽然没有在附近的小卖部购买方便，但当地人也习惯了这种生活，不嫌麻烦。

其实，听到这些话，调研团的成员都很惊奇，我们不假思索地以为办个小卖部，不说解决至少可以改善他们的生活状况，可是没想到对他们的生活只是杯水车薪。我们总是用城市的固有眼光去看待身边的事物，可是没想到也会因时、因地、因事而变，这是来十八洞后给我们上的又一课。

我们终于明白习近平总书记为何强调扶贫要“因地制宜”了。但从陈阿姨的话语中，我们也明显感受到了，开一个小小的商铺改变的不仅仅是物质层面的，改变最大的还是那颗本对未来没有期盼的心。

竹廊里的“巧媳妇”

图 5－2　竹廊里的解说员和她的儿子

听完陈阿姨对小卖部发展的描述后，调研团成员们不由地对路旁的小“商业”挨个看了起来，看能否从中探索出十八洞扶贫发展的蛛丝马迹。村口有一条竹廊，是由竹子搭成的二十多米的长廊，其实就是一个小小的集市，虽商品不多，但人来人往，十分热闹。竹廊正对着梨子寨的中心停车坪，背对着风景如画的山峰。在这个小小的竹廊之中，有着近二十个小摊，摊主是纯一色的“巧媳妇”，在她们的摊位面前，大多摆设着自家制作的简单而富有特色的农副产品，如凉面、冰凉粉、茶叶蛋等，当游客叫上一碗冰凉粉或者凉面，静坐在竹廊的长椅上，背靠十八洞村的大山，看十八洞苗寨人来人往，无不惬意而满足。

值得一提的是，每个小摊位都有十八洞山泉水卖，时而听到“巧媳妇”们自豪而腼腆地吆喝着：“这是我们村的山泉水。”热情好客的“巧媳妇”们总乐意跟我们唠唠她们对十八洞山泉水厂和步步高集团的感谢和支持。

竹廊外的摊子上还有许多专为游客们提供的太阳伞等用品，这几年十八洞村的旅游服务业渐渐兴起，商品逐渐多元化，还有就是十八洞的特色物品，如手工苗绣……这苗绣的精美细致，是机器生产难以模仿的，这都是十八洞心灵手巧的妇女们一针一线精心细绣出来的。据说，梨子寨还有一个苗绣基地，专门提供十八洞的苗绣，也是一个品牌，让在家的妇女们也积极参加到十八洞整体的脱贫致富队伍里来，同时也向世界传播苗寨的传统文化。

“媳妇们”的力量

妇女能顶半边天，这句话放到十八洞的致富路上一点也不为过。孔铭英、杨姐等众多十八洞村的“巧媳妇”在用自己的力量为十八洞村的发展做着贡献。她们在农家乐中忙东忙西，把自己的厨艺发挥得淋漓尽致；她们在竹廊下摆小摊，不仅为自己贴补家用，也为游客提供平价的水果、矿泉水等产品；她们在水厂做员工，生产十八洞山泉水，远销到中国各地，把十八洞的名气传扬出去；她们在家里绣苗绣，用自己的手艺传播苗族特色文化。她们是家里的“巧媳妇”也是村里的好村民；她们用自己的手艺、智慧、努力，为十八洞的脱贫致富、乡村振兴贡献自己的那一份力量。

农家乐如何真正“乐”起来

从“巧媳妇”到“杨姐饭庄”，再到十八洞村其他服务产业，十八洞村经历了一个从无到有的过程。一开始的寥寥几人，到现在的逐渐火爆；一开始的管理混乱，到现在的统一规划管理，十八洞村包括农家乐在内的服务业正在朝着越来越好的方向发展。

但十八洞村的服务业还存在一些问题。比如，目前十八洞村的农家乐主要集中在梨子寨，其他寨子由于没有发展出成熟的旅游业，农家乐基本处在缺失的状态，四个寨子的发展还不平衡。又比如，梨子寨的农家乐餐饮服务质量很高，但住宿管理条件还比较差，仍需要进一步完善建设。

在采访中我们得知，村委也正在考虑这些问题。十八洞村目前在着力打造农旅一体化旅游项目，附带着对十八溶洞、大峡谷、莲台山的旅游项目开发。第一期工程在2020年完工，第一期工程完工后，十八洞村打开对游客数量的限制，现在的服务设施肯定不能满足日益增长的游客量。

村主任龙书武告诉我们，“会对四个寨子统一规划，哪些地方可以做民宿、农家乐，哪些地方要建设休闲娱乐观光，这些村子都有规划。”“因为村子要保持完整的苗族村寨，所以，等到放开游客数量限制后，村子预计在现在的老村部这片空地上建设一些现代化的住房，用来专门开设民宿和农家乐，这样不仅可以最大限度地保护村庄，还可以满足游客的多方面需求。这些住房会以低价出租给村民，让村民经营，租金用来当作集体收入，做基础设施改善。”在飞虫寨和竹子寨，村委也会陆续与村民合作，建设苗族特色的民宿，这里的民宿就与广场上的现代酒店有所差别，注重对苗族文化的突出。到时，四个寨子均有自己的特色民宿与服务产业，做到整体发展。十八洞旅游项目负责人彭勇告诉我们。

听了村委对十八洞村服务行业的一些规划介绍，调研团也以观察者的视角在此为十八洞村今后的服务业提供一些建议：

一是建议十八洞村引入一套现代物业管理制度。随着游客数量的增多，停车、垃圾处理、安全等基础服务必须跟进，因为这些服务直接关系到游客在十八洞村的旅游体验。调研团建议十八洞村可以引入一套现代化的物业管理体系，对十八洞村的各个个体户进行“物业业主”式的统一管理。保持优良的村容村貌，提升游客的住宿体验。

二是目前十八洞的民宿行业还停留在“有地方住”，而不是“住出特色”。十八洞村可以对各个餐饮民宿进行特色改造，保持各自特色，形成多元化发展。例如可以开设苗族特色主题餐厅和精准扶贫主题餐厅。各个餐厅特色不一，也就不会出现不良竞争。

三是把对十八洞村农家乐、民宿、餐饮、超市等服务行业的规划，融入整个十八洞村农旅一体化的改革大进程中去。大峡谷附近应该有多少超市，梨子寨、竹子寨、当戎寨、飞虫寨，每个寨子应该有多少农家乐，打出什么特色，采摘园附近要有多少农家乐，这些都要有合理的规划。民以食为天，农家乐、民宿等服务业直接关乎旅客的旅游体验，如果吃不好住不好，再好的景色也无心观看。把价格、数量、规模等都和整个十八洞村的产业发展融合，打造一流的服务基地，为十八洞的产业发展做贡献。

经过对几家农家乐的走访调研，我们发现的是整个十八洞村翻天覆地的变化，交通的改善、基础设施的完善、村民收入的增加。而这仅仅是一个开始罢了。真正的发展，要等到 2020 年第一期工程建设成功后才能体现出来。而到那时，十八洞村必将在整个乡村振兴的道路上，画上浓墨重彩的一笔。

六 "113"工程

群山如绵绕，云雾展旖旎。阳光洒向山间的稻田，在水中倒映出金黄的光晕，人们在这片纯净的土地上辛勤地劳作，宛如一幅水墨画，让人，更是让风都不忍惊扰。这是清晨时分的十八洞村一景。

然而，在这抹撩人心弦的美丽背后，隐藏着残酷的现实。美丽又如何？当家人都因缺衣少食而面黄肌瘦，当村民们淳朴的脸上再也看不见笑容，当辛苦一生换来的只是越发弯曲的脊梁，他们是多么需要从贫困的泥潭中被拯救出来，但又是那么无力。山高路远，交通闭塞，人多地少，他们只是一群面朝黄土背朝天的农民，没有文化的陶冶，没有知识的熏陶，有的只是一片山水，一腔淳朴，一份坚毅。

十八洞产业扶贫的擘画

2013 年 11 月 3 日，十八洞村迎来习近平总书记，总书记提出的“精准扶贫”政策就如甘霖一般洒向十八洞村干涸的土地。“实事求是、因地制宜、分类指导、精准扶贫”的重要指示带给了村民们新的希望。习近平总书记深入群众，感受村民疾苦，与村民站在同一战线，语重心长地嘱咐村民，千万要脚踏实地，脱贫不可好高骛远，提出要保护好原汁原味的民族民居的可持续理念与人文观念。这给予了十八洞村干群极大的脱贫自信。

但脱贫攻坚岂是简单的纸上谈兵？不仅要靠党的领导、政府的支持，更要靠自力更生、艰苦奋斗。结合自身特点，发展合适的产业，脱贫这场征途,才能真正向前迈进。于是，各级领导干部，特别是十八洞村的干部百姓群策群力，共同思考如何通过产业发展来脱贫。可仅仅依靠十八洞村得天独厚的自然风光来发展的旅游服务业是远远无法满足摆脱贫户帽子的需求的。加之交通闭塞，基础设施条件落后，农家乐餐饮业收入有限，十八洞村人不由得思考，能否再开拓其他相关产业的布局呢?

2014 年 1 月 22 日，花垣县委组建成立了一支由县委宣传部部长龙秀林任队长，县委统战部工会主席谭卫国、县林业局副局长石昊东、县民政局工会主席吴式文、县国土资源局政务服务中心主任龙志银为队员的精准扶贫工作队，并于 1 月 23 日开始进村，负责统筹协调并监督相关职能部门在十八洞村实施扶贫的各项工作。

工作队深入细致地调查，并认真学习习近平总书记在十八洞提出的“要保护好原汁原味的民族民居”要求，结合住建部专家的理念，坚定了“把十八洞建设得更像农村”的发展理念，并确立了“人与自然和谐相处，建设与原生态协调统一，建筑与民族特色完美结合”的建设原则，确定了将十八洞“建设成为中国最美丽乡村”的目标。

十八洞村山高路远、交通条件恶劣、人多地少，全村村民生活非常贫苦。如何才能摆脱贫困发家致富，一直是摆在十八洞村组干部和群众面前的难题。工作队通过走访调查、外出考察、广泛征求意见等多渠道全方位的调查研究，确定了种植、养殖、苗绣、劳务、乡村游五大产业为主的发展思路，为十八洞村群众寻求了一条产业致富的路子。

一是发展以猕猴桃、烤烟、野生蔬菜为主的种植业。按照“跳出十八洞建设十八洞产业”的思路，在花垣绿色农业科技示范园流转土地 1000 亩发展猕猴桃产业，以中科院武汉植物园为技术支撑单位，实行股份合作，促进农民长期受益。目前，全村加入猕猴桃专业合作社的已有贫困户110户434人。同时种植烤烟25户318亩、野生蔬菜12户41亩、种植果桑30余亩。

二是发展以肉兔、湘西黄牛为主的养殖业。准备以股份合作的模式在全村发展肉兔，并将作为全村农户短期产业进行发展，已成立肉兔养殖专业合作社，选好养殖场基地，将力争使肉兔养殖业成为全村继猕猴桃产业之后的第二大产业；采取散户和大户相结合的模式，支持重点养牛户2户，德农家庭牧场已养牛30头并产仔10余头，成志养牛合作社完成牛场公路和牛舍建设工程，购买黄牛入栏20余头。

三是发展劳务输出经济，也就是外出打工。这个思路，十八洞村的年轻人早就这样做了。

四是发展以苗绣织锦为主的加工业。成立农民专业合作社，组织43名留守妇女，发展苗绣产业，与4家苗绣公司签订订单协议，增加收入。

五是发展以农家乐、红色游为主的旅游产业。利用得天独厚的自然景观优势、特色民俗民风、特色建筑和习近平总书记前来考察调研的影响力，将十八洞村打造为群众路线教育实践活动基地和农家乐、乡村游胜地。现已全面完成梨子寨仿古式停车场、800多米游道、观景台、村大门升级改造等工程建设。

六是实施“113”工程，即借用纪念习近平总书记11月3日来十八洞村考察的吉祥日子，定名为“113”工程，那这个“113”工程又是做什么的呢？

“113”工程是什么

自从习近平总书记来到花垣县十八洞村考察，并提出“精准扶贫”的指示后，极大地激发了十八洞村的干部和群众脱贫致富的积极性。他们都在思考如何脱贫，思考的结果，大家基本上达成了共识，即要因地制宜，结合自身的特点，通过发展合适的产业才能脱贫，才能致富，才能可持续发展。

那十八洞村发展什么样的产业，如何来发展产业呢？花垣县委组建成立的一支精准扶贫工作队早已为十八洞的产业发展进行了擘画，确定了种植、养殖、苗绣、劳务、乡村游五大产业为主的发展思路。虽然彼此有争议，有不同意见，但不尝试一下，不实践一下，谁又能是“先知先觉”呢？这么多年，大家都穷怕了。正是因为穷，大家只好外出打工，但外出打工也不是长久之计，既照顾不了老人和孩子，又荒废了自家的耕地。正是因为穷，十八洞村有很多的大龄单身汉子，传宗接代，乃是苗家传统的大事呢。正是因为穷，十八洞村的交通和基础设施，都不如人家。除了五大产业的发展思路外，还要实施“113”工程。

所谓“113”工程，总体来说，就是在全村225户农民中，每户种植冬桃10棵、黄桃10棵、养殖稻田鱼300尾，并将桃子的采摘权和稻田鱼捕捉权对外推销，创新推行桃子采摘权和稻田鱼捕捉权转让带动旅游业发展的模式，同步带动乡村旅游业的发展。

图6-1 调研团成员听杨建军老师介绍“113”工程情况

花垣县十八洞村扶贫工作队前副队长龙志银介绍，“113”工程最初确是由习近平总书记考察湘西扶贫工作的日期提供了灵感，即11月3日。“113”工程中农户种植的这些桃子是不卖的，但卖的是桃树的采摘权，外面的游客来认领桃树，每一棵桃树是418元，果实在认购年限中可以随便摘取，并且还为这些认购桃树的游客颁发十八洞村的“荣誉村民”证书，能够享受免费停车、免费观光和很多旅游景区的半折优惠。这样一来，会直接带动旅游产业的持续性发展，还会给农户带来相当可观的收入。稻田鱼也是如此，农户在自家的稻田里养殖稻田鱼，并向外出售稻田鱼的捕捞权，同样起到增加游客体验乐趣、吸引游客参观和增加游客流量黏性的作用。

“113”工程的确是十八洞村改变自己贫困命运的一大创新的亮点。据了解，桃树出售，仅2015年就卖出了4100棵，为全村带来170万元的收入。至2016年已试点养殖稻田鱼的有63户，81亩共计6300尾。十八洞村人均纯收入由2013年的1668元增加到2015年的3580元，增长115%，减贫61户269人。这其中的“113”工程的启动不免也起到了一定的作用。

桃花源的梦境

提起十八洞村种植冬桃和黄桃并出售其采摘权的构想和实施，我们不禁想起了陶渊明笔下的《桃花源记》：芳草鲜美，落英缤纷……土地平旷，屋舍俨然，有良田美池桑竹之属。

十八洞村被誉为“梦里的边城”，其云雾氤氲，朱颜辞镜的胜景，亦有着不输桃花源的风韵；这样一来，十八洞村人自然而然地将自己的村子向着“桃花源”靠齐了，而当桃花盛开的十八洞村展现在世人面前之际，无疑会更增加这梦中边城的妩媚和浪漫。

那么，一系列的问题来了，这冬桃和黄桃树种苗又要从哪里而来，桃树种下后，又如何管理和增值呢？据悉，湖南省农业厅和湘西州农经站曾认真研究过十八洞村的自然条件，而后向村民们建议发展冬桃和黄桃种植业。村民们借助研究人员的帮助，也“钻研”出了一套可行的“链条式”发展方案。诚如上文所介绍的那样，十八洞村种植的桃树，一旦挂果了，其果桃是不卖的，而卖的是桃树的采摘权。这样，一来可以最大限度利用和保护好当地的生态资源与环境，带动果实获利，以创造经济价值；二来每当春暖花开之时，桃花漫山遍野，这岂不是现实中的“桃花源”吗？以此来进一步推动当地原生态旅游的发展。这的确是一个绝佳的创意！

很遗憾，我们调研团成员都不是学生物学的，对植物桃树不是很专业。只好借助百度工具，查阅了一些桃树的文献资料，发现了冬桃和黄桃的一些生长特性和食用价值。

冬桃，核小肉嫩，甘甜清脆，汁多味甜，晚熟丰产，耐储存。含糖量15%，最高可达18%；单果平均重0.7斤，最大可达1.8斤。今年栽树次年结果，每株5至10公斤，亩产可达3000公斤，相较于那些“十年树木”的果树，具有极强的市场竞争力。为何称之为冬桃呢？那是因为寒冬时节，万木凋零，一片萧瑟，唯有冬桃傲然挺立在风雪中；在浓密的绿叶间，缀满的是红艳艳的硕果，一派盎然生机。冬桃不仅外表美丽，口感细腻，更是流传着一段美丽的故事。相传后周大将赵匡胤的结拜兄弟卢正恩因偷吃看桃女阳三春园里的冬桃，被其发现，二人为此争战一百余回合未分胜负，反而两人互相爱慕对方的英勇，最终结为夫妇。而冬桃在其中则是扮演着媒人的浪漫角色，为这个故事更添上了一层令人羡慕向往的浪漫主义色彩。

而黄桃，因肉质黄色而得名。开花时间 3 至 4 月，成熟期在 10 月中旬至 11 月，整个周期半年左右。常食用具有通便、降低血糖血脂、延缓衰老、提高免疫力等作用，也可促进食欲，被专家们称为保健水果，养生之桃。由于其营养丰富，含有大量抗氧化剂、膳食纤维、铁钙及多种微量元素，又被冠以“水果之王”的名号。一般的黄桃全年具有三次生理落果，第一次出现在花后 15 天左右，第二、三次在 5 月下旬至 6 月上中旬。难怪古诗云：“人间四月芳菲尽，山寺桃花始盛开。”

据说，“113”工程选用的炎陵黄桃品种，生长于平均海拔 400 ~ 1400 米的深山中，是纯原生态，无公害的保健水果。高山黄桃果大、肉厚、色黄、醇香，富含维生素 E 和大量人体所需的纤维素、胡萝卜素、番茄黄素、红素及多种微量元素，如硒、锌等含量均明显高于其他普通黄桃。

在现在的水果市场上，高品质的冬桃和黄桃都是极具竞争力的，而围绕这两种水果，开发其经济效益与生态效益，延长产业链，带动一、二、三产业协同发展，都具有一定的可行性。不过，十八洞村种植的冬桃和黄桃产业，其创意和“产业链”是否只是理论上的推演，在实施的过程中，有没有想象中那么圆满呢？

据调研团调查发现，种植“桃树”项目实行一段时间后，虽然有了效应和反响，但缺乏大规模种植的条件。十八洞村位于山区，由于雨水的长期冲刷，使得其土壤中的有机质含量偏低，土质的贫瘠，使得当地难以种出诸如万山冬桃、炎陵黄桃一般品质的“仙桃”；同时，在桃树认领机制中，虽然有着创新、大胆、可循环等优点，但由于基础设施服务能力，特别是交通条件的限制，使其在实践上难以实现。村民们又将目光转到了本地特产——野生猕猴桃身上。猕猴桃喜酸性土壤，适宜种在高海拔山坡，这与十八洞村的自然条件不谋而合。可问题还是受制于土地的匮乏，于是村民想到在60里开外的地方，通过土地流转，开发成立千亩精品猕猴桃基地，实行规模化、集中化经营。但，这是否从侧面反映出十八洞村并不适合发展“桃树”种植业呢?

鱼翔浅底稻花香

如果说十八洞村实施“113”工程中，种植冬桃和黄桃属于种植产业实践，那么，利用稻田养殖“稻花鱼”无疑就是养殖产业实践了。说起稻花鱼，我们不难想起毛主席那极富浪漫气息的词句“鱼翔浅底，万类霜天竞自由”，也不难想起辛弃疾那极富田园气息的诗句“稻花香里说丰年，听取蛙声一片”。

当初策划和实施“113”工程，十八洞村的决策者在具体决策过程中为何要选定养殖“稻花鱼”，我们不得而知。或许这是由十八洞村村民内心世界里的浪漫情怀激发而至，或许这是由他们本身的田园牧歌生活引发而来。但有一点是非常确信的，那就是苗家饮食文化中特别钟爱“酸鱼”。据说，苗家人特别喜爱吃酸食。这种酸食是由苗族的传统习惯而形成的，相传是由于苗族世居深山峻岭之中、山高路遥、交通不便，很不容易吃上鱼肉类和蔬菜，也缺盐。所以，苗族为适应日常生活上的需要，便家家户户都设置酸坛，制作酸鱼、酸肉、酸菜及其他相通食物。苗家制作酸鱼多用鲤鱼，鲤鱼大多放养于稻田。待到秋收季节、鱼稻双收。收获的鱼，除少数鲜食外，大部分都用来做成酸鱼，这样经久吃用。

其实，稻田鱼，也称禾花鱼。禾花鱼是一种体色乌黑透亮的鲤鱼品种，即乌鲤，主要在南方山区一带稻田中养殖，因采食落水禾花后上市，鱼肉具有禾花香味而得名禾花鱼。禾花鱼食性杂、生长快、繁殖能力强，刺少肉多，肉质细嫩，骨软无腥味，蛋白质含量高，具有丰富的营养价值，一般体重在50～250克。十八洞村有水田，养殖稻田鱼，既可促进庄稼的健康生长，又为苗家传统饮食需求，也可为游客提供符合城市消费需求的农业产品。

图6－2　十八洞村山谷底下的稻田一角

但细细一想，从十八洞村的整体地貌来看，山地多平原少，沟壑纵横，原本可供耕种的土地就少，大量耕种的稻田就更少，而且都是零散的，如何又能大规模发展稻花鱼养殖产业呢？从湖南很多地区，特别是山区经验上来看，凡山地多暴雨，在稻田里养殖的稻花鱼很容易被大水冲走，到时候会损害很多村民的经济利益，有得不偿失的风险。所以，从十八洞村的长远角度来看，也许适当发展鸡、鸭、牛、羊等养殖业，似乎比发展稻花鱼养殖业更加切合实际一些。

理想很丰满，现实有点骨感

俗话说，有梦想者，便有追求。而“梦想成真”乃人生最大的幸福和快乐。十八洞村人为了尽快实现摆脱贫困的“梦想”，他们竭尽全力地在追求着、奋斗着。包括实施“113”工程在内的产业布局和规划，无疑是实现梦想的具体路径，但凡事固然有其自身的发展规律，理想有时很“丰满”，然而现实有可能很“骨感”。尽管“113”工程在脱贫摘帽中发挥了其应有的作用，但是无论是“桃源梦”，还是“稻香梦”，总感觉到一种梦碎的危机感。因为在调研中，我们了解到“113”工程已于两年前基本搁置了。这是一个颇为意外的消息。

原来十八洞村的地理因素是关键。这种地质、地貌既为桃树的生长提供了优越的自然环境条件，却也限制了桃树种植的规模扩大。十八洞村位于武陵山区，多丘陵地形，素有山高、路远、坡陡之说。全村人均耕地面积极小，且分散广布，往往这座山有一亩地，那片坡有八分田，单一土地种植桃树数目有限。那么，游客在开展采摘活动时往往没有足够多的收获，或者为了摘桃，有可能在各田地中奔走，这就极大挫伤了游客的积极性，久而久之对桃树采摘项目也是不小的损害。同样，稻田鱼项目也受到了土地狭小分散的影响。

再说，当初的“113”工程，确实没有考虑过开发其他的配套旅游措施或项目，仅凭单一的采摘捕获权，很难吸引到足够的游客数量。这也与十八洞村的地理因素有关。十八洞村地处湘西，远离长株潭城市群即主要旅游客源地，湘西的交通设施建设也不足，游客往往要从长沙乘高铁到怀化，再转汽车到吉首最后到十八洞村，耗费大量时间和经济成本，这就导致游客积极性大打折扣。

此外，信息平台建设不足。出售农产品的采摘捕获权，吸引游客流量，必须要搭建足够方便快捷简明的网络平台或手机 App，通过平台达到信息、产品、资金的流通交换。但十八洞村的信息技术人才匮乏，村民对网络的使用也有很大欠缺，很难打造足够优质的网络平台，这在日益信息化的时代显然是凸显的缺陷。

当然，“113”工程还是给十八洞村如何脱贫致富带来了新思路、新认识、新想法，提供了农旅结合初步尝试的经验，在此基础上十八洞人针对人均土地面积小的不足，开始了又一次脱贫致富道路的探索。

那么，如何预防在产业扶贫过程中这种“梦碎”的危机呢？说到底，我们还是要回到习近平总书记提出的“精准扶贫”“因地制宜”的思想上来。俗话说得好，靠山吃山，靠水吃水。可十八洞村的山虽然很美，但山体高大，可供耕种的土地面积小，如果强行发展不太合乎当地自然条件的种植业和养殖业，甚至大规模地开发，必将使环境遭到破坏。由于生态脆弱，环境一旦受损则难以复原，这又与习近平总书记提出的“不破坏环境”的指示精神相悖。

诚然，“113”工程在很大程度上为十八洞村的发展做出了贡献。一来，冬桃与黄桃的种植、稻花鱼的养殖为村民创造了一定的收入，短时期内改变了其极度贫困的现状；二来，农业的发展极大地促进了第二、三产业的进步，带动了农产品加工、旅游服务业的兴起，对延长产业链、调节十八洞村三大产业比重具有重要的意义；三来，加快了农业现代化进程，改变了原来单一、低效、入微的小农经济模式，打造特色农业品牌，推动传统农业向现代农业转变，提高了农产品质量与市场竞争力。

与此同时，“113”工程对近年来兴起的体验经济做出了可贵的尝试，推动了人们的思想观念、产业发展向社会主义现代化方向迈进。十八洞村村民对“113”工程的探索与实施，也全方位地体现了他们刚毅顽强、孜孜以求的精神，和脱贫致富、打赢脱贫攻坚战的决心。他们生来朴素，心思纯明，不求大富大贵、锦衣玉食，只求一方安良，温饱平安。这种渴望摆脱千百年来世代贫困的心情当然值得赞赏与肯定。

但凡事都要遵循其固有的规律，很多时候人们想要达到实际所需仍是一个曲折而漫长的过程。从近两年来的调查报告来看，“113”工程几乎已停止实行，说明其中存在着很大的缺陷与问题。

一是在实行冬桃黄桃种植业与稻花鱼养殖业的过程中，仅仅看到农产品的优越性是远远不够的，如果无法切实地解决耕地面积问题、土壤质量问题、市场接受能力问题，种植业的发展必然会遭遇瓶颈。

二是在没有考虑十八洞村基础设施服务能力，尤其是交通运输能力的情况下，由于地处偏远湘西地区，远离长株潭城市群和其他大型城市，十八洞村交通不便，与经济发达地区交流能力有限，无法吸引客源市场，那么认领桃树的项目即使具有“体验经济”的优势，在没有消费最主要的因素——消费者的情况下，也难以进行。

三是由于经济发展因素，十八洞村村民对现代信息技术、网络科技等便捷现代通信手段的了解程度有限，难以满足现代消费者及技术建设的需求，导致一系列产业链条难以达到信息、产品、资金的现代化需求。同时缺乏专业技术人才，在片面依靠外来科研人员帮助的情况下，难以实现长久的发展。

就像不一样的种子会长出不一样的花朵，不论是何地的扶贫计划，都必须“因地制宜”，立足现实，立足当前，不瞎指挥，不拍脑袋，要科学论证，实地调研，即贯彻落实习近平总书记“精准扶贫”的思想。只有从实际出发，结合实际情况，实事求是、分类指导、因地制宜、因地施策，才有可能实现“精准扶贫”的伟大梦想。

七

60里外的猕猴桃基地

“实事求是、因地制宜、分类指导、精准扶贫”的十六字方针已然成为新时期扶贫工作的指导思想，但也是这十六个字，给当年人均纯收入1680元的贫困村带来了考验：“不能搞特殊化，但不能没有变化”“不栽盆景，不搭风景”“要可复制、能推广”。十八洞村要怎样才能交上这份答卷?

筹建猕猴桃基地

为了遵循习近平总书记“精准扶贫”的指示办好十八洞的扶贫事，十八洞村的工作队和村“两委”劝阻和谢绝了许多部门、单位来村里搞钢筋混凝土一类的建设，同时逐步转变村民“等、靠、要”思想，在“造血”上下功夫。村里资源有限，怎么以产业扶贫而致富呢?抬头是山、低头也是山，有的村民两亩地分散在九个山头上，缺地是十八洞村产业发展面临的现实问题。怎么办?

花垣县委、县政府从十八洞村的实际情况出发，在“精准”二字上下功夫，找准“病根病因”，遵照“因地制宜”的精神，提出了“跳出十八洞，建设十八洞”的产业扶贫新理念，在湘西国家农业科技园区内流转了1000亩土地，让土地资源变成了项目资产，建设发展猕猴桃产业。吸取过往粗犷扶贫、发钱扶贫、贫困户发展能力差的教训，必须因户精准施策，不能把钱一发了之。十八洞村走了一步“险棋”，将财政补贴的每人3000元集中入股，种植猕猴桃，想将这异地流转的千亩猕猴桃产业园建成十八洞村长远致富的产业。该产业园采取股份合作模式运作，成立了十八洞村苗汉子果业有限责任公司。

“千亩精品猕猴桃基地”是“精准扶贫”上的一个点，这个点跟十八洞村相连接，形成扶贫的线。多个这样的点与线组成面，就是“精准扶贫”的图谱。找到猕猴桃产业还不能宣告这个点的成立。在猕猴桃园筹建时，具体的政策是贫困户有政府补贴3000元，每人可入两股，自己交100元；非贫困户政府补贴1500元，每人可入一股，自己交50元。政策如此，起初却并没有得到村民的支持和赞同，当时还是有很多村民对猕猴桃园的收益有疑虑，不确定是否能够提高收入、得到分红。

扶贫是为村民谋福祉，首先当然要听听村民们怎么说。“猕猴桃我们这儿有，到处都是嘛。”“猕猴桃种那么多干什么，搞那么多卖不完怎么办?”“种猕猴桃要搞那么远去做什么（猕猴桃基地距离十八洞村30公里）?”村干部挨家挨户走访、仔细了解村民的情况和想法，做村民工作，详细解释各项政策。“道理讲千遍，不如亲眼见。”四川浦江等地的猕猴桃产业已成规模，村干部就领着村民代表到浦江去参观，去了一趟后不少村民吃了定心丸。但土地租金加上基础投资需要1600多万元，虽然合作企业拿了大头，加上村民凑的扶贫款，总共也才600万元，还差1000万元的大缺口。有村民建议，由县里向上级部门伸手要钱。但这么做就变成“栽盆景”了，失去了复制的意义，更没有推广的价值了。那精准扶贫的意义何在呢?

村里创新的“村民思想道德星级化管理”模式逐渐调动了大家的积极性、主动性，加之参观四川浦江猕猴桃产业后增长了信心，在各级干部和村民的坚持和努力下，十八洞猕猴桃基地的筹建逐渐有了眉目。首先是资金问题，村干部领着村民代表开始挨家找银行、想办法，最终将猕猴桃园的土地经营权做抵押，在华融湘江银行贷到了这1000万元。其次是技术问题，村里派代表去拜访了中科院武汉植物研究所，想引进国内猕猴桃种植高端技术。十八洞村与中科院签订了四年的合同，有了一个完整的培训计划，专家们会对猕猴桃种植的多个阶段进行分类指导，且每个月都会有专家到十八洞猕猴桃基地来，对重要环节进行把关，也加强理论和技术方面的培训。资金和技术问题解决了，村民们也逐渐支持猕猴桃产业的发展，终于，迈出了这一大步。

千亩精品猕猴桃基地

十八洞猕猴桃产业园，采取“贫困户+企业+产业项目”的股份合作模式，即由十八洞村全体村民、十八洞村委会、花垣县苗汉子野生蔬菜开发专业合作社，合股成立“十八洞村苗汉子果业有限责任公司”，注册资金600万元。其中苗汉子合作社出资306万元，占公司51%股权；十八洞村225户939人，以国家财扶资金帮扶，入股234万元——建档立卡贫困户136户542人，非贫困户89户397人，占公司39%股权；村集体以国家财扶资金，扶持集体经济的形式，入股60万元，占公司10%股权。产业园总投资1600万元，建园缺口资金1000万元，由华融湘江银行贷款支持。3年来，产业园培管资金累计开支近1000万元，均由公司自筹或贷款解决，并计入生产经营成本。

千亩精品猕猴桃示范基地于2014年9月2日正式开工建设，由花垣县苗汉子野生蔬菜开发专业合作社、花垣县十八洞村苗汉子果业有限责任公司共投资1600多万元，投入劳动力21580个，投入挖机等大型机械1200多台（次）。自项目实施开始，从施肥，深翻、抽沟改土，画线、起垄，栽苗，覆膜，实生苗插杆，棚架建设，水肥一体化，冬季施肥，到品种嫁接，抹新芽，村里对每一个细节都精心把控，共投入粗有机料、粗有机肥、精有机肥 6642 吨。村民们齐心协作，克服困难，充分发挥了“十八洞精神”，于 2014 年 12 月底完成了规划设计、土地流转、土壤改良、开厢起垄、种苗采购、供水管道建设等一系列工程，于 2015 年 1 月初在武汉植物园专家一行 3 人的具体指导下进行种苗定植，经过一个多月时间的紧张劳动，1000 亩猕猴桃米良一号实生苗定植工作才全面完成。这千亩猕猴桃产业园寄托的是十八洞村村民的脱贫致富之梦！

十八洞村猕猴桃产业园距离十八洞村约 60 里。湘西花垣地处武陵山腹地，属于亚热带山地湿润气候区，海拔约为 700 米。该地区北纬 30 度，是天然氧吧富硒区，土壤 pH 值在 6. 5 和 7. 5 之间；雨量充沛，平均年降水量约 1363. 8 毫米；日照充足，平均地区年日照时数约 2000 小时；温度适宜，全年平均气温约为 16 摄氏度。在这样的地理优势下孕育出来的猕猴桃果肉香甜，口感丰富、细腻，糖分多。

园区管理者告诉我们，猕猴桃一年一熟，一般三年挂果，五年进入盛果期，能够稳产到 50 年，但是后期管理要做好。2017 年是试果期，产量大概 100 吨，销往港澳地区了，乡亲们得到了 1000 元的补贴。十八洞猕猴桃现在还处于初果期，2018 年的产量估计是 300 到 400 吨，进入盛果期后每亩的产量会达到 4000 到 5000 斤，但要对产量进行控制，不能有多少产多少，否则会影响果子的质量，这些都需要后期管理。

猕猴桃基地的运营管理

中国科学院武汉植物园是国内、国际猕猴桃研究领域的权威机构，拥有资深院士黄宏文和钟彩虹博士等一大批猕猴桃领域国际知名的顶尖科学家。十八洞猕猴桃产业以中国科学院武汉植物园为技术支撑，并完全按照中国科学院武汉植物园的基地建设和培养技术方案来实施培育。

园内主要种植金梅（黄心）、金艳（黄心）和东红（红心）三个优质品种，又分为特等、一等、二等这三个等级。中科院的技术团队参与项目全过程、全方位的技术指导；通过高标准建园、高水平培护、精细化管理，加上现代农业科技的推广运用，猕猴桃园产出的果子品质好、质量高。猕猴桃的生产过程全是环保的、生态的，不用化肥、农药、除草剂、除虫剂。除虫是通过物理除虫的方式，用杀虫针，一般喷药会使用标准的临时的杀虫剂；人工除草，不用除草剂，也不用化肥，用农家肥。经过省、州检验检疫部门，4 次分别在猕猴桃不同成熟阶段取样，进行严苛的 635 项次技术检测，该产业园猕猴桃果子 237 项质量指标全部合格，达到出口世界任何国家的质量标准。

图 7-1　2018 年 8 月还未完全成熟的猕猴桃

猕猴桃产业园中产业管理和技术小组都有十八洞的村民，而且园区内进行日常打理的几乎都是本地人。说到底，目的还是“精准扶贫”，建立猕猴桃园征用了当地居民的土地，让他们来参与经营管理，也是给当地居民一个再就业的机会。

经过3年的精心培护和科学管理，2017年猕猴桃已初步挂果，产量180多吨，9月28日开园销售，采取线上线下相结合的销售模式，同时完成猕猴桃产品检验检疫，各项指标全部符合出口标准，实现港澳直通销售，村民收益73.75万元。不仅如此，这异地流转的1000亩精品猕猴桃基地，现已完成有机产品认证并授予“出口示范基地”称号。

2018年是习近平总书记来十八洞村考察后的第五个年头，也是猕猴桃产业建设的第三个年头，十八洞猕猴桃园现已进入挂果期，且形势喜人。产品于2018年9月中旬上市，产量约30万公斤，现在已经开始新一轮的预售，主要平台是湘西邮政邮乐农品专柜、黑土麦田助农店铺、京东商城和1号店。园区的管理者告诉我们，争取年底让十八洞全体村民获得更大的实际收益。十八洞猕猴桃在2019年进入盛果期，全村人均可以增收5000元。

图7-2 京东商城上的十八洞猕猴桃

十八洞猕猴桃消息发布主要是来自网页新闻和一些微信公众号推

文，多来自当地新闻机构及其公众账号，以文字加图片、文字加图片加视频和 H5 居多。且拥有独立的微信公众号——“十八洞村苗汉子果业”，总共只发布过五次消息，其中有两次是图片。

图 7-3　“十八洞村苗汉子果业”微信公众号 2018 年 2 月 16 日的推送图片

十八洞猕猴桃园的影响力

根据习近平总书记做出“可复制、可推广”的重要指示，花垣县扶贫领导小组决定复制十八洞村股份制扶贫产业模式，新建 2000 亩猕猴桃项目，带动 9600 人的建档立卡户实现长期脱贫致富，从根本上解决以往“脱贫返贫”的现象。由花垣县扶贫办牵线搭桥，双龙镇、花垣镇等乡镇，参照“十八洞模式”，与县苗汉子合作社“联姻”，组建新的股份公司，不断推动猕猴桃扶贫产业的发展壮大。

十八洞猕猴桃产业园是“精准扶贫”中一次“因地制宜”的试点，

就目前取得的效果来看是较为成功的。最为关键的问题，其实在于村民，村民们是否真的从猕猴桃中收获了实实在在的利润，增加了收入，过上了更好的日子。

当我们调研团在十八洞村梨子寨采访时，村民提起猕猴桃总是十分开心："这么好的政策，当然要入股。""去年卖了猕猴桃，已经拿到1000 块钱了！"猕猴桃产业园的管理者是十八洞的村民，提到大家的顾虑，龙兴贵老总表示非常理解，而且"一开始村民还有疑虑，对猕猴桃不看好。自从去年发了收益金，村民对猕猴桃越来越有信心，甚至建议扩大规模。这样实实在在的扶贫项目，能提高村民们的收入、改善生活水平，大家一定都愿意贡献自己的一分力量。"

问到猕猴桃的销路问题，龙兴贵老总告诉我们："目前来说，我们十八洞的猕猴桃不在本地出售，去年销往港澳，2018 年国家海关对我们的猕猴桃多有关注，准备把我们的猕猴桃销往海外，第一个出口国家是日本。暂时在市面上买不到。我们取得了出口许可证，通过了检验局的检验，完全达到了出口的标准，去年我们出口了 100 吨。另外还通过京东、四川的阳光味道公司、湖南电视台的快乐购销售了一部分。""到了盛果期，猕猴桃园的产量会更高，不仅出口国外，也会在内地销售，进一步拓宽销售渠道。以后不光是我们这 1000 亩，另外还有一个2015 年布置的 2000 亩的三乡果园，是为了三个乡镇的贫困户筹建的。三乡果园也是归我们管理，明年就可以挂果了。"

猕猴桃与新媒体

十八洞村的猕猴桃目前主要做的是出口，明年进入盛果期后，将会有更高的产量。除了主要出售的特等、一等、二等果以外，还会有品质稍微次一点的三等果、四等果，产业园准备建加工厂，生产猕猴桃罐头、糕点甚至猕猴桃酒等，增加多种副产品，这样也能增加收益。如果考虑内地市场，想要促进猕猴桃及准备增加的多种副产品在国内的销售，就不能忽视线上线下相结合的路径。目前十八洞猕猴桃已经在京东商城、1 号店开启了预售，但除了在网店销售外，其他的营销方法还用得比较少。

据 CNNIC2018 年 7 月发布的中国互联网络发展状况统计报告（第 41 次）显示，截至 2018 年 6 月，我国网民规模为 8.02 亿，手机网民规模达 7.88 亿，上半年新增手机网民 3509 万人，农村网民占比为 26.3%，规模为 2.11 亿，较 2017 年末增加 1.0%；城镇网民占比 73.7%，规模为 5.91 亿，较 2017 年末增加 4.9%。我国的互联网普及率越来越高，新媒体逐渐成为一种生活方式。其实，运用新媒体进行农副产品营销并不少见。微博、微信平台的农副产品营销也有了较多成功的例子。这样的渠道能够让受众更多地了解十八洞猕猴桃，从而提高尝试购买的可能性。中国网民的消费形式日渐趋于线上，这给“坐等客来”的传统农副产品销售模式带来了诸多挑战。同时，各类线上交流平台的涌现，有更多的途径让人们了解并购买，也为产品营销带来了新希望，“互联网 + 农业”是大势所趋。十八洞猕猴桃尽量抓住新媒体给农副产品营销带来的机遇，也是至关重要的。

就猕猴桃利用网络营销而言，陕西周至县周一村可谓是一个参考的典范。周至县从 20 世纪 90 年代开始大面积推广种植猕猴桃，且作为全县的主要经济作物。近年来，在周至县政府的主导下，周一村打造了 30 个网店，“线上 + 线下”的双轨销售使得猕猴桃的价格得到了有效提高。翠香猕猴桃产地收购价一年之内由 4.2 元/斤，提升为来年收购伊始的 5.4 元/斤，后期收购价达到 6.8 元/斤。徐香、海沃德、秦美猕猴桃产地收购价也较去年抬升了8%以上。

新媒体具备的即时性特点，能够帮助果农们更清楚地了解市场需求和消费者的喜好，果农及时收到反馈，就能更好地把控猕猴桃产出的各个环节。比如说，在面对不同的客户时，调整不同的产品包装、产品单箱包装数量等，人性化地满足客户需求。例如，零散购买的普通客户，选用方便携带的包装即可；需要送亲友的客户，可以选用成本更高一些、加入设计元素的包装，强调美观；卖给批发商户时，可以用更大的产品数量的包装，同时要便于运输和存储，强调实用性。

暂且不论后期如何发展，现在的十八洞千亩精品猕猴桃基地已经成为“精准扶贫”上重要的一个点。在不搞特殊化的情况下创造了新变化，它不是栽给领导看的盆景，而是实实在在的“造血”工程。更重要的是猕猴桃基地的盛况是可复制、可推广的，为“因地制宜”提供了非常具有参考价值的践行方式。

“因地制宜”的大手笔

十八洞村山多、人均耕地数量少，每户村民的土地非常分散，下地劳作要把很多时间花在路上，再说每块土地的土质并不一样，适合种植的农作物也不相同。如何整合这些土地资源，让少而贫瘠的土地，发挥最大的效益，造福村民，这是依赖土地而生存的十八洞村村民们千百年来面临的考验。

习近平总书记在参加四川代表团审议时曾说过，虽然很多时候我们强调规模经营，但也要看到，在一些地方，家庭规模的经营相当一段时间内还会存在。在浙江、福建，很多地都是分散的、零碎的，有的梯田叫斗笠田，一个斗笠就能盖住。青蛙一跳过三丘，一跳跳过三块田。所以，因地制宜，实事求是，根据实际情况，做细做精农业，乃是像十八洞村这类贫困地区扶贫、治贫之“良策”。

为了尽快且长久地提高村民的收入，花垣县委、县政府还有更大手笔的“因地制宜”措施。如猕猴桃基地所在的湖南湘西国家农业科技园（花垣核心区），位于湘、黔、渝交界的花垣县，辖花垣镇、龙潭镇、石栏镇、麻栗场镇等4个镇27个村，总面积68.5平方公里，总人口2.9万人（其中贫困户共有2094户，8608人），园区规划重点建设项目43个，规划总投资150亿元，共流转土地4.3万亩，入园企业42家，带动建档立卡的贫困人口3.55万人。42家入园企业中，省级龙头企业3家、州级龙头企业5家、国家级专业合作社示范社2家、省级专业合作社示范社2家，已注册知名商标品牌8个，获国家专利37项。入园企业每年安排2.32万农民就近务工就业，为农民直接增收1.83亿元。

这样的“大手笔”，是花垣县委、县政府根据习近平总书记做出的“实事求是、因地制宜、分类指导、精准扶贫”重要指示而创新的扶贫机制：以园区建设为平台，以产业开发为载体，以企业带动为抓手，与扶贫攻坚结合起来，按照“农业产业化、产业园区化、园区景区化、农旅一体化”的发展思路，着力打造产业布局合理、科技创新能力强、企业聚集程度高的科技示范园区。2015年2月，被国家科技部批准湘西国家农业科技园为国家级农业科技园区。园区总体规划为“一带两园七大基地”。“一带”即紫霞湖沿岸风光带；“七大基地”即畜禽水产养殖、现代烟草、优质蔬菜、特色水果、优质水稻、特色桑蚕、林下经济基地。

不仅如此，湖南湘西国家农业科技园还按照湖南省委、省政府制定的“四跟四走”（资金跟着穷人走、穷人跟着能人走、能人跟着产业走、产业跟着市场走）的方略，最大限度地带动当地劳动力就业，其中主要的模式有五种。

一是产业直接帮扶模式。即企业出台优惠政策，直接带动贫困户发展产业，回收产品。如兴盛公司 2017 年直接发展蔬菜种植户 3500 多户，收购金额 6800 多万元。

二是委托帮扶模式。即通过省扶贫办确定的重点项目资金支持，委托骨干企业带动，保底分红。如德农、羽丰、神笔、金立丰等公司，与县扶贫办签订委托帮扶协议，带动 19660 名建档立卡贫困人口。

三是股份制帮扶模式。即把贫困人口的产业帮扶资金直接入股龙头企业，如苗汉子集团带动十八洞村和原排碧乡、原道二乡、龙潭镇贫困人口 10142 人，2017 年十八洞实现贫困户分红。

四是就业带动模式。即通过安排贫困人口就业，实现增收脱贫。如恒远等公司，提供贫困人口就业岗位 100 多个，全年发放工资 300 多万元，实现稳定脱贫。

五是实现经济联合体带动模式。即通过合作社的技术指导和市场支持，由贫困人口自由组合成一个经济联合体，共同出资按股分红的模式。如十八洞金兰土蜂蜜合作社带动兴农园社区 30 户贫困户加入经济联合体，同时整合全县养殖户 400 多户，实现共同富裕。

目前，园区已完成高标准定植猕猴桃 3390 亩、烤烟 6000 亩、红茶 4470 亩、特色桑蚕 3000 亩、大马士革玫瑰 2000 亩，优质果蔬 3 万多亩、中草药材 4100 亩。年出栏湘西黄牛 1.2 万头、山地黑毛猪 1.5 万头、竹狸 1.8 万只、乳鸽 3 万羽，年产值达 9.3 亿元。该园区力争通过 3 年建设，实现全县建档立卡贫困人口帮扶全覆盖，带动园区范围内农民增收。把湖南湘西国家农业科技园区建设成为扶贫模式创新基地、科技成果转化基地、现代农业示范基地、农旅一体化实践基地、农村改革试验基地。

每一块土地都有它自身的特色和价值，十八洞村能找到适合种植的猕猴桃，可以因猕猴桃而脱贫、致富，中国更多的贫困村庄亦能找到适宜种植的农产品，排除万难找到脱贫路、致富路。

八

村口的游客中心

2018 年 7 月 22 日，湖南花垣县，温度异常高，太阳特别毒辣，这里就像一朵盛开在太阳底下的向日葵，越开越艳，越开越盛。首都高校调研团又开启了这一天的走访调查，此行的走访任务是去十八洞村“村部”，找村干部了解当地的产业扶贫情况。

图 8－1　十八洞村的村部

2013 年 11 月 3 日，习近平总书记在十八洞村调研时，首次提出“精准扶贫”的工作要求，而产业扶贫是在习近平总书记提出的十六字箴言中摸索出来的重要路径。脱贫致富，关键靠产业带动，应该说，产业扶贫的重要性、必要性和紧迫性已在很多贫困地区达成了共识。产业扶贫是扶贫开发的战略重点和主要任务，也是在我国多年扶贫工作中摸索出来的重要经验。

十八洞村人在习近平总书记来到后，紧紧抓住“精准扶贫”中“精准”二字，因地制宜，成功探索出“猕猴桃”产业、十八洞山泉水产业、旅游业等，逐步形成了“产业龙头企业—合作组织—农户”等不同主体的利益联结机制。2013 年以来，十八洞村人均纯收入有明显增长。2013 年，人均收入仅有 1668 元，到 2017 年人均收入增长到 10180 元，真正摘去了贫困村的帽子，其中产业扶贫贡献巨大。

习近平总书记来到了十八洞村后，让全国人民看到了湖南花垣县有一个十八洞村，习近平总书记走过的青石板路、亲自接见的“大姐”、坐过的板凳等都成为游客驻足停留的“景点”，全国各地游客都来到了这里，重走习近平总书记访贫线路的这一“红色旅游”轮廓基本确立，十八洞村的旅游业由此逐渐形成起来。

但是旅游业要形成规模，需要不断提升服务品质、构建消费环境，同时也需要当地政府、社会各界的大力支持和不断开发，如何让游客真正停留下来，以此带动当地经济的发展，是扶贫人需要更进一步思考的课题。

游客中心的由来

十八洞村共有四个自然寨，梨子寨、竹子寨、飞虫寨和当戎寨，习近平总书记当年来的就是梨子寨，所以梨子寨的基础建设比起其他三个寨子来说更加完善。调研团成员来到十八洞村“村部”，“村部”便建在梨子寨和飞虫寨的中间，“村部”的对面坐落着一幢暂未完工的建筑。据当地村民讲述，这座建筑原本是一家旅游公司承包，用作游客服务中心，目的是把十八洞村自然资源圈起来建成旅游景区，收取门票，结果导致游客锐减，村民看到这种情况就与旅游公司起了争执，游客减少意味着收入的减少，村民的利益受损，必定不同意游客中心的收费方法，旅游公司眼看收不到门票，便不愿再进行投资，后续情况还在协商中。

据花垣县民族宗教事务和旅游文化广电新闻出版局党组成员、副局长巫梁介绍，这座建筑原先被称为“游客服务中心”，总占地面积两千五百平方米，总投资一千二百万元。2016 年 11 月 3 日，北京消费宝集团携手首旅集团、华龙旅游实业发展公司通过招商引资，与花垣县人民政府就十八洞旅游开发签订了合作协议，同时成立了花垣十八洞旅游开发有限公司加快对十八洞景区进行开发建设，后由湘旅集团全面收购北京消费宝以及首旅集团和华龙旅游实业发展公司所持股份，继续对十八洞村进行旅游开发建设。在合作开发期间，主要的旅游基础设施建设包括游客服务中心、停车场等，其主体于 2017 年竣工，目前正在进行功能装修和外装。十八洞景区开发建设项目已通过项目用地、规划、环评等，完成了景区开发项目总体开发项目立项，但在游客服务中心综合体建设、单体项目建设工程没有报建手续。

图 8－2　十八洞村中的梨子寨

景点该不该收费

对于旅游景区景点是否应当收取门票，目前我国游客舆论褒贬不一，有人认为应该收取，而有的游客则认为不应该收取。应该收取门票的游客的理由是：不论是自然景观还是人造景区，前期开发都需要投入大量的资金，而在开发后为了保持其完整性和可观赏性，也需进行日常维护和长期修葺，如果单单只开发，而不管后期的维护，游客的体验度也会下降，更别提带动旅游经济的发展。特别是对于一些独一无二的自然景观，更需要工作人员和专业人员进行专项引导和监管，收取一定的门票，确保经济效益的稳定，才能够保证旅游景区正常运转，不仅仅是让少数人可以观赏，而是能够造福后代，让后代人都能够观赏到大自然的独特魅力。

而认为不应该收取门票的游客则认为，景区是大自然馈赠的礼物，不应该圈起来收费，特别是国家还有专项资金来维护景区，个人也都交税给国家，国家有义务来维护景区。

其实，对于收取门票这一方式应该因地制宜，应根据各地区的发展程度和发展模式，有的景区通过免门票方式吸引更多游客，再以后续特色服务或增值服务来黏住用户，创造新的价值收益，如此也能形成良性循环。而有的地方则一次性收取门票或套票，景区内的各项目不再重复收取其他费用，大部分游客也纷纷表示“玩得很爽”，例如焦作云台山的门票为210元，可以在里面玩三天，景区内观光车也能无限次乘坐，让游客玩得尽兴。

发展旅游也要“因地制宜”

十八洞村的旅游起初也是希望能够通过收取门票的方式来发展旅游经济，却不料导致游客锐减，原本在十八洞村内进行买卖的商人，例如农家乐、民宿、零售商等生意也因此大受影响，必定会招致以此为生的村民的不满，此举既不利于十八洞村旅游业的发展，更不是带领村民脱贫致富的好思路。

十八洞村所在的花垣县位于湘西土家族苗族自治州，这里是乾嘉苗民起义的古战场，沈从文在小说《边城》里提到的茶峒也在这里。十八洞村在习近平总书记到来之前，实际上是一个非常闭塞落后的古村落，全村辖4个自然寨，6个村民小组，225户939人，属纯苗聚居区。人口稀少、经济落后、信息闭塞、交通不便、基础薄弱是这里最初的面貌，属于国家级贫困区。2013年习近平总书记来到后，提出了“实事求是、因地制宜、分类指导、精准扶贫”十六字方针，也给当年人均收入仅1668元的贫困村出了考题：“不栽盆景，不搭风景”“不能搞特殊化，但不能没有变化”“要可复制、能推广”。在此背景下，十八洞村如何才能在旅游业上走出一条不一样的可持续发展道路，还需十八洞村全体村民发挥自身的优势，化不利为有利，因地制宜，大力发展。

好在十八洞村自身拥有独特的自然景观，莲台山林场、黄马岩、乌龙一线天、背儿山、擎天柱等风景点，特别是十八溶洞，洞洞相连，洞内景观奇特，神态各异，巧夺天工，被誉为“亚洲第一奇洞”，十八洞村也因此而得名。辖区内瀑布纵横，枯藤老树，鸟语花香，高山峡谷遥相呼应，苗家阿妹歌声在幽谷回荡，颇像“远看寒山石径斜，白云生处有人家”的仙境。

十八洞村不仅拥有得天独厚的旅游资源，同样也有着深厚的苗族文化底蕴与浓郁的苗族人文风情，尤其以独特的苗家饮食及手工艺品等为代表的苗族原生态文化，保存完好。每到春节，这里便有抢狮、接龙、打苗鼓等传统习俗；每逢赶秋节，这里便组织西瓜节、舞龙、上刀梯、椎牛、唱苗歌等活动。该村拥有苗绣、蜡染、花带、古花蚕丝织布等文化旅游产品。有十八洞腊肉、酸鱼、酸肉、野菜等多种绿色食品；有上刀梯、踩哗口、巴代、定鸡等苗族绝技，有“过苗年”“赶秋节”“山歌传情”等民族文化活动，这些都为十八洞村发展旅游带来了无限的潜力和优势。

现如今，“精准扶贫”的四个大字不仅高高地镌刻在梨子寨村口，更深深地刻在十八洞村村民心中，2013 年习近平总书记的到来为十八洞村的脱贫打响了第一枪，随后社会各界人士也纷至沓来，形成了一条“红色旅游”线路。梨子寨的建设已经初具规模，这里修建了长廊供游客休息，顺着长廊往下走也建了公共卫生间，来过这里的游客都说这个公共卫生间环境非常好，不仅干净卫生，建筑风格也很有苗族特色。在长廊里，大约有六七位村里的大妈在这里兜售小商品、小零食，有当地特色的冰凉粉、米豆腐、茶叶蛋、矿泉水、香烟等，除此之外，还有几位大妈兜售自己家种的花生、玉米。这些大妈都身着苗族传统服饰，年龄大概都在六七十岁，有的已经是佝偻之姿，岁月在脸上、手上刻下的印记使她们显得更加苍老。问过几位大妈，她们都是附近寨子的村民，自 2013 年后，这里建设好了就开始来这里做买卖，生意最好的一天能收入好几百元，问她们觉得这个变化好不好，她们都赞不绝口，说以前家里特别穷，家里的孩子都出去了，就剩下自己靠一点耕地和饲养家禽生活。现在这里变好了，来了很多人，带来的购买力极大改善了家里的经济状况，更有部分子女回来帮忙做生意。这几位大妈都各自顾着各自的生意，倒也怡然自得。走廊里经常散坐着来这里观光的游客，累了就索性在这长廊的座椅上歇一歇，喝 5 元一碗的冰凉粉，很是惬意。冰凉粉也是自家做的，类似果冻的透明物质，放在冰桶里，谁要就舀上一碗，根据各自喜好可以加糖、醋和花生碎等调味品，在酷暑天气，冰凉粉是这里卖得最好的小零食。或是喝一瓶源自十八洞的山泉水，赶走疲乏，消除酷暑。十八洞的山泉水也是这里的成熟产业之一，由步步高集团投资建厂，水源也是来自山洞的山泉水，据村龙主任介绍，十八洞水厂的建成，不仅解决了当地就业问题，十八洞村山泉水项目也让十八洞村集体享有 15% 收益，更是每卖出一瓶水，就会有一分钱进入扶贫基金，切实让精准扶贫政策落到实处，也让老百姓获益良多。所以在整个十八洞村，基本上都是卖十八洞山泉水，问其原因，每个商贩都说一句话：每卖出一瓶，我们就多一分钱……产业扶贫，就是要精准，因地制宜，改善了老百姓的生活，让村里富裕了，老百姓真正脱贫了，产业政策才能受到老百姓的真正拥护。所以在发展旅游业上，也需要贴合自身的经济基础、发展速度，而不能一味地以利益为先，否则只能是反其道而行之，如何发展好旅游，还需不断思考。

图 8－3　梨子寨的游客长廊

长廊外面是一个小型的广场，可以停车，当地村民搞活动可以在广场进行，梨子寨就像一个世外桃源，这里民风淳朴，看到你的村民都会热情和你打招呼，长廊的对面就能看到一幢二层楼的木质建筑，上面写着“牢记嘱托，不忘初心，全力打好脱贫攻坚战”，这里便是“逐梦书屋”，来这边支教的老师们会在里面教孩子们唱歌跳舞，从“逐梦书屋”侧边上去，就是一条青石板路，当年习近平总书记就是从这里走过去的。这边有很多农家乐，因为地处山区，房子都是依山而建，杨姐饭庄、巧媳妇等农家乐都是这里很出名的饭庄和民宿，我们调研团队来到十八洞时，这里的民宿已经全部住满，游客也是络绎不绝，农家乐随处都可见炊烟袅袅，一派繁忙的景象。村民们脸上都洋溢着开心的笑容，脚步轻盈而迅速，每个人好像都要为这里的发展贡献出自己的一分力量，这里充满了生机！

十八洞村除了梨子寨还有另外三个寨，竹子寨、飞虫寨和当戎寨，这三个寨是否也如梨子寨一样完成重建了？很显然是没有，我们走访了其他三个古寨，依然是一片落寞的落后景象，随处可见的牛粪，破败的房屋，拉着牛的老农，步履蹒跚，脸上的褶皱像是被雕刻的，一道一道是那么的清晰可见，穿着一双破旧的拖鞋走过我们身边时，眼神不免呆滞，感觉就像是时间的机器，日复一日干着相同的事情，而思想却停止了，只是身体还在不停运转。一座房子的门口有两个小孩儿，其中一个是大约3岁的小女孩儿，另一个孩子看不出性别，光头穿着一条裙子，大大的眼睛，5岁左右，脸上脏兮兮的，打着赤脚在地上玩一个同样脏兮兮的布偶玩具，跟这两个孩子打招呼，孩子们却迅速地跑回家，躲在门角看着我们几个"不速之客"。同一个村落，不同的寨子之间的差别竟然如此之大，不仅是环境的差别，更是人身上的精神差距，这一现象令我们一行感到诧异。

深究其原因也不难发现，梨子寨是习近平总书记到访的寨子，游客来到这里必定只去习近平总书记到访过的寨子，其他几个村寨几乎无人问津，这就导致了四个村寨发展的不平衡。据十八洞村第一支书石登高介绍，目前十八洞村在大力发展旅游业，所实施的所有产业计划都是为了吸引游客，推动旅游业的发展，都是围绕旅游，围绕十八洞品牌而进行建设的。目前已经把全村1496亩耕地集中到集体经济合作社，统一进行产业布局，对外招商，并通过合作社来发展旅游，让游客在十八洞有可学的、可看的、可吃的、可玩的、可住的，把十八洞金字招牌的政策优势变成经济优势。

傍晚时分，我们又采访到了花垣县苗疆旅游开发有限公司副总经理、十八洞村旅游业的负责人彭勇，他围绕十八洞村的旅游业态为我们做了详细的解读。2017 年十八洞已经成功申请了国家 3A 级景区，2016 年成立了十八洞旅游开发有限公司，2015 年做了一个“乡村旅游”规划，目前的旅游规划就是按照“乡村旅游”规划的路线逐步建设的，包括村部前面的游客中心、村部后面的停车场和“夜郎十八洞”溶洞的开发，还有梨子寨的改造、竹子寨的基础设施改造、竹子寨和梨子寨中间的游步道。彭总也为我们介绍了“乡村旅游”的内容，包括红色旅游、自然景观游和苗寨游、农旅一体化等。在谈到如何让村民获得收益，彭总说道，旅游公司的收入 10% 给村集体，用作村建设和集体分红。四个村寨发展现在是不平衡的，如何能让四个村寨均衡发展，如何把四个寨连起来，以分散游客只集中在梨子寨的问题，目前也正在评估修建游步道，在不破坏生态环境的条件下要把四个寨子连成一个环线。目前十八洞村的游客承接力达到每天 3 千至 5 千人，但真正能留下来的很少，目前一些公共基础设施还不完善，衣食住行等人们的硬性需求也达不到专业旅游景区的要求，因为十八洞的旅游业和其他地区还不一样，这里必须要在不改变原有生态环境的情况下来进行改造，所以改造难度系数也增加了，又要提高内生动力，带动村民脱贫，但又不能大肆改造，必须保留原生态，可谓难上加难。

游客中心向何处去

目前，十八洞的旅游业还正在建设期，各项设施还不够完善，长廊处的大妈们依靠小商品贴补家用，农家乐也只是几家开办起来了，民宿更是供不应求，在这个时候旅游公司圈起来收取门票显然不合时宜。游客中心目前被湘旅集团全面收购，正在继续建设。据巫梁局长介绍，游客中心目前正在进行综合体整改，整改思路为：整合旅游咨询服务功能和社区便民公共服务功能，整合文旅非遗优质资源集中展示，合理规划利用盘活现有游客中心主楼一楼大厅300平方米功能区等。主要措施包括：

①建成游客便民服务区，占地70平方米。设置多功能办公前台，集成游客咨询、便民服务、医疗服务、换乘购票和酒店办理等业务，设置业务办理导台、便民服务等待区、游客休息区和展示区；②设置非遗展示区，占地230平方米。引入文化非遗优质资源，建成苗族非物质文化遗产展示长廊，设置赶秋、苗族古歌、苗族鼓舞、苗族服饰、苗医药5个国家级非遗集中展示区。

游客中心副楼整改思路为：作为游客接待配套服务设施，引入商家运营管理，丰富旅游业态，合理规划建设为餐饮、住宿、购物等相关业态功能区，实行招商引资经营，统一规范管理。具体措施包括：

①乡村酒店：建设酒店客房12间，按照乡村客栈、民宿的要求，完善好酒店相关服务功能；②农家乐：引入知名农家乐品牌，建设能同时容纳150人就餐的农家乐餐厅；③特产超市：引入州县知名旅游商品经营品牌，集中展销州内旅游商品精品和十八洞特色旅游商品。

全面提升旅游接待服务质量，在提升硬件接待设施的同时，更加关注“软件”升级。一是要突出丰富红色教育基地线路产品，统筹宣传、党史和旅游部门优势，编制好红色教育线路，突出游客寓教于乐和党员党性锤炼两个功能，重点做好一个红色主题展、一份红色讲解词、一堂党员教育课和重温一次入党誓词等；二是要突出提升旅游咨询功能。在游客便民中心设置展示区，主要展示省、州、县相关旅游宣传画册、旅游地图和《让美丽战胜贫困》《湖南旅游》等，做好“一册一图一书”展示；三是提升乡村旅游业态，突出乡村旅游在精准扶贫和脱贫攻坚中的产业辐射带动作用，因地制宜抓好乡村客栈、乡村美食、乡村特产和乡村娱乐等优势传统产业，引入特色民宿、知青农场、露营地等新业态，创新业态组织形式，激活自身商业造血能力。

相信这村口暂未完成的游客中心在不久的将来能够如规划中的那样，全部落成实施，把“未完成”变成真正的游客中心，让旅游业兴盛起来，实现村民脱贫致富，已实现我国 2020 年全面达到小康社会的愿景，也为全国乃至全世界的“精准扶贫”贡献中国智慧。

九

尚未开“仓”的地球仓

梨子寨边的精致小屋

十八洞村是由梨子寨、竹子寨、飞虫寨、当戎寨四个自然寨组合而成的，当年习近平总书记所考察的正是梨子寨。梨子寨因寨中最高处有一株百年老梨树而得名，之前，梨子寨因地处偏僻、人口较少等原因，在十八洞村中属于脱贫致富进程比较落后的寨子，习近平总书记的到访彻底改变了这儿的面貌。

在五年前习近平总书记进寨下车的地方，如今早已平整出一小块“广场”，“广场”的边缘是紧挨着山谷的下山通道，通往山下的十八洞山泉水厂。我们调研团第一次去水厂的时候，道路左侧悬崖边半山腰间的多栋方块状的极具现代科技感的建筑吸引了大家的目光，它在郁郁葱葱的山林间若隐若现，它的存在与梨子寨的青瓦、泥墙、石板路的传统苗族民居，形成一种强烈的对比，在心灵上引发强烈的穿越感和震撼效果。

经打听原来是尚未正式开业的“地球仓”酒店，但很多设施已准备就绪。据说，每个“地球仓”屋子的面积约 20 平方米，完全建好之后，房间里将配备沙发、电视、咖啡机、浴缸等设施，科技创新成果瞬间可实现一房一厅的套房式格局，达到五星级酒店标准空间。房间正对着山谷，沙发正对整面洁净透亮的落地玻璃墙，视野开阔，墙外风景自然呈现，犹如一幅美妙的画卷。

在这偏僻的十八洞村寨，何以会有这样的精装旅馆呢？我们非常好奇它的来龙去脉。

原来地球仓是一款国际一流的高科技民宿产品，中国首款自助式“移动智慧生态酒店”，这个“地球仓”原本就在网络上很红火。十八洞村的“地球仓”项目是2017年6月10日，花垣县十八洞村与长沙地球仓科技有限公司签约实施的全域旅游项目中的一部分，长沙地球仓科技有限公司在十八洞村开发营建具有当地苗族风情的现代科技酒店，酒店的设计寿命为30年，整个房间采用全模组化设计与生产，房子只有四根桩基，建设不破坏土地与花草树木。建房时，只需要把建材模块与家具运抵指定地点，根据当地景观与地势环境进行组装与摆放，半天时间即可竣工入住。地球仓小屋配置客床升降、智能门锁、污水处理等科技设施系统，采用全屋智慧控制，入住全程采用“互联网+”模式运营。

图9-1　梨子寨地球仓的步梯

顾客入住，只需用身份证或者手机App在门口刷一刷，然后通过人脸识别就能打开智能门锁，实现自助开房。同时，还可以搜索周边的美食、钓鱼、拓展等配套服务。酒店内还设置雨水收集与污水处理系统，可将屋顶雨水和生活用水收集过滤净化，实现循环用水。而粪便、污水等人体代谢废物，系统自动处理为无臭、无味的有机肥料，用于周边植物培育，最大限度地保护生态资源。游客住进地球仓生态智慧酒店，可呼吸新鲜空气、看蓝天白云、听鸟叫虫鸣、望月亮星星等，全方位享受亲近大自然、融入大自然的全新原生态旅居生活。

图 9－2　梨子寨地球仓智能化的大门一角

2016 年十八洞村成功脱贫以来，前来参观学习和旅游的团队与游客络绎不绝。地球仓生态智慧酒店节能、科技、特色等特点，非常契合十八洞乡村游发展。长沙地球仓科技有限公司携手十八洞村，结合当地苗寨、峡谷、溪流、溶洞、瀑布、稻田、果园、原始次森林等原生态旅游资源，在青山绿水间营建独具特色的精品生态智慧酒店。届时，有望提高十八洞乡村游接待品质，既能实现游客进村玩得开心，住得舒心，还能帮助当地部分村民就业促增收。

旅居新网红

地球仓是标准化、模块化的工业集成化装备产品，取代传统现场施工建设模式，24 小时就能落地。身份证加人脸双认证，客厅卧室复合空间切换的极致体验，远程中央前台的现代化管理模式，无须依赖地下排污管网及附属设施等多项技术创新带来的变革使得地球仓这一“旅居界网红”吸引了大量关注环保、科技、时尚的旅游达人。

一位用户在地球仓 App 平台上留下了这样的评论：“入住的最大体验就是‘麻雀虽小五脏俱全’，20 多平方米的空间，卫生间、客厅、卧室都有。白天可以把智能升降床上升至房顶，藏在床底下的沙发和茶桌露了出来，原先还是一张床的位置瞬间切换成了客厅。”

在湖南省长沙县浔龙河创客孵化基地里，地球仓俨然成为一道亮丽的风景线，慕名而来的人不在少数。蓝天白云之下，十余栋造型简洁的深灰色地球仓掩映在花朵与绿树之间，与周围的环境融为一体。据介绍，地球仓浔龙河酒店入住率达到了 53%，浔龙河作为一个正在建设中的乡村能达到这个数值已算不错。

造价二三十万元一个的地球仓，在浔龙河成功孵化并打开市场。两年多的运营探索，浔龙河在地球仓政策标准研究、运营数据采集、产品升级迭代、管理模式输出与人才培养等方面的领军作用逐渐凸显，城市品质和乡村环境的有效结合让其生态宜居亦有了更为丰富的展现。

而继地球仓浔龙河酒店之后，地球仓洋湖旅游新场景生态技术应用实验基地、地球仓十八洞悬崖生态酒店、地球仓万佛山野奢度假村、地球仓临武红豆庄园酒店、地球仓乐山大佛度假酒店等项目也一一启动，多系列全新地球仓移动旅居空间产品在湖南等地得到了全面呈现。

“地球仓”的创始人高国友，曾是一位有着 20 多年城市规划、建筑与空间设计与建造经验的跨界设计工程师。高度的环保意识促使他突发奇想，可否在不破坏植被、景观原貌的情况下，做一批如同在山林中自然生长的建筑。他说："我的梦想是，不破坏森林的一草一木，因地制宜，在森林中搭房屋，让房子与森林融为一体，就像自然生长出来的一样。房间里没有画，只有窗，一面窗就是一幅画。人们可以在这里享受大自然与科技艺术的完美融合。"

移动智能与生态人文

地球仓是基于全域旅游时代的移动智能生态旅居空间系统服务与解决方案，根据不同的市场环境提供不同产品解决方案与服务管理体系，是"移动互联网+云"时代全新的移动生态旅居空间解决方案、可持续经营理念及运营策略相结合的产物。

在三年的探索过程中，地球仓团队围绕移动、智能、生态、人文的产品核心属性，研发打造出了智能识别系统、智能升降系统与污水处理系统等核心技术，为地球仓系列移动旅居空间产品与自然生态亲近融合提供了可实现的技术路径。

相较于传统民宿，地球仓这一创新旅居产品又有着怎样的智能表现？

除了智能识别与门锁系统，住客可通过移动终端，比如地球仓 App 与微信服务号等平台自助订房退房，同时线上平台还集成了附近吃喝玩乐购娱等旅游信息，提供一站式旅游资讯服务。

绿荫环绕的地球仓坐落在森林里，安全如何保证？据了解，地球仓配备中央安防系统，一旦仓体发生异常情况，或者遭受猛烈的物理撞击，顶部的报警灯将闪烁鸣笛，震慑入侵者。与此同时，地球仓的安防设备将直接报警推送项目所在地的值班人员及后台服务管理中心，采取即时有效的联动措施。

近些年来，旅游产业链中“住”的环节遭遇发展瓶颈。一方面是用地问题，民宿、田园综合体、特色小镇面临拿地用地难，限制了行业的发展和升级；另一方面则是环保问题，受制于地理和技术、意识、政策等，相关行业的污水排放、垃圾处理、生态保护等问题难以平衡，云南洱海周边的民宿集体被关停事件已不是个例。

地球仓不同于传统物业型酒店重投资、长周期的开发模式，通过租赁土地使用权等方式，即可进行地球仓旅居空间产品的落地。而生态环保的落地方式与绿色低碳的运营过程，可让地球仓更近地面对自然、更轻地融入生态，真正实现“生态优先，绿色发展”。目前，地球仓已获批多项国家专利。其中，一体式循环污水处理系统是核心技术，该系统将生活污水生物降解处理后，可实现中水循环利用，净化过滤后的水可用来冲厕所及灌溉周围植被。

地球仓的诞生，对于中国的乡村旅游酒店业而言，是一次全新的革命。地球仓有着移动、智能、生态的特点，可以在条件局限的乡村、景区快速低成本落地，通过解决“住”这一核心问题来为拥有优质旅游资源但深藏的贫困村落“雪中送炭”，实现全局旅游资源的开放整合，其最快几天之内就可以实现一村一旅游生态住宿空间的植入，实现 1 + N 的拉动效应。

地球仓本身拥有的各项专利科技应用，集中污水处理雨水收集及移动智能系统，甚至可以逐步升级为传统乡村的集中污水改造工程，用更快捷、更现代、更科技的方式实现传统村落类似浙江莫干山度假乡居模式的蜕变，而这种乡居度假产业模式更需要村民参与营造，带动诸如有机农业，盘活闲置民居与田地，促进村民就地就业。

图 9－3　梨子寨的地球仓远观一角

全域旅游的新举措

湖南的湘西，有着丰富的旅游资源，挂在瀑布上的小镇芙蓉镇，中国最美小城凤凰，世界文化遗产永顺老司城，无一不展示着湘西的秀丽和神秘，然而因为配套硬件设施，如住宿能力等不完备，湘西旅游发展缓慢。地球仓所倡导的"移动、智能、生态、人文"的特性引起了旅游部门的关注，正因如此，湖南省旅发委，率先将地球仓作为旅游扶贫的亮点项目引入湘西州进行试点。

地球仓科技公司高层表示，湘西十八洞村是习近平总书记提出"精准扶贫"的首倡地，他们的第一步计划就是将地球仓精品生态智能酒店落户此地，保留当地苗寨原始风貌，将中国传统村落提质成为当地旅游原乡野奢度假区，同时结合当地资源，峡谷、溪流、稻田、果园、原始次森林等，做到产业融合，与当地村民合作营建，增加当地收入来源，解决村民就地就业。

湖南省旅发委主任陈献春说，地球仓项目在长沙的浔龙河、洋湖湿地公园，常德森林康养方面均有布局，取得了较好的生态和经济效应，这对于包括十八洞村在内的湘西旅游扶贫将是最快最环保最直接的新业态新产品，对于全域旅游发展亦能积极推动。这种跨界融合新产品具有快速脱贫攻坚的“云梯作用”。

湘西州地处张（张家界）—吉（吉首）—怀（怀化）精品生态文化旅游经济带的核心区域，自然生态、历史文化和民族风情资源丰富，旅游资源品位高、组合度好，具有发展全域旅游和实施旅游扶贫工程的独特优势。陈献春说，湘西州在改造提升传统“农家乐”的基础上，应突出旅游住宿这一乡村度假关键要素，把文化艺术植入乡村旅游产品，打造一批可作为旅游核心吸引物的主题特色精品住宿示范点，引导游客从“跑得多”向“住得下”转变，使游客尽享乡村生活的极致体验，在推动乡村旅游转型升级中精准帮扶贫困人口增收脱贫。“地球仓的应用，生态效益和经济效应上，都有良好前景。”

当然，地球仓也有值得关注的问题。一是产品升级和创意更新。地球仓项目启动思路并非复杂，极易出现创意重复、功能单一的现象，这对用户黏性是极大的损害，要加快产品研发和系统升级，建立行业标准，提高准入门槛。二是融资和加快推广。地球仓需要启动资金，而特困地区自有资金又极为匮乏，选择融资路径与方法就显得格外重要了，打造旅游名片，树立流量IP，也不是合作村寨力所能及的事。三是配套设施要更加完善。山区往往基础设施建设相对落后，地球仓先期投入的配套设施就会更多，建设难度就会加大。四是选址。各贫困地区有其独有的景观，很难简单地复制粘贴，如何占领核心景观资源也是极为重要的问题。

由此可知，十八洞村引进地球仓项目，正是为了配合发展乡村旅游、推进农旅一体化，通过打造升级硬件设施，增强旅游吸引力，提高游客流量黏性，从而创收增收，加快当地扶贫脱贫攻坚战步伐。同时，绿色环保的理念也确保了美丽的湘西风光不会被破坏，也为愈来愈繁忙的城市居民提供了放松休闲的场所。可以说，地球仓充分诠释了精准扶贫重要思想里的因地制宜的理念。

图9－4　梨子寨的地球仓近景一角

十八洞的旅游扶贫

精准扶贫，风起十八洞。对于十八洞村如何脱贫致富，习近平总书记曾特意嘱托当地干部，不能因为他的到来搞特殊化，但是，不能没有变化。就在座谈会的会场前坪不远处，面对山峰奇特险峻，幽谷深深，总书记为十八洞村里人出主意：这里就是小张家界，大伙可以试着搞旅游。

十八洞村人牢记总书记的殷殷嘱托，在旅游扶贫方面，可谓下足了力气，大力发展全域旅游，助民增收脱贫。调研团从十八洞村的旅游扶贫规划中，粗略找到了旅游扶贫的具体措施：

第一，精准了解贫困对象，建立一户一台账的旅游扶贫档案。精准扶贫旅游规划首先需要精准了解贫困对象，要规划团队对每户贫困户入户进行摸底。对每户的收入、年龄、文化程度以及致贫原因进行了询问，同时现场勘察每户贫困户的住房条件，包括房屋建设时间、完好度、面积、院落空间、位置条件等，为全村136户贫困户建立一户一台账的旅游扶贫档案。

第二，精准确认各贫困户参与旅游开发的能力。对每户贫困户在特色商品开发、农业与养殖业传统农产品、旅游服务观念与服务技能等方面的能力进行评估，以预测贫困户参与旅游开发的可能性，以及可能经营的方向。

第三，明确贫困户参与旅游的方式与模式。结合贫困户的住房面积、院落规模、位置条件、能力条件以及家庭劳动力的数量，明确不同的贫困户选择不同的参与方式，包括自主经营民居住宿；出租房屋获取租金；自主经营餐饮；发展农业种养殖业；经营手工艺品；经营商品；到集体企业从事旅游接待服务工作；获取集体收益的补助等。并结合扶贫档案精准到每一户。十八洞村136户中通过直接经营或就业参与旅游发展脱贫的户数为107户，8户贫困户通过发展特色种养殖业脱贫，剩下21户通过集体收益兜底保障脱贫。

第四，保证贫困户参与旅游获益，而且持续获益。扶贫规划以村民利益保障为目标。在严格保护的前提下进行全村的基础设施、景观特色与新增设施的规划建设，保护村资源与特色的持续吸引力。民居建筑在外观不改变的前提下，进行内部特色环境的打造。

在旅游规划的同时保护村生态绿色农业、养殖业的发展空间，鼓励村民发展生态特色农业，建立村级生态农产品品牌，增加旅游者的现场农产品消费。加强村集体旅游资源的集体组织开发，包括村景观的整体打造、村的整体营销、村公园的建设、乡村客栈的整体规划等。增强村的旅游吸引力，延长旅游者的停留时间，也为缺乏自我脱贫条件或能力的人提供就业的机会，为村的集体分享奠定条件。

第五，因地制宜规划设计各贫困户旅游经营业态的生产背景与空间。因地制宜地多元化改造与建设贫困户的住房与前庭后院，结合村寨的特色进行不同村寨住房的花木、果蔬、标识符号等的规划设计，每户结合贫困户主人的文化背景与偏好进行规划设计，丰富乡村多元化的产品，提高旅游者的体验性。同时对贫困村的厕所与排污设施的干净与景观进行规划设计，这样才能从根本上保障贫困村的生产环境与生活环境品质得以提升。

2016 年 12 月 12 日，人力资源和社会保障部、国家旅游局在北京人民大会堂共同举行 2016 年“全国旅游系统先进集体、劳动模范和先进工作者评选”表彰会，81 个单位被授予“全国旅游系统先进集体”荣誉称号，湖南省仅 2 个单位获此殊荣，花垣县十八洞村名列其中。此项评选表彰活动每五年举行一次。

十八洞村牢记习近平总书记的嘱托，发扬“投入有限，民力无穷，自力更生，建设家园”的“十八洞精神”，坚持因地制宜，突出党建引领，着力发展旅游，加快脱贫攻坚。年接待游客 30 万人次，全村贫困户 136 户 533 人全部脱贫。十八洞村先后荣获“全国先进基层党组织”“全国第三批宜居村寨”“全国旅游扶贫重点村”“湖南省文明村”等殊荣。2016 年春节期间，央视《新闻联播》连续 5 天系列报道《“十八洞村”扶贫故事》，在国内外引起强烈反响。

十八洞村因地制宜，抢抓发展全域旅游。2016 年 11 月引入首旅集团华龙公司、北京消费宝公司，斥资 6 亿元，以十八洞村为龙头，连接周边 10 个村打造“蚩尤部落群”景区，力争三年内完成国家 4A 景区创建，致力打造 5A 景区。按照“保持原貌、展现特色”的原则，实施改厨、改厕、改浴等“五改”工程，打造“宜居宜游”的村寨环境，带动村民就地发展餐饮、住宿、采摘服务，促使旅游带动农副产业。近年来，十八洞村还先后获评“中国少数民族特色村寨”“中国旅游系统先进集体”“第三批全国宜居镇村”“湖南省文明村”等多项殊荣。

与此同时，十八洞村先行先试，积极探索旅游扶贫新途径。按照“一户一策”帮助引导贫困户参与发展旅游业，实现脱贫。组建游客接待服务中心，对农家乐实行统一接团、统一分流、统一结算、统一价格、统一促销“五统一”管理模式，全村已开办农家乐 8 家，户均年收入达 8 万元。组建了苗绣、猕猴桃种植等 8 个农民专业合作社，新开发 1000 亩猕猴桃基地，建成后通过游客入园采摘等方式售卖，每年可实现人均增收 5000 元以上，村集体增加收入近 100 万元。发动农户加入“113”工程，每户种植冬桃 10 棵、黄桃 10 棵，养殖稻花鱼 300 尾，依托网络向游客销售采摘权，现已销售 4060 棵桃树采摘权，贫困群众获益 169.7 万元。因势利导开发苗绣产业，37 户贫困户 53 名留守妇女与 4 家苗绣公司签订订单协议，由公司统一销售，入社贫困户户均年增收上万元。

调研中得知，2017 年 9 月 17 日，北京华龙旅游实业发展总公司联合十八洞旅游开发有限公司，与村民石拔专签订了参观考察特约联系户协议。她家成了十八洞村寨观光的导游工作站和乡村旅游的起始点，将享受旅游产业发展带来的实惠。2013 年 11 月 3 日，习近平总书记来到十八洞村访贫问苦，来到特困户石拔专家中，石拔专因家里没有电视机，不认得总书记，好奇问道：“该怎么称呼您?”习近平总书记回答道：“我是人民的勤务兵”，并询问了她的年纪，当得知石拔专 64 岁时，便亲切地称她“你是大姐”。

也是 2017 年 10 月 20 日，由首旅集团组织为期三天的十八洞村农家乐餐饮服务培训班正式开班，全村农家乐经营户参训。此次培训内容主要涉及卫生标准、食品安全、服务礼仪、职业道德礼仪、本地特色菜品创新和农家乐菜品提升。培训班举办让十八洞村农家乐从业人员学习了新理论，掌握了新技能，餐饮创新意识和旅游接待服务意识明显增强，获得了当地村民的一致“点赞”。

调研团还了解到，为进一步推进十八洞村旅游扶贫工作的开展，着力打造具有十八洞村特色的旅游扶贫产业，2017 年 11 月 3 日，十八洞村旅游扶贫项目正式启动。湘西州委书记叶红专出席启动仪式并讲话，叶红专说，11 月 3 日是习近平总书记考察湘西州暨“精准扶贫”战略思想提出的四周年纪念日，在十八洞村举行旅游扶贫项目启动仪式很有意义。四年来，湘西州牢记总书记殷切嘱托，坚持把打赢精准脱贫攻坚战作为头等大事来抓，全力推进精准扶贫、精准脱贫“十项工程”，取得了显著成效。

作为精准扶贫首倡地的十八洞村，遵照总书记“不栽盆景，不搭风景”“不能搞特殊化，但不能没有变化”的重要指示，按照“统一规划、保持原貌、节俭实用、协调美观”的原则，整治村居环境，打造特色山寨，村貌焕然一新；坚持因地制宜，发展当家产业，形成了以乡村旅游、猕猴桃种植、湘西黄牛养殖、苗绣手工艺加工、劳务输出等“旅游 +”产业扶贫发展格局。2013 年至 2016 年，全村人均纯收入由 1668 元增加到 8313 元，实现了整村脱贫，荣获“全省脱贫攻坚示范村”，成为全国精准扶贫的一面旗帜。

据了解，十八洞村旅游扶贫项目正在建设游客服务中心、“地球仓”和旅游停车场等项目，现已启动了导游服务和 18 台环保车服务系统，游客可乘坐环保车进寨参观。同时，十八洞村溶洞项目将在此旅游扶贫项目中得到整体开发。届时，游客不仅能体验到十八洞村原生态的苗家风土人情，还能感受到大自然的“鬼斧神工”。

地球仓引发的思考

那么，地球仓项目落户十八洞村及一系列旅游扶贫项目上马，给今后在类似地区的扶贫工作提供了什么思路呢？

首先，我们应了解为何在特困山区，旅游扶贫是一个较好的扶贫攻坚选项？集中连片特困地区是当前和今后一段时间内我国扶贫开发的主战场，这是实现全面建成小康社会目标的客观要求。一般而言，集中连片特困地区具有良好的生态环境和丰富的生态资源，承担着重要的生态功能，为保持区域和国家整体生态功能让渡了自身利益。因而，国家、相关地方政府、机构和个人等获益主体都应该用生态补偿的方式给予必要的经济支付，以增加有关主体实施生态保护的积极性并获得公平的发展权力。此外，集中连片特困地区经济社会发展滞后，贫困程度还很深，扶贫攻坚的力度不能减弱，只能加强，生态式扶贫是这些区域扶贫攻坚和区域发展的重要手段和推进力量。

大湘西地区是湖南的西部边陲，位于武陵—雪峰山腹地，是武陵山集中连片贫困区域的主体部分，包括湘西自治州、张家界、怀化、邵阳四市州以及永州市的江华县和江永县，共 39 个县市区，占湖南省国土面积的 1/3 以上，人口约为湖南省人口的 1/4。该区域集中了湖南省 70% 以上的森林绿地，平均森林覆盖率达 67%，高出湖南省平均值 10% 以上，草场面积 200 万公顷，是湘、资、沅、澧四大水系发源地，年平均水资源总量 879 亿立方米，占全省总量 50% 以上。丰富的生态资源和优越的生态环境使大湘西地区成为国家划定的生物多样性重要保护区域、水源涵养和土壤保持重要功能区，更是湖南水资源重点涵养区、碳汇区，对湖南具有重要的生态安全屏障作用。

湘西地区大面积分布厚度巨大的近于水平的可溶碳酸盐岩层，在第四纪地壳上升快而幅度大以及相间稳定的状态中，伴随沿岩石垂直裂隙或断裂侵溶蚀下切。如此形成了以高深峡谷、瀑布、多层溶洞、多层锥状峰丛、地下河、天坑等为代表的国内外罕见的喀斯特地貌组合；与此同时还要认识到湘西地区的碳酸盐岩中产有铅锌矿床，历史的和近年的矿产勘查发现了包括花垣在内的青田坪、保靖、洛塔和凤凰5个铅锌矿田。它们的地上是无比丰富和优美的喀斯特地貌，地下则是宝贵的矿藏。建设原生态的旅游业和发展矿业经济，湘西人在扶贫攻坚的策略中如何决断，得好好考虑一下。

也就是说，在中国全力推进可持续发展的今天，丰富的自然景观有可能成为贫困地区（例如湘西）脱贫致富的一种“阻碍”，即在坚持保护环境基本国策的过程中，政府很难在维护生态与开发建设之间维持合理的平衡。受区位、交通等多种因素影响大湘西地区经济社会发展整体滞后于全省水平，集革命老区、民族地区和贫困地区于一体，少数民族聚集多、贫困人口分布广，经济发展和扶贫攻坚的任务还十分艰巨，没有足够的经济增速，脱贫致富就无从谈起。要发展经济，大规模基础设施建设和项目开发不可避免，保护生态环境就变得困难了。而旅游扶贫，恰恰能为这个两难问题提供不错的解决方法。

旅游扶贫是近年国际上反贫困的一种新方式，影响最为广泛的当是Pro - poor tourism（简称PPT）模式。其目的就是要在旅游资源较为丰富和贫困的地区，通过开发和扶持旅游的发展来带动经济的发展，从而使该地区脱贫致富，因而旅游扶贫的首要作用是体现在经济效益上。旅游业的发展与整个区域经济的增长是呈正相关变化的关系。在现实经济运行过程中，特定产业的变化和发展，对经济总量和经济增长的影响是巨大的。属于第三产业的旅游业，因其产业关联度高，产业带动能力强，对经济增长的作用显而易见。而区域经济增长对减少贫困人口具有非常重要的作用，据有关资料表明，人均 GDP 的增长与贫困缓解的进度呈密切的正相关关系，即 GDP 每增长一个百分点，农村贫困人口可以减少 0.8%。

因此，旅游扶贫就是指以贫困人口为主要的受惠对象，在旅游资源丰富的贫困地区或经济欠发达地区，通过发展旅游业，促进当地经济、社会全面进步的一种补充性的开发式扶贫手段。旅游扶贫作为一种积极有效的扶贫手段，坚持“以人为本”，强调全面、协调、可持续地发展贫困地区的社会经济，完全符合科学发展观和习近平新时代中国特色社会主义思想的内涵与本质要求。湘西州是一个典型的“老、少、边、山、穷”的地区，但这里有悠久的历史文化、神奇的山水风光、浓郁的民族风情，旅游资源十分丰富。把丰富的旅游资源优势转化为经济优势，将旅游发展与扶贫开发有机结合起来，构建有利于推广和参考的旅游扶贫样本，是湘西州乃至全国其他连片贫困地区的有利选择。

旅游产业是以文化为灵魂、旅游为载体、人文和自然景观为核心，并带动饮食、住宿、交通、零售、娱乐、旅游衍生品等一条龙配套发展的产业群，它作为一个特殊的综合性产业，具有关联度高、涉及面广、辐射力大、带动性强、经济效益好、环境效益优等特点，是当今世界公认的新兴朝阳产业。发展旅游业，对各个产业有很强的带动性。旅游业的发展不仅刺激了第三产业的发展，也为第一、第二产业的发展开辟了市场，旅游扶贫作为一种开发式扶贫，则将传统的救济输血性扶贫变为了开发造血性扶贫。实践表明，发展旅游产业，开展旅游扶贫，将是带领广大贫困地区人民群众脱贫致富的有效途径。

十 省委书记的期望

十八洞村是在习近平总书记到来后开始被大众所熟知的，那一天是2013年11月3日，而湖南省委书记杜家毫也是在那年来到湖南，不过比十八洞村的“走红”更早了几个月，从2013年3月20日履新湖南，到2018年，杜家毫书记已来湘工作了5个年头。2014—2018年也是习近平总书记首次提出“精准扶贫”的第一个五年，正如杜家毫书记在一次会议上所说：对于扶贫工作，我们不仅要迎难而上，一年一个目标，还要接受国家层面的脱贫攻坚年度“考试”，上半年是“半年考”，年底则是“年终考”，到2020年要“毕业”。面对“毕业”还剩两年时间，湖南14个市州122个县市区，经考察共51个贫困县，湘西土家族苗族自治州是考试的“主要战场”，只有湘西全部脱贫，湖南省的脱贫攻坚战才算真正取得胜利，交好脱贫攻坚的历史答卷。杜家毫书记还说：“没有湘西的全面小康，就没有全省的全面小康。”

图10－1　湖南省委书记杜家毫走访十八洞村

实事求是推进贫困地区发展

十八洞村人是遵照习近平总书记的指示一步一步摘掉“贫困村”帽子的。习近平总书记指出，扶贫开发一要坚定信心，二要找对路子。找对路子，就是要把科学发展的理念贯穿于扶贫开发中，因地制宜、实事求是地推进贫困地区发展产业、组织生产。为此，杜家毫书记反复叮嘱当地的干部群众。

杜书记叮嘱大家，首先要制定切实可行的扶贫规划。根据各地不同的贫困程度、自然环境、发展条件，找准差距，明确工作重点和具体措施，把规划、目标转化为一件件群众最期待、看得见、摸得着、落得实的具体措施。

在杜书记的指示下，十八洞村委及扶贫工作小组便开始进行精准识贫，并制定了一系列的扶贫规划，例如在思想建设上，想出了“星级化管理”的办法，将村民分组，每半年开一次会，村民之间相互打分，评分内容包括支持公益事业、遵纪守法、个人品德、职业道德等，90 分以上是五星，80 ~ 90 分是四星，以此类推，60 分以下是两星。

在调研团采访过程中，有村民讲道，村里老百姓几乎都相互认识，如果别人家里都挂四星、五星，自己家就挂两星，在亲戚朋友面前，会觉得脸上挂不住。如果只评到两星农户就会想办法表现好，争取下一次开会得到好评，再慢慢从两星进阶到五星。这样，就使得老百姓都能参与到扶贫工作中来，且自身思想得到转变，不是等别人来帮扶，而是从自我做起，只有在精神上脱贫，才能够激发村民内生动力，动力强了，发展也就跟上来了。

杜家毫书记始终强调习近平总书记的指示：“不搞特殊化，但绝不能没有变化"，在十八洞的建设上，仍要保持苗寨的风土人情，保留原生态，不要破坏生态环境。

在此条件下，十八洞的村容村貌改造规划也需要保留特色风貌。正如很多人质疑十八洞的发展，说十八洞的建筑没有大的变化，其实，脱贫不靠"面子"而看"里子"，寨子修得好，并不代表脱贫，人的精神富裕了，才是真正的脱贫，所以，在十八洞的建设上不拆老百姓一栋房子，确保十八洞村苗寨的原始风貌。

在十八洞的队伍建设规划中，十八洞村精选了驻村帮扶工作队。2014 年 1 月，花垣县委组建成立十八洞精准扶贫工作队，长年驻村开展工作。工作队进村挨家串户访贫问苦，与村民同吃、同住、同工作，真正发挥了"火车头"的作用。与此同时，加强村支两委建设。工作队召开选举大会，推选年轻有为的大学生村干部担任村支书，推选致富能手担任村主任、村支两委成员。配备建制专干为村主干，增配 9 名村主干助理，并发动党员干部带头，筑牢了基层党组织的坚强战斗堡垒。再次组建了青年民兵突击队。工作队和村支两委把村里 20 多名在家的年轻人组织起来，组建"十八洞村青年民兵突击队"，帮助村里欠缺劳力的农户编竹篾条、糊泥巴墙、铺青石板，使全村"五改"工程稳步推进。

杜书记叮嘱大家，一定要因地制宜发展产业。他说道：总体上，湖南省贫困地区自然景观优美、历史文化厚重、物产丰富……必须把当地的优势、特点，与国家扶持政策和当前经济发展的要求紧密结合起来，走出符合各地实际的产业发展路子，宜农则农、宜工则工、宜商则商、宜游则游，真正把资源优势挖掘出来，把扶贫政策含金量释放出来。同时，要高度重视保护环境，绝不能因扶贫开发而破坏生态。

在产业扶贫过程中，十八洞也因地制宜，找到了适合自己发展的产业，并成功实践。比如，2014 年苗汉子果品公司成立，在十八洞村开始了猕猴桃的种植。对于四周全是山的十八洞村来说需要大片土地进行培植无疑是一大难题，猕猴桃三年才能挂果，投资会不会有风险？这里的土壤以及气候又是否能符合配置标准？这些全是老百姓担心的问题，村干部邀请了武汉中科院的专家到这里进行勘测，发现这里的条件非常有利于猕猴桃的生长，为了消除村民疑虑，村干部还组织了村民去四川参观学习。对于土地，更是找到了 30 公里外的道二乡，流转土地，“借鸡生蛋”。

要吸取过往粗犷扶贫、发钱扶贫、贫困户发展能力差的教训，必须因户精准施策，不能把钱一发了之。十八洞村为此又走了一步“险棋”，其实这也是扶贫过程中一种因地制宜的创新，即将财政补贴的每人 3000 元集中入股，种植猕猴桃。交钱的过程就是统一思想的过程，贫困户每人交 100 元，政府补贴 3000 元，非贫困户每人交 50 元，政府补贴 1500 元，多缴多分红。就这样，村民入股和县扶贫办共同筹集 600 万元，公司贷款 1000 万元，用这 1600 万元开始了猕猴桃的种植。

在调研团的采访中得知，2017 年村民的收益金每人达到 1000 元，这个不是分红，因为还在试果期，2018 年才真正产果，预计年底每人能分 2000 元。到盛果期的时候，村民每人最少能分得不低于 5000 元的红利。

“一开始村民还有疑虑，对猕猴桃不看好。自从去年发了收益金，村民对猕猴桃越来越有信心，甚至建议扩大规模。”猕猴桃园负责人龙兴贵老总说。

据介绍，从 2014 年投产到 2017 年挂果，村里对种植的每一个细节进行把控，达到 79 项检测指标，通过订单农业的方式将猕猴桃卖向港澳，还跟京东电商平台做了对接。2017 年 200 万斤猕猴桃不但能促民增收，还能提高村集体收入。

步步高水厂的快速建设与杜家毫书记的期望息息相关。2017 年 9 月 20 日的下午，湖南省委书记、省人大常委会主任杜家毫在省委常委、省委秘书长谢建辉，省发展改革委主任胡伟林，湘西自治州州委书记叶红专等领导的陪同下，详细考察调研了步步高集团的十八洞水厂项目。这是杜家毫书记第三次到访十八洞村，在十八洞村前的中心停车坪，杜书记同花垣县委书记罗明、步步高集团党委书记陈志强总裁等一一握手后，第一句话就问“十八洞山泉水怎么样了?”陈志强总裁向杜书记一行介绍了十八洞山泉水的建设的最新情况，并郑重表示：“我们一定以高度的政治责任感和使命感建设好十八洞水厂项目，用十八洞的山泉向党的十九大献礼!”陈总还强调说：“水厂由步步高集团全额投资，以‘共享’的原则帮助村民脱贫致富，既能让村里享受到占股分成，又能直接解决当地劳动力就业问题!”

杜书记接过陈总递过来的一瓶“十八洞”山泉水，连饮了几口，“水质很好，很不错嘛!”喜悦之情溢于言表。

图 10－2　调研团重走步步高董事长王填当年找到的水源地

“十八洞山泉水厂建起来了，不仅要帮助村民解决就业问题，还要将部分收益向村集体分成，不断壮大村级集体经济，让老百姓加快富起来。”杜书记说。

对此，陈志强坚定地表示“绝对没问题，建厂之时就有考虑了”。

“10%怎么样？”杜书记笑着问。

“10%少了，我们愿意拿出20%给村里面！”陈志强慷慨地回答道。

“20%多了一点，也不能给企业太多的负担，就15%吧！”杜书记的话顿时引发现场一片会心的笑声。

这样的对白场景，虽早已过去，但它始终留在那些关心、关注十八洞扶贫、脱贫、致富伟大事业的人的记忆里。

随后，杜书记饶有兴趣问起了十八洞水厂的员工情况。一位员工腼腆地说：“在步步高工作真好，条件待遇各方面都不错，我们在家门口就能上班，脱贫就指日可待了。”杜书记边听边点头，脸上洋溢着灿烂的笑容。

现如今，十八洞水厂建成投产已走过了第一个年头，十八洞山泉水不仅在步步高旗下零售店销售，更是送进了全国人大代表的房间，十八洞村的小商贩卖的全是十八洞山泉水，随便一问都能知道，十八洞山泉水每卖出一瓶，就会有一分钱给到村集体。步步高集团在不破坏生态环境的情况下，利用现有资源，实事求是地诠释了习近平总书记提出的“精准扶贫”的深刻要义。在省委书记的关心下，步步高集团把产业扶贫项目带到了十八洞村，解决了十八洞村的就业问题、婚姻问题，增加了当地的税收，让老百姓真正获益，得到了老百姓的一片称赞。

据十八洞村第一支书石登高介绍，在产业扶贫的探索中，除了猕猴桃园和步步高水厂外，围绕十八洞品牌将会陆续开发18个产业，目前“地球仓”项目也在建设中，“农旅一体化”的通道也正在打通，苗绣等文化产业也将规划起来……

省委书记杜家毫对十八洞的期望还有很多很多。比如，要精准细致地落实扶贫措施，要一把钥匙开一把锁，切忌眉毛胡子一把抓。在面上要突出整体联动，在点上要突出地方特色，加强分类指导，一乡一策、一村一策，一家一户一本台账、一个脱贫计划、一套帮扶措施，确保扶到最需要帮扶的群众、扶到群众最需要扶持的地方。所有这些叮咛和期望，正一步步化为十八洞村人的实践行动。

统筹保障贫困地区基本公共服务

党中央、国务院十分重视贫困地区公共服务保障，出台了一系列政策措施，目的就是要把贫困地区民生的“底”坚决托住。在实际工作中，要摸清底子，加强统筹，有针对性地提高贫困地区基本公共服务保障水平。

要加大力度“保基本”，要千方百计“托住底”，要优化公共服务配置。这三“要”，既是湖南省委对全省脱贫攻坚的决策之一，也是省委书记对十八洞村人的期望。

湖南省贫困地区群众出行难、上学难、看病难、用电贵，以及饮水不安全、居住条件差等问题，仍然普遍存在。要按照“十二五”扶贫规划要求，整合扶贫资金，采取整村推进、连片扶持等方式，推动水、电、路、气、房、环境整治“六到户”，不断提高贫困地区的新农合、新农保以及教育、卫生、医疗、住房等水平。

就十八洞村来说，在公共设施建设上，政府加大了对基础设施建设的投入，实现了水、电、路、网全覆盖，修通了五公里柏油进村公路，打通了联系外界的致富路；家家户户喝上了清洁卫生的自来水，用电与城市居民享受同网同价，电商平台让农民得到了“看得见”的实惠。随着公路的开通，游客也逐渐增多起来，游客增多，十八洞的民宿、农家乐等的经济收入就高了。

图 10－3　改造前后的十八洞村公路

关于“托底”，十八洞村村民遵照杜书记的关心，在面上加强贫困地区公共服务保障的同时，突出重点，有针对性地加强对特困村、特困户的帮扶。这是十八洞也是全省扶贫攻坚的重中之重。十八洞村政府对于特困户采取了基本托底政策，综合采取最低生活保障、五保供养、救灾、大病医疗救助以及失业、义务教育、住房等专项救助手段，保障贫困群众基本生存权利，帮助贫困群众摆脱生存困境。

与此同时，在优化公共服务配置方面。十八洞村的干部牢记杜书记的叮咛，针对群众大多散居山区、生存条件较差，以及青壮劳力大多外出，留守妇女、儿童、老人居多等实际情况，对公共服务资源和网点的配置、公共服务配套，尽可能做到既相对集中又方便群众。

着力发展贫困地区教育事业

习近平总书记指出，下一代的孩子不能输在起跑线上。要让下一代从根本上摆脱贫困，就必须保证孩子们平等接受教育的机会。

为此，湖南省委和杜家毫书记，也从未放松对包括十八洞村在内的全省贫困地区教育方面的关注。杜书记叮嘱各级干部，首先，要加大对贫困地区的教育投入，要加强教育经费的管理和监督，进一步优化投入结构，保证好钢用在刀刃上。同时，要争取多方支持，拓宽教育投入渠道，广泛动员社会力量，让社会各界共同发展贫困地区教育事业。

对于十八洞村的教育问题，石登高书记向调研团反映，由于资源有限，目前十八洞村只有一所“村小”，还只设有学前班、一年级和二年级，教师也只有一名。对于愿意上学的孩子政府都有补助，并且与高校签订协议，只要十八洞村的学生报考专科类学院，不仅免学费还提供部分助学补助。希望孩子们都能够接受教育，也为十八洞村的人才培育提供土壤。

其次，杜书记叮嘱各级干部，要推动各级各类教育协调发展。针对贫困地区实际，重点推进学前教育、义务教育、普通高中学校布局合理调整，结合中小学校舍安全工程、农村义务教育薄弱学校改造、农村初中改造等项目的实施，加快推进合格学校建设，促进教育资源均衡配置。要逐步提高贫困地区的教师待遇，对大学生支教等给予积极扶持。要围绕贫困地区脱贫致富需要，加快发展职业教育，开展更有针对性的青壮年职业技能培训，进一步拓宽贫困地区群众就业门路。

在调研团到达十八洞村的第一天，我们就遇到了广东海洋大学的学生在这里进行调研和支教活动，海洋大学的同学每天都会接送孩子集中到梨子寨的“筑梦书屋”进行教学活动，教孩子们唱歌、跳舞等，对于这样的义务活动，十八洞村委表示非常欢迎，并希望社会各界支教组织和公益组织能够关注到十八洞村的孩子，更加密集地进行支教活动，让十八洞的孩子能够更自信更阳光地成长。

图 10 -4　广东海洋大学学生支教

最后，杜书记还叮嘱各级干部，要保障贫困地区青少年平等接受教育的权益。进一步完善家庭经济困难学生资助体系，加大资助力度，解决好贫困地区留守儿童就学中的交通、寄宿、餐饮和人性关爱等问题。同时，有针对性地做好贫困地区特别是困难家庭高校毕业生就业指导和服务工作，想方设法提供就业岗位，设立专项资金，引导鼓励他们自主创业，特别是通过返乡创业拉动就业，带动脱贫致富。石登高书记还表示，政府提供资金免费为村里的青壮年提供技能培训，并且提供就业岗位。

杜家毫书记强调说，作为习近平总书记提出精准扶贫、精准脱贫战略思想的策源地，自治州在盛名之下，更要不负众望。要牢记习近平总书记殷殷嘱托，以建州 60 周年为新起点，用心、用脑、用情推进精准脱贫，加快民族地区改革发展，决不让一个贫困村、贫困家庭、贫困群众在小康路上掉队，让土家苗汉各族同胞的日子越过越红火。

省委书记的叮嘱仍在耳边，十八洞村也在不断地向前发展，5 年来，我国脱贫攻坚战取得了决定性进展，6000 多万贫困人口稳定脱贫，贫困发生率从 10.2% 下降到 4% 以下，十八洞村只是我国精准扶贫的缩影之一，相信十八洞的扶贫模式“可复制”“可推广”，真正能够为其他贫困地区脱贫致富做出“样本”来。

十一 神秘的山洞

山洞价值的发现者

十八洞村那众多的洞穴，抑或无论怎样赋予它“夜郎十八洞”的神秘传说，但作为实实在在的客观存在，它已经存在千百万年了。对于在这里生活的祖祖辈辈的先民来说，他们可能早已视之习以为常了，他们也许没有觉得有什么稀奇和神秘的。就像“雄、奇、险、秀、幽”的美丽张家界一样，要不是当年知名画家吴冠中先生的慧眼识珠，它可能会将永远藏在深闺无人识之。这正应了法国著名雕塑家罗丹那句名言：“世界上并不缺少美，而是缺少发现美的眼睛。”生活的哲理和智慧本来就是这样，无论是成语“对牛弹琴”也好，还是歇后语“瞎子点灯——白费蜡烛”也罢，无非在表达一个“发现者”慧眼的价值和意义。正如最动听的音乐之于聋人来说是没有价值的，鲜艳的色彩之于盲人来说也是多余的一样，十八洞村有无数个大小不一的“洞穴”，哪一个洞穴有价值，它有多大的价值，能发现其价值的人才能识别，有能力开发其价值的人，才能展现其自身的价值和魅力。而我们今天要说的这个十八洞村的神秘山洞的价值发现者，就是步步高集团的王填董事长。

那是2017年4月的中旬，湖南省委书记、省人大常委会主任杜家毫率团考察白俄罗斯。步步高董事长王填也名列其中。就是因为这次随团的访问，为王填董事长发现十八洞的神秘山洞的价值埋下了伏笔。在访问的途中，一次谈话闲聊到“精准扶贫”，对步步高集团扶贫的“点石计划”早已了解的省委书记杜家毫，对随团的步步高集团王填董事长说道：能否到十八洞村去看看，那里有什么产业可以做？以便用产业扶贫的方式，让十八洞村有一个持久的发展，让当地的村民脱贫而不返贫。不过在那里发展的这个产业，尽量不要破坏当地的生态环境，最好能有些当地的特色。

人常说，言者无意，听者有心。当然，我们无法揣测当时杜家毫书记在“闲聊”中是“无意”还是“有意”，但这个王董事长却“听者有心”了，不但“有心”，而且亲自践行了。

步步高集团是湖南的本地企业，以零售业为主业，中国企业500强，中国快消品连锁10强。从2016年开始，步步高开始启动名为“点石计划”的产业扶贫项目，至今已经对接扶贫村49个，签约扶贫农产品金额达6.2亿元。

杜家毫书记这“随口”一问，便在王填董事长的心里扎下了“根”。2017年4月27日，王填、谢子龙、胡子敬等全国人大代表企业家正好到湘西凤凰县木里村省编办的扶贫点去考察。一路上，王董一直惦记的却是花垣县十八洞村。考察完了之后，王董便马不停蹄地来到了十八洞村；途中，他与随行的步步高集团扶贫管理部总经理邹爱华商量着十八洞村的“产业扶贫计划”。

两人商讨了许久，推演了几个方案，最后也没得出个具体的答案来。比如，做湘西腊肉产业，虽然有现实的可行性，但熏腊肉，不但需要腊肉场地，还需要养猪，这样大规模的生产，很可能会污染环境。又比如，做有名的湘西苞谷烧，虽然也是个看得见的产业，但做米酒厂需要大量的稻米，而十八洞的稻米产量又特别低。再比如，做知名的湘西苗绣产业，虽然具有苗族的特色，但是十八洞村人整体的文化层次不高，那样很难把苗绣产业做成做大。思来想去也没有觉得有更好的产业来做。最后，邹爱华只能说："实地调研之后，才能知道什么最适合，不妨先到十八洞村看看再说。"

到了十八洞村，虽然早已有了心理准备，可还是被十八洞村的情况吓了一大跳。王填一看，十八洞村的寨子基本都在山顶上，十亩的平地都难以整出来。除了土地不多，这里的交通也特别不方便。搞一个成熟的产业确实十分困难。村干部施进兰也说："我们这里的资源确实不丰富，只有些树木花草。"

没办法，只好请来当地最了解情况的村民与干部，一起商量着可以做些什么产业。十八洞村的村民十分热情，要拿茶叶招待王填董事长，王填说，我们喝水就好，水最解渴。就是这次喝水，使得王填发现了十八洞村的最大资源，也使得这个神秘山洞的价值逐渐被人所熟知。

座谈会开始，王填喝着十八洞村的水感觉清新可口，疲乏的感觉也舒缓不少，喝多了各种矿泉水、纯净水的王填，感觉这里的水与其他水有很大的差别，于是好奇地问时任村主任施进兰："这水是本地的水吗？好清甜！""是本地的水，老百姓都靠这些水生火做饭呢。""咱们十八洞村有没有较好的水源地呢？可以开发的？"施进兰想了想说："有口洞里有很好的山泉水，就是不知道适不适合开发、利用。"王填听了，一个念头一闪，感觉抓到了一个"宝贝"似的，兴奋极了，立马对与会领导说："咱们先不开会了，去看看水源地去！"

王董的寻洞觅水之路

王董事长作出中止会议，去看洞里的山泉水的决定后，携着一行人立刻前往水源地去实地考察。要出发时，施进兰却担忧了起来，他提醒说："水源在梨子寨下面的山谷里，还没有修路，山谷很深，估计来回要一两个小时，而且也有一定的危险性，不然王董这次别下去了，先让邹爱华和几个熟悉的村民下去考察下，如何？"王填董事长听了，立刻回答道："不行，我一定得亲自下去看看，如果连实地都没去过，又怎么能够了解情况，在这里办出真正有价值的产业呢？况且我对探险山洞也很有兴趣！"

是啊，不入虎穴焉得虎子？就这样，王董一行人在蒙蒙细雨中，向着那个神秘的山洞出发了。

虽然早有心理准备，可当王董与邹爱华看到那崎岖、蜿蜒的山路时，还是吓了一跳。路还没有修好，还下着雨，比较平整的路也异常泥泞，有些地方左边是高山，右边就是悬崖峭壁，十分险峻而危险。采访中，邹爱华回忆起当时的情景，还历历在目。他说："我们这些年，虽然也是走南闯北，见得多，但这条山路的艰险，还真是少见。"特别是离山洞最近的那一段路程，可谓罕见人迹，当地的村民也都很少来。根本没有了路，完全是在大山山谷底摸索着前进。这段路途，比刚下山的路更加的艰险，只好爬着走。要不是有当地的村民引路，别说找到这个山洞，就是要原路走出去都是问题。

一行人在泥泞、艰险的山路里下山、上坡，步行了 40 多分钟，终于来到了山泉水的源头——只见一股清泉从山腰上的一个洞穴里倾泻而出，沿着陡峭的山势"奔流"而下，最后经小渠流向远处山谷的田地里。洞口四周绿树成荫，风景秀丽，翠绿的小树沿着山洞洞顶生长，形成一排排靓丽的风景。由于洞穴很高很大，又隐身山林之中，周围的温度常年保持在 10 摄氏度以下，以致穿两件衣进去还感到嗖嗖发冷。当地的人都称这个洞为"神仙洞"。一般人很难进来，也惧怕进来，很是神秘，有各种各样的传说。

图 11－1　洞口入口处外面的山下峡谷

山洞外是一道陡峭的山谷，洞里的山泉水顺着山谷而流。峡谷上方是漏天的，一股热风吹来，洞口却十分清凉。人站在洞口，热风从头顶呼啸而下，而凉气从洞内和山下呼啸而上，洞内洞外完全是两个不同的世界。

“这可真是个好地方！”站到洞口前，第一次目睹如此“风景”的王董与邹爱华都惊呆了。这个山洞不仅“神秘”，而且十分美丽！邹爱华告诉调研团成员说：“当时我们是既兴奋又忐忑，兴奋的是这里的风景确实很好，也有清水从这里流出，忐忑的是，这里的水真的可以开发，最后发展成一个产业吗？我们心里一点都没底。”

可不可以，只有试过才知道。当地村民和施进兰说，这山洞里的水是可以直接喝的，他们村民都喝这里的水。“我和王董忐忑地喝了口从洞口流出来的水，顿时一阵清凉与甘甜随口而入，精神也一下子抖擞起来。”邹爱华回忆道：“王董当时显得异常兴奋，时而跑这儿跑那儿，用手机不断拍照；时而蹲在小泉边，双手捧着泉水咕噜咕噜开怀畅饮……最嗨的时候，王董还要我帮他拍视频，他自己则掬一捧水豪饮：‘哇，十八洞村的水，又甜又香，神仙水呀，长寿水呀！’”

就这样，王董一行人在这里逗留了好久，体验着十八洞神仙洞里的

“神仙水”，直到有人提醒：“我们的会可还没开完呢”，一众人才回过神来，想起还有大事要做。回程的旅程又是一段艰险的路途。王董边走边说：“如果要开发这里，修路是一个很大的工程啊！”返回的路足足走了一个多小时，邹爱华还摔了两跤，摔破了衣服，不过王董说：“在习近平总书记来过的十八洞村摔一跤，不丑。”邹爱华回忆起当时的细节，笑着告诉我们。

图 11－2　步步高集团扶贫管理部总经理邹爱华发现水源地时的兴奋场景

让神秘山洞不再神秘

回到梨子寨，接下来的会议倒是简单了很多。没有多余的废话，王董当即指示做好两个方面的工作：第一，把刚刚在山下装的山泉水立即送往省里的检测中心检测，如果一旦达到饮用标准，便进行第二步计划：步步高集团愿意投资 3000 万元建设一个水厂，集中开发十八洞山泉水，用十八洞村的水向党的十九大献礼。第二，愿意为村里支付精准扶贫水资源使用费每年 50 万元，每售出 1 瓶水为花垣县扶贫基金捐赠 1

分钱。并拿出一定的股份给十八洞村村集体，每年为村里分红。并解决村里的劳动力，给当地缴纳税收，用产业的方式让十八洞村有一个持久的产业，以便让当地村民脱贫而不返贫。这个项目的名称，就叫步步高的“一号工程”。

邹爱华告诉我们：当晚去怀化，一路上王董仍然兴奋异常，不断地拍着爱华的肩膀说：“这是我的一号工程，是陈志强的一号工程，也是你的一号工程。”王填董事长把这个任务交给了集团总裁陈志强。

然而，当时邹爱华的心里却仍然不踏实，水虽然亲自尝试过，口感各方面都没得说，可是毕竟没有经过检测，真的可以直接饮用么？如果检测出了问题，又该怎么办呢？心里想着，这个洞叫“神仙洞”，定有神仙庇护！神仙洞里出的水，就是神仙水！一定没有问题！当晚，不敢有一丝耽搁，水便被送往省里的检测中心进行检测。

几天的等待，让邹爱华十分焦急，然而当结果出来的时候，邹爱华知道：神秘的山洞将不再神秘了！它即将迎来一次翻天覆地的变化，这个山洞将为十八洞村，为十八洞村村民，甚至为精准扶贫政策，贡献自己的力量。经过检测，十八洞神仙洞里的水，不仅达到了直接饮用的标准，而且还含有丰富的矿物质元素，对身体有极大的益处，特别是锶含量，比普通的矿泉水含量要高出很多，有防止动脉硬化、防止血栓形成的功能。神仙洞里的水，真真正正的是“神仙水”啊。

检测结果一出来，所有的计划便紧锣密鼓地进行起来。5 月 7 日，步步高集团总裁陈志强再次赶往十八洞村，进行最后的实地调研以及与村干部商议工程情况。

2017 年 5 月 11 日，这是一个注定永远载入步步高集团史册和十八洞村历史的日子。这一天，十八洞水厂项目正式立项。在立项大会上，王董事长明确陈志强总裁为项目总指挥，邹爱华为项目执行总指挥。一个神圣的使命由此立下誓言：奋战5个月，拿下十八洞水厂，献礼党的十九大！

图11-3　洞内的山泉水顺着山势“奔流”而下

在欢呼声中，轰轰烈烈的十八洞水厂建设工程开始了。“神仙洞”中的水，就这样被发现和“设计”出来，就这样成了真正的“神仙水”，神秘的山洞就这样变得不再神秘：这个山洞的神秘之处，原来就是洞里有一眼“清澈、甘甜”的泉水。这泉水不仅养活了十八洞村世世代代的众多村民，而且这泉水还将为十八洞村带来更加巨大的财富，它将为十八洞村实施乡村振兴，建设美丽乡村，奉献自己的一切。或许这个山洞原本就不神秘，只是它的价值和内涵被淹没在这群山之中。而步步高集团的王填董事长及其员工，因为机缘巧合，终于在一个特定的时间点，揭开了这个山洞的神秘面纱。

调研团也来到了“神仙洞”

如今的“神仙洞”早已不再神秘，它不仅成为十八洞村村民人人皆知的“产业洞”，甚至在全国也都有不小的“名气”，成了十八洞旅游的一个重要景点：前来调研的各类团体，前来学习精准扶贫经验的地方干部，前来视察的各级领导，普通的游客，他们到达十八洞后，都想来此一睹芳容，尝尝神奇的“神仙水”。而这“神仙水”，正源源不断地输送到十八洞山泉水厂，为当地百姓创造着财富。

2018 年 7 月，调研团来水厂调研时，从梨子寨到水厂的山路已经基本修建成功，不再泥泞了。水厂也早已竣工并正常生产，十八洞山泉水在整个湖南地区都逐渐打开了市场。但为了保护水源地，水厂生产厂房距离山洞的那一段距离，并没有做过多改造。基本维持纯天然的原貌。

图 11－4　调研团成员在洞口外行走

调研团成员看到，在山谷的底部稍稍平整的地方，曾经的泥泞空地上，一座现代化的水厂拔地而起，把山洞中的水源源不断地装瓶生产，再输送到全国各地。水厂对面的二层办公大楼，也十分“气派”，屋里不仅装有空调，还可以洗热水澡。当地村民在水厂加班时，可以住在水厂安排的工房里。水厂的后面，一条泥泞的土路曲曲折折向上延伸，而在小路的右边，山的脚下，则有一条小溪与小路一起蜿蜒而上，沟渠里是一根根手臂粗的管道，直接把山上的水输送到水厂车间生产瓶装的山泉水。而神秘的山洞，就在这条蜿蜒的溪流顶端。

水厂厂长张和良说：“走，带你们去上面看看，你们可有福气了，现在一般的游客，可看不到嘞。”调研团成员顿时一阵欢呼，可看到上山的路，又都呆了一下。虽然如今这条路已被很多人走过，相比一年前不知好走了多少，但是，还是令年轻的调研团的成员们难以招架，刚开始时还好，越走越陡峭，最后，只好手脚并用，边走边爬行，才勉强上去。

当我们终于来到了“神仙洞”的水源地，一睹了神仙洞的芳容，看到这个为十八洞村带来产业与收益的神秘山洞里喷涌出来的泉水时，我们不禁惊叹这大自然造物主的鬼斧神工了。

图 11－5　调研团部分成员与水厂厂长合影

如今，这神仙洞的洞口，已不再像邹爱华描述的那样水流潺潺了。为了保护洞里的自然环境，洞口已被一道铁门锁住，只有管道从洞口延伸出来，把泉水输送到下面的水厂。我们站在石头上，感受从洞口吹出来的清凉，让人心旷神怡。往前走一步，山前的太阳照射下来，暖洋洋的，山中绿树茵茵，清风徐徐，风景十分宜人。而往后一步，退回山洞洞口处，立刻又变得清凉起来。周围伴着蝉鸣，偶尔还有几只鸟儿飞过，别提多美了。

调研团的小伙伴们来到溪水旁，里面的清水和管道一起蜿蜒而下。张厂长说：“这水可以直接喝的，下面到厂里也是装瓶，仅进行臭氧消毒而已，别的什么都不加。其实也用不着消毒，但为了保险起见，还是要走水生产的必要流程。”调研团成员小心翼翼地捧了一捧清水，送入口中，顿时一股微微的甘甜和清凉顺着喉咙滑下去。大家直呼：“真的很好喝。”

张厂长继续解释道：“这水里的化学元素‘锶’含量很高，已经达到了矿泉水的标准。但是考虑到纯天然的概念，我们将其称为山泉水，并没有申请矿泉水的标识。”我们在山洞逗留了许久，最后与张厂长合影留念后，才依依不舍离去。

图 11－6　调研团成员离开山洞回程时在走山路上

回来的路上，偶遇一些工人在维修管道，张厂长说道：“每隔一段时间都会有人来看看这里的管道，就是怕出现漏口，破坏水的水质，我们十八洞的水，才是真正纯天然的山泉水嘞。”回到水厂，我们又随张厂长一起参观了生产车间，果真如厂长讲的那样，水被输送下来后，不会做任何的加工或者放置，而是从管道直接进行臭氧消毒后，输送灌装。看着一瓶瓶十八洞山泉水被生产出来，调研团成员真正感到了大自然是多么的神奇美妙，把如此的财富奉献给十八洞村的村民，而通过十八洞村与水厂，相信这里的山泉水也会逐渐被全国更多的人所接受、品尝。

“神仙洞”变“产业洞”

如今，十八洞山泉水厂除了给村集体15%的股份外，每年还支付村集体50万元作为“水费”，并且每卖出一瓶山泉水，拿出一分钱作为扶贫基金送予村集体。张和良厂长说：“水厂预计每年可以为村子输送纯现金80万到100万元。等以后市场打开了，只会越来越多。”水厂还为村里提供了几十个工作岗位，许多年轻人放弃外出打工，留在村里就业。

神秘的“神仙洞”不再神秘，变成了实实在在的“产业洞”，它为十八洞村里带来了实实在在的产业。一个贫困村想要脱贫、致富、振兴，倘若只依靠政府发放的扶贫款项是不可能实现的。它必须努力寻找适合当地特点的产业，一方面自力更生，艰苦奋斗，使自己拥有自我造血的功能；另一方面也还需要一些有使命感和责任感的大企业多多给予助力。湖南步步高集团适时为十八洞村建设水厂，极大地助力了十八洞村产业扶贫，这是企业社会责任的最佳诠释。十八洞村拥有良好的水资源，无奈基础设施、资金、技术等方面贫乏，而企业可以提供相应的资金与技术，不仅履行了自己的社会责任，也可以带来一定的收益，可谓一举两得。

步步高集团投资兴建的十八洞山泉水厂是十八洞村第一个正式建成的本地产业，它可以直接带动十八洞村的就业与经济发展。一个小小的山洞，一次偶然的提问，一个巧合的调研，最终使得神秘的山洞揭开它的神秘面纱，摇身变为产业扶贫的源头，为十八洞村脱贫致富贡献力量。

1972年，新加坡旅游局给时任总理李光耀呈了一份报告，大意是：我们新加坡不像埃及有金字塔，不像中国有长城，不像日本有富士山。

除了一年四季直射的阳光，什么名胜古迹都没有。要发展旅游事业，实在是巧妇难为无米之炊。李光耀看过报告，非常气愤。据说，他在报告上批了这样一行字：你想让上天给我们多少东西？有阳光就够了！后来，新加坡利用那一年四季直射的阳光，种花植草，在很短的时间里，发展成世界上著名的“花园城市”，连续多年旅游收入列亚洲第三位。

新加坡发展旅游产业的这段佳话，似乎和王填董事长与施进兰的故事有异曲同工之妙。当时王填董事长也是听到了时任村主任施进兰的随口抱怨：“我们什么资源都没有，就一些山山水水”，后来成就十八洞山泉水厂的建成投产，造福一方百姓。

上天真的不用给一个地方太多东西。新加坡有阳光就够了，旅游收入能列入亚洲前三。我们相信十八洞村的山泉水，最终也一定能使十八洞村脱贫致富奔小康。十八洞村未来的路还很长，十八洞山泉水厂也还有很长的路要走。正如2017年10月8日，步步高集团陈志强总裁在仪式上致欢迎辞时说的“十八洞村山泉水厂的建成投产，只是一个美好的开始”。相信美好的开始一定会带来一个美好的未来，我们时刻关注着、期待着十八洞村的华美蜕变。

十二 水厂建设群英谱

十八洞那神秘的山洞早已揭开了它的神秘面纱，湖南步步高集团也正式决定投资建设十八洞山泉水厂项目。2017 年 5 月 11 日，王填董事长召集相关人员开会，与会人员包括陈志强总裁、滕万里供应链总经理胡文明以及邹爱华、董习民、周鹏等人，会上确定了大战 100 天、用十八洞的山泉水献礼党的十九大的基调。一旦立项，工作就如上紧了的链条一样飞速转起来。厂房设计、土地租赁、道路修建全部动起来了。从 7 月 23 日正式施工建厂，到 10 月 8 日建成投产，仅用时 2 个月 15 天。10 月 12 日，十八洞村水厂建成投产的新闻出现在《人民日报》头版头条，创造属于十八洞村产业扶贫的“深圳速度”。

这速度是十八洞村村民、村干部、步步高企业员工、施工团队等用实打实的辛勤付出换来的（这其中有夜以继日、带病工作的；有直接把孩子带到项目部，边工作边照顾孩子的；有工作两个月没有休过一天假的）。他们或是村民员工，或是领导干部，但在十八洞村水厂建设工地上，他们都是“建设者”。他们把最大的热情和精力奉献给了十八洞村扶贫产业的第一线，他们是十八洞产业扶贫的群英谱的代表。

憨笑的哑巴司机

时间拉回到 2017 年 8 月，那时的水厂还在紧锣密鼓的建设中，谭云明教授带领的调研团第一次来到十八洞村。当时由步步高集团派驻十八洞村建设水厂的工程部负责人李随喜经理接待我们，李经理长着一米八的个子，是个健谈的湖南汉子，人称“喜哥”。“喜哥”说，十八洞村有两大特色，那就是“山”和“水”，俗语云“靠山吃山，靠水吃水”。“靠山”主要是种植猕猴桃，“靠水”则是要利用优质矿泉水资源，建设一家现代化矿泉水厂。他说为了建设水厂，他已经两个多月没回长沙的家了。目前水厂正在加紧施工，争取赶在党的十九召开前，把十八洞村的矿泉水生产出来，以喜迎党的十九大召开。

“喜哥”带着调研团成员沿着溪流的方向逆水而上，实地探究溪流的源头。在探访源头的途中，一批工人师傅正在忙着修筑堤坝和路基，他们在水厂基地打桩、平地，场面甚是热闹。我们时不时与他们做些简单的交流，工人们多是随便回答几句便继续抓紧干活。“喜哥”说道：“我们正在赶工期，工人们的压力还是很大的。”看着干得热火朝天的工人们，调研团成员竟不忍去打断他们。正在这时，有一个“特殊”的笑容出现在我们眼前。土路上，一辆运石料的大卡车停在施工的路边，负责工地上物料的运输。看到我们一行“外来人”，与其他工人不同，车内的师傅主动摇下车窗看着我们傻笑，并用手势与我们打招呼，比了一个大大的V。调研团成员像发现了新大陆，立马簇拥过去想与他交谈，可这位黝黑肤色的卡车师傅只会睁着眼睛向我们微笑，却并不答话。“喜哥”也走过来，笑着告诉我们：“他是十八洞村的一位哑巴，但他是驾车的‘老司机’，技术水平极高。建水厂便解决了他的就业问题，特地招聘他运送石料，他工作非常认真。”这时，我们回想起那个微笑以及伸出的“V”字手势，甚觉意味深长。

调研团成员一时也来了兴趣，继续询问着他的情况。原来他叫隆敏，是个哑巴，三十来岁。小时候因为医疗条件有限，一次感冒发烧注射链霉素导致了耳聋，因读过几年书，还认识些字，平时交流都需要到

图 12－1　冲着调研团憨笑的哑巴司机

他面前写字给他看，或者用手势比画来交流。隆敏知道自己生理的缺陷，干起活儿来非常忘我，手脚特别勤快，别人歇下了他还在干。也正是因为他的勤快和憨厚，他不仅生活过得不错，还顺利娶上了媳妇。他自小残疾，一直跟随父亲东奔西走，水厂开始建设后，发现他虽不能说话，但是吃苦耐劳，也开的一手好车。最重要的是他逢人便笑，憨笑中带着朴素与纯真。

"喜哥"说，考虑到水厂建设确实需要很多技术工人，其次村里的精准扶贫政策也会倾向弱势群体，特别是残疾人士，再者，每每看到隆敏的憨笑时，他带给了我们快乐，即使再苦再累，心里也都觉得美滋滋的，于是便聘用他做水厂修路运砂石的司机。我们问"喜哥"，"他知道这是在建设什么工程吗?""喜哥"说："当然知道，十八洞村多少年了，都没有建设过这么大的工程，他知道这是在为村子做贡献，所以他干得特别起劲。这里的工人做事都非常卖力，非常自觉，根本不用督促。因为他们明白这是为自己脱贫致富的民生工程。"

哑巴司机看着我们，仍不说话，"傻傻"地笑着，他熟练地操作着，卸完砂石后，又开始下一趟的运送了，他朝我们挥挥手，摇上窗户，十几米长的大车，在陡峭的山坡上，轻松地掉了头，便向山上驶去，车消失在扬尘里。

中秋节也一定要过

28 岁的杨斌在十八洞村里当过村支书助理，到外面打过工，也在村里做过电商，卖过土特产，一年收入五六万。而在十八洞水厂建设期间，他却成了水厂的兼职员工。他说："天然山泉水是创产增收的'宝贝'！我想回村到水厂上班，作为一个年轻人要为村里多做点事情。""如果可以，回到村里，也能早点娶个媳妇。"

山泉水厂建设期间，作为村民一分子的杨斌，义无反顾地投入到水厂的建设中去，虽然又苦又累，工资也不见得比外面高多少，但他还是很开心。"这是在给自己的村子建设产业，和外面干活儿当然不一样，我做着不累，浑身是劲儿。"

中秋节那天，所有的工人、技术人员、步步高的职工都在工地上干活儿，完全没有过节的氛围。杨斌说："工作要做，但中秋节也一定要过！"他与领导们商量，一拍即合，给大家改善伙食，一起过节。这天，杨斌和员工一起从市场买来两只活鸭，为工人做了一顿丰盛的大餐！国庆节、中秋节是欢庆的日子，但杨斌知道，在不久的将来，十八洞水厂建设成功后，那场面，一定比现在还欢庆，这可是十八洞村的大事！

现在，作为村里最年轻的党员，他不仅加入了水厂的建设工作，如今也成了水厂职工的一员，回到村子，作为年轻人，他一直提醒自己：应该要为村子多做点什么，要让村子变得越来越好。

图 12－2　正在处理活鸭的杨斌

图 12－3　正在做饭的杨斌与工友

产业扶贫，我愿意

为何步步高集团要积极参与产业精准扶贫？

为何步步高集团高层踏破铁鞋寻找贫困村？

为何步步高集团不惜耗费巨资兴建十八洞水厂？

也许有很多种答案和理由。但在我们采访完步步高集团总裁陈志强后，有一种答案是最温暖的、最有力量的，那就是发自陈总心底的誓言——“我愿意”。

他说：“全世界最温暖、最有力量的词汇就是‘我愿意’。”不过，随后他又补充道：“这里的‘我’既指我个人，也指王填董事长和所有步步高的员工们，这是我们企业的理念。”

说起“我愿意”，陈总脸上洋溢着满满的自豪感。这是以陈总为代表的步步高集团高层领导们的产业扶贫理念，也是一名企业家的使命感和时代责任意识的最集中体现，更是一家企业社会责任的勇敢担当！

“这是一份责任，农民有农民的责任，商家有商家的责任。”陈总说，在精准扶贫的过程中，企业重要的是要以什么样的状态来体现企业在这个过程中发挥的作用，“民营企业感恩于伟大的时代，都是自愿去做的。”在这个过程中，企业收获了价值和幸福指数，也对产业变革提出了思考课题，比如未来的大数据平台、产品要怎么做，将产业集群化、规模化、专业化、精细化，产品品质自然水涨船高。种植的作物品质高，农民也就愿意扎根土地。企业的“我愿意”就如一列火车的“火车头”，带动车头背后无数人民群众的积极性，无数个“我愿意”终会汇成一股巨流，推动精准扶贫的进一步深化。

图 12－4　陈志强总裁与调研团成员在长沙梅溪湖书院留影

步步高集团在产业扶贫的路上，确实做出了许多尝试，并且取得了有目共睹的成果，其中最令人瞩目的，就是高屋建瓴的“点石计划”。“点石计划”，取点石成金之意，旨在通过产业扶贫让贫困地区自力更生，与企业达到双赢局面。十八洞水厂的建设就是步步高集团“点石计划”中的一部分，也是陈总近年来最关心、最用心的项目。

图 12－5　陈志强总裁在检查水厂设备

陈总是十八洞水厂建设的总设计，也见证了建设的全过程。5 月 7 日，接到王填董事长任务的陈志强与邹爱华一起再访十八洞水源地，确定了召开立项大会。5 月 11 日，大会确立陈总为项目总指挥，在建设过程中，虽然不能全程待在十八洞村，但陈总却时刻关心着这里的情况，遇到不能解决的困难，邹爱华第一个想到的还是“找陈总”。

作为步步高集团的领导者之一，陈总确实有各种各样的繁忙工作。但他一旦有空，就会来到十八洞，看看十八洞水厂建设的进展，为十八洞水厂建设排忧解难。特别是到了本该休息的假期，他也把时间奉献给了十八洞村。从 2017 年 9 月 30 日开始，他赶到十八洞村后，一待就是 9 天，国庆节、中秋节双节全变成“十八洞游”了。这 9 天里，陈总放弃休息，放弃与家人团聚，一心投入到十八洞村水厂的建设中。“我是

图 12－6 陈志强总裁与员工一起吃饭

项目的总指挥，中秋节、国庆节，工人们都在十八洞，我平常没他们做得多，但在‘双节’这样的日子，我一定得在这里，与他们一起度过！”

在这 9 天里，陈志强与员工同吃同睡同工作，10 月 2 日突然天降大雨，施工现场，因为大雨、山路较陡，进厂道路打滑，混凝土大罐车不能进山，原材料无法及时送达，这给施工带来了极大困难。陈总与员工一起坚守岗位，立即联系县里领导，帮忙解决问题。由于陈总的亲自指挥督工，10 月 8 日，十八洞山泉水正式顺利投产了！“我永远记得十八洞，也永远记的这个特殊的‘双节’。”陈总动情地说。

病在十八洞，不丢人

2017 年 4 月 27 日，邹爱华第一次来到十八洞村，跟随王填董事长一起探访十八洞村那个“神秘的山洞”。最终确定了在十八洞村建设一个现代化水厂的宏伟目标。那一天，在回程的路上，邹爱华因为一边拍照一边走路不慎摔了一跤，把膝盖摔肿了，疼了好几天。王填董事长开玩笑说："在总书记来过的地方摔跤，不丑。"如今，十八洞山泉水厂正在紧锣密鼓的建设中，夜以继日工作的邹爱华两眼一黑，晕倒在工作岗位上。这次，他自嘲道："病倒在十八洞村，总书记来过的地方，不丢人！光荣！"

图 12－7　邹爱华总经理在十八洞村村口留影

邹爱华是步步高集团扶贫管理部总经理，参与了步步高集团的好几个扶贫项目，这次十八洞水厂的建设，更是担任项目执行总指挥，亲自参与了十八洞水厂从调研到建设再到投产的全部环节。谈起水厂，邹爱华有很深的感触："我见证了十八洞山泉水的诞生，也看到了自己的成长，在这里有太多太多的回忆。"

邹爱华说："十八洞水厂的项目规划设计是一项异常纠结的事情，有些细节需要反复推敲才能确定。例如：整个厂房的生产流程图就琢磨修改了近十次。有时候好不容易整出来一张图，送到食药局一审核，被告知不合格，又得重新再来。有时候县食药局和州食药局的标准不一样，州食药局和省食药局的标准又不一样，送州食药局已通过的方案送省食药局又不合格。一时间，我的脑海里挤满了各种信息，甚至到了焦头烂额的地步!”

由于长时间操心太多，5 月 26 日，邹爱华病倒了。当时是晚上 12 点，他正在电脑上做方案。突然，一阵眩晕袭来，两眼一黑倒在椅子上。“随后我被送到医院，一躺就是两个星期。住院期间，我仍然坚持用电话与县里、村里沟通合同事项，仍然与设计部门的同事讨论设计方案，仍然与负责工程的同事商议施工方案……‘长这么大没生过病，一生起病来蛮吓人的。’老婆这样调侃我，而我心里明白：那是一个让人魂牵梦绕的事业，为了它，我愿意倾注满腔的热血。”在采访中，邹爱华回忆道。

为了这个项目，邹爱华甚至特意换了一台三菱帕杰罗。因为原先的车子不能上山，耽误事情。也由于这台车的越野性能好，成为工厂连接村里的“生命线”。每当其他的车不能往返时，邹爱华的车就成为救火队员。有一天早晨大雨，他为了查看厂房情况，冒险开车下去，结果开到那个最危险的大堡坎时，前面突然石头乱滚，山体滑坡，很快路就被山石堵住了。他立即艰难地在原地掉头，回到了寨子。回想起这次经历，邹爱华说道：“这是老天眷顾我啊，那次是真的危险，早一分钟，我都有可能回不来!”

从初访十八洞村神仙洞时的喜悦，到病倒在岗位上时的艰辛，再到夜以继日赶工加点时的兴奋，和最终建成完工时的感动，邹爱华一路见证了水厂建设的全过程。

我先干活儿去了

张和良是十八洞村水厂的第一任厂长，也是现任厂长。他原本是江苏人，一个巧合的机会，他得知十八洞村要建设水厂，之前当过几家水厂厂长，对水厂工作了如指掌的他二话不说便来到十八洞村应聘。2017年6月22日，张厂长正式进入公司。当时和十八洞村山泉水公司总经理邹爱华一起过来的时候，这边什么都没有，到处是一片空白，水厂还是属于前期规划阶段，他和工程设计人员，一步步地勘察、勘测，寻找适合建厂的最佳位置，寻找水源接入的最佳路线，怎么蓄水，怎么规划厂房，设备设施如何摆放……所有的一切都在他专业的经验里逐步提上进程，逐步落实到位。

图12－8　张和良厂长与陈志强总裁一起检查设备

谈到张厂长，员工们的印象中他是“事无巨细”都干的全能型领导。张厂长说，作为厂长，厂里大小事务当然需要全盘皆知才行。是啊，十八洞水厂是一个新厂，有太多的事情需要他操心，大到百万设备到位，小到煮饭的液化气罐，日常生产工作、员工饮食生活在筹备期间，都得仔仔细细。忙完工地上的工作，张厂长一转身又开着车上山了，询问才得知，原来是厂里没有液化气了，他又去县城买液化气，“张厂长不仅是我们工作上的领导，还是我们的生活管理员。”一位员工笑着说。

水厂建设期间，张厂长永远挂在嘴边的总是那句：“我先干活儿去了。”设备出了问题，他在场；管道对接出了问题他在场；做饭时他在打下手；需要有东西运输时他又成了司机，一辆皮卡被他开的都成了泥车；有政府的领导来视察时，他又换上正式的衣服成了接待者。不过员工们还是笑着说：“穿西装的厂长不像厂长，穿工作服的才像。”

用行动说话

在十八洞村采访的那段时间里，调研团成员几乎天天都能见到在各种场合忙碌的村第一书记石登高，协调水厂上线仪式、接待来十八洞村考察的领导、处理村民大小事宜……即使是中午休息时间，也只是在村展览室前的小摊上草草吃了一碗凉面，随后又投入到紧张的工作中。

2016 年 11 月，花垣县委派驻的“第一书记”石登高带着叮嘱与信任入驻了十八洞村，开始履行驻村第一书记的工作职责。水厂是他对接的第一个项目。对此也十分上心，在水厂建设的那段日子里，石登高书记记忆犹新：“一切都是未知数，但一切又让人向往。我们把扶贫不是当工作来做，而是当事业来做。刚来这里，情况了解得不多，那我就用实际行动告诉村民，我是来干实事的！”

作为花垣县十八洞村的第一书记，石登高可谓是全程参与了水厂项目的实施，从王填董事长到十八洞考察，到项目的前期筹备，再到项目的落地，五个多月时间，大大小小事宜，石登高都是亲力亲为，给十八洞水厂的建设给予了最大限度上的支持。这五个多月的时间，石登高没有休一天假，几乎每天都和队员来到水厂工地，看看有什么村子上能帮得上忙的。水厂建设需要很多设备、文件、手续，都需要与县里甚至省里对接，石登高自己接下了这方面全部的工作，基本每天都是在打电话中度过，一度因为电话打得太多，出现头疼的状况。“作为村上干部，能做的就是这么多，工人们干活，不比我们困难多了?”说完，他便找县交通局协商道路整修了。这个县上派下来的“特派员”用自己的行动证明：他真的是来办实事的。水厂就是他来办的第一个大事。

受些委屈不算什么

2017 年 10 月 8 号，步步高投资兴建的十八洞山泉水厂正式落成，龙吉隆和水厂总指挥陈志强抱在一起。此时，再多的委屈与艰辛都不算什么了，因为最大的安慰就是水厂终于建立起来了。龙吉隆是十八洞村的本地人，早些年是水果种植大户，2017 年 6 月份被选举担任村主任。在村民眼中，龙吉隆是一个平易近人、为民办实事的好干部。每当他在村里巡视工作，村民们都会走上前去向他问好，而他也会主动和村民攀谈，以便更好地了解村民们的生活情况。

图 12－9　水厂建成当天龙吉隆与陈志强总裁拥抱

在十八洞村建水厂，前提是解决土地问题，即建厂征地必须征得村民的同意。在交通不便的十八洞村，“种田吃饭”的思想已根深蒂固。

在闭塞的农村征收农民土地的困难程度是难上加难。龙吉隆是本地人，对村里的情况更加了解，便承担起“征地”的大任。水厂对每位征地户的补贴都很丰厚，也承诺会优先考虑雇被征地的村民来水厂工作。但是，农户对土地的热忱自古传承，让他们一下子放弃相当困难。为了山泉水厂能够顺利落地，龙吉隆带领村干部一户一户上门协调。白天，部分村民外出不在家，他们就用晚上的休息时间上门与村民沟通。一个晚上三四户走下来，常常是晚上 10 点多了，有时候还因村民态度不好，心里装着一肚子委屈。但一点办法也没有，工作要干，但道理也要讲。

“我是本地人，村民不点头绝不强迫，但道理要讲，工作也得做，村民不理解，就去解释，村民有困难就去帮助，不管如何也得把工作做了，也要让村民满意。”龙吉隆告诉我们。“把村民当作自己的亲人，多和他们沟通，了解他们的需求，是工作中最有效的调和剂。”龙吉隆颇有感触地说。一户一户地走，一人一人地讲，讲政策，讲发展，讲集体，讲福利，讲来讲去村民自己都觉得感动，说：“我相信你这个人，我答应了。”就这样，一步一个脚印，一个一个地做工作。涉及征地的所有村民全部同意土地征收条款。

可天有不测风云，刚解决一件事，就又来了一件事。有一次，因突然间的塌方，把一位村民家的祖坟给埋了。得知自己祖坟被埋，村民不乐意了，带着家人现场阻止施工。“土地拿出来已经是仁至义尽了，还把祖坟埋了，这让我们怎么接受。”看着村民愤怒的表情，龙吉隆也感到愧疚，在农村，祖坟是很神圣的东西。龙吉隆带头向村民道歉，一次一次往村民家里跑，不仅道歉还商量补偿协议，当然最重要的是把精准扶贫政策，把村子整体的规划、发展、设计，全都一股脑儿地告诉村民，讲到激动处，龙吉隆都手舞足蹈，说：“十八洞村的未来是一定要振兴的。”村民也不是不讲理的人，说道：“如果村子振兴，老先人也会理解的!”

都说基层工作不好做，土地的征收、道路拓宽涉及树木的砍伐、祖坟的迁移，这些群众工作光听听就知道有多困难。但村民都是讲道理的，关键是要有人能把道理给村民们讲通，龙吉隆就是这个人。他把群众当亲人，讲的都是肺腑之言，他还告诉我们：“个别村民的门槛都要被我们踏破了，一次次礼貌上门，老百姓也感动啊。”

从勤劳能干的哑巴司机，希望工人过好中秋节的杨斌；到“我愿意”的陈志强，生病也光荣的邹爱华，把“我去干活儿了”挂嘴边的张和良厂长；再到用行动说话的第一书记石登高，甘愿受委屈的村主任龙吉隆。从普通村民，到村干部，再到企业领导，他们把自己全部的热情投入到十八洞村水厂的建设中去，他们是十八洞村水厂建设、产业扶贫的真英雄。

十三 步步高的速度

时代中的速度

“深圳速度”，通常被用来形容建设速度之快，也是改革开放中国建设发展的代表。“时间就是金钱，效率就是生命”是20世纪80年代耸立在深圳蛇口工业大道路口的标语牌上的口号。1984年，高160米、共53层的深圳国际贸易中心大厦仅14个月竣工，创造了三天盖一层楼奇迹，在当时的中国绝无仅有，从此国贸大厦成为“深圳速度”的象征。

创造“深圳速度”33年之后的2017年，在“精准扶贫”理念指导下，为尽快落实产业精准扶贫，由步步高集团投资兴建的十八洞村山泉水厂，从筹划到建成投产，耗时仅6个月。而一般水厂建设至少需要一年半，步步高人创造了富有特色的“步步高速度”，这无疑是一个新的“奇迹”！当然，这“步步高速度”的历史地位与作用尚待后人工笔评述。

历史的车轮进入到21世纪后，中国社会生活的方方面面早已经发生了翻天覆地的变化，如今，改革开放已然四十多年，其巨大成就举世公认。一方面，社会主义民主不断进步，市场经济繁荣发展，人民群众的生活和文化水平得到不断提升；另一方面，城乡差距不断扩大，收入不平等现象依然严重，社会贫富差距悬殊。然而，当我们将视线从繁华的都市聚焦到湘西偏远的花垣县十八洞村之时，我们不难发现：由于山高路远、人均耕地面积少，2013 年的十八洞村，人均纯收入仅 1668 元，225 户中有 136 户贫困户。当时国家统计局公布的 2013 年我国国民经济运行情况的数据显示：农村居民人均纯收入 8896 元。以此标准来衡量，十八洞村就是一个典型的贫困村！

就在 2013 年 11 月 3 日，中共中央总书记、国家主席习近平来到了贫困的十八洞村梨子寨考察调研，就在这个典型的贫困村第一次提出了“精准扶贫”的重要思想：“实事求是、因地制宜、分类指导、精准扶贫”，并提出十八洞村的精准扶贫模式要“可复制、可推广”。习近平总书记语重心长地对当地的干部群众说，要精准扶贫，切记喊口号，也不要定好高骛远的目标。

常言道：理论来自实践，又指导实践。然而，实践和理论之间总是存在着一定的差距，有滞后性，或者说是慢半拍。如何将“精准扶贫”的伟大思想转化为或指导好现实中的生动实践？湖南省委、省政府的主政者，花费大量时间，做足了功课。比如，他们多次组织省内知名企业家到湘西自治州和十八洞村实地考察调研，积极探索精准扶贫攻坚的路子和“脱贫不返贫”的方法。湖南省委书记杜家毫常常谈起习近平总书记到十八洞村视察时的场景：“总书记像拉家常一样，对老百姓说，发展生产一定要从本地实际出发，找准具有本地特色、符合实际情况的经济发展路子，要把种什么、养什么、从哪里增收想明白。总书记看到围在边上的农村孩子，说贫困绝不能代际相传，绝不能让一个孩子输在起跑线上。”

实践的链条一步步推动思想的实现。省委书记杜家毫牢记习近平总书记的叮嘱，不忘走基层，不忘走访农户家，精准识贫。每年的湖南省人大会议期间，杜家毫都会到湘西土家族苗族自治州代表团，与代表们一道审议政府工作报告，与大家探讨扶贫思路。“要分类识贫，把贫困底子摸清，重点是要通过抓好‘一进二访’（进村入户、访困问需、访贫问计）活动。根据致贫原因逐一分好类、编好号，真正做到对象准、情况清、原因实、类别明……要分类施策，把帮扶措施定实，针对识别出来的贫困对象，按照‘缺什么补什么，需要什么帮什么’的原则，因地制宜，因户施法……”2017 年 4 月中旬，省委书记杜家毫率商贸团前往白俄罗斯进行商务考察、交流，已对步步高集团精准扶贫工作非常熟悉的杜书记，在聊天时对随团的王填董事长提议说，是否可以去十八洞村看看有没有可以发展的产业。

万物静默如迷，有聚有散，有因有果。因种下果，甚至远远超出当时的预期，步步高集团董事长王填心里记下了这随口一问，4 月 27 日，在湘西州主持的十八洞村湘籍全国人大代表、企业家座谈会上，王填、谢子龙、胡子敬等全国人大代表、企业家到湘西凤凰县木里村省编办的扶贫点去考察。湘西自治州是湖南省唯一的少数民族自治州，辖区内除了州府所在地吉首外，诸如十八洞村所在地花垣县等其他 7 县均是国家级贫困县，如何从企业的角度对湘西贫困县的脱贫提出建议和帮扶措施呢？一路上，王填惦记着花垣县十八洞村。考察完之后的当天，王填提议，一起去花垣县十八洞村看看，当时随行的还有步步高集团产业扶贫管理部总经理，即后来成为湖南十八洞村山泉水有限公司总经理的邹爱华。

腊肉？米酒？水！——一整天深度调研

邹爱华对当天的考察之旅印象深刻。邹爱华回忆，在去十八洞村的路上，王填董事长不断询问，思考该如何去发展十八洞村，是否可以在十八洞村发展腊肉加工厂？是否可以考虑开一个米酒厂呢？各种疑问萦绕心头，在和同行的伙伴交流后，最后王填说：“因地制宜，还是要实地考察了才知道到底搞什么？”

经过两小时的颠簸车程，王填等人到达十八洞村梨子寨的前坪上，大概谁也没有想到水厂最后就建在十八洞村的梨子寨中。到了十八洞村，一下车，王填就向当地老百姓了解情况：寨子全在山顶上，绵延的山脉，十亩的平地都难以整出来，水田就更少了，要是建米酒厂的话，稻米大概都不够用。和村民交谈中，当腊肉、米酒、蔬菜等一个个想法被推翻后，王填并没有气馁，依旧仔细琢磨着村民们话语中透露出来的点滴信息。

“我们没有什么资源，除了山山水水。”一旁的村主任施进兰（原十八洞村主任，后来上任为十八洞旅游有限公司的副总经理）显得有点沮丧。

王填的两眼突然绽放出一点光芒：“村里有没有好的水源？”

“村里有很好的水！”村主任施进兰沉思了一下说。

“快带我去看看！”于是，王填顾不上参加州里准备的座谈会，也顾不上周边其他企业家“路太远，太滑”的劝说，直奔施进兰说的那个“有很好的水”的地方。当时，通往水源洞口的路还未修通，加上天公不作美，下起了毛毛雨，又陡又滑的山路让人看一眼都“心生畏惧”，王填一心只想去看下水源。在村主任施进兰的带领下，王填董事长兴冲冲地开始了“探源”之旅。

除了走田埂路，最后一段路罕见人迹、很陡，要连走带爬才能前行。在崎岖泥泞的山路上，跋涉了近一个小时，王填等人终于来到了水的源头——隐身山林之中的高大洞穴，高山之中的洞穴周围温度常年保持在10摄氏度以下，穿两件衣进去会感到嗖嗖发冷。

村主任施进兰介绍，当地人称这个洞为“神仙洞”，通透的山洞下方有汩汩泉水流出，岩洞里的泉水常年流淌着。据施进兰回忆，走到水源处，当山泉源头终于呈现眼帘之际，王填非常兴奋，他蹲下去，捧起山洞里流出的水连喝了几口。邹爱华也印象深刻地说：王董当时异常兴奋，时而跑这儿跑那儿，用手机不断拍照；时而蹲在小泉边，双手捧着泉水咕噜咕噜开怀畅饮；最嗨的时候，王董望着泉水，高兴得像个孩子，不禁赞叹：“十八洞的泉水又香又甜，是神仙水，是长寿水啊!”作为一个有使命感和责任感的湖南民营企业家，对于扶贫，终于找到了突破口，心里的石头总算落下了一部分，十八洞的水资源就像天赐的宝藏。

图 13－1　极度兴奋的步步高集团董事长王填

因为下雨，返回的路更难走，足足走了一个多小时。邹爱华回忆说，当时摔了两跤，摔破了衣服。不过相比于以后要在十八洞所做的事情，这些都不算什么了。回程的路上，王填董事长看到山路两边的田地时说，要把十八洞的土地流转过来，用山林保护水源，用农田做生态农业基地，建设生态瓜果园。这是为十八洞村的可持续发展延展思路啊。临走前，王填特意带上了三瓶水和一瓶土。

据施进兰主任回忆，那天他自己已激动得说不出话来了。当然，施主任心中也有些许疑问：实际行动和言语总会有点差距，谁知道董事长是不是仅仅一时兴起？十八洞村真的会有自己的水厂么？真的能得到实实在在的利益吗？生活真的能够改善么？其实，这也是十八洞村村民当时的犹疑。

“十八洞水”向党的十九大献礼——15 天立项

邹爱华始终记得董事长王填在 4 月 27 日当晚跟自己说的话：“爱华，这是我的一号工程，也是陈总（陈志强）的一号工程，还是你的一号工程呀！”

2017 年 5 月 7 日，步步高集团党委书记、总裁陈志强，扶贫管理部总经理邹爱华，党办主任段珊鄙一行再次前往十八洞村山泉水水源地。据邹爱华记忆，当时通往山里的路塌方了，陈志强硬是一步路、一脚泥走到山泉边。在感受了十八洞山泉水的“神奇”后，陈志强说道：“我们既要将十八洞村的山泉水打造成为扶贫的示范项目，又要将‘十八洞水’项目打造成为产业扶贫具有指导意义和参照价值的标杆工程。”

5 月 11 日，邹爱华认为这是一个难忘的日子。王填召集相关人员开会，与会人员包括陈志强总裁、滕万里供应链总经理胡文明以及邹爱华、董习民、周鹏等人，王填当即表态：步步高集团愿意全额投资 3000 万元，大战 100 天建设一个水厂，集中开发利用十八洞山泉水，用十八洞的水向党的十九大献礼。同时，愿意为村里支付精准扶贫水资源使用费每年 50 万元，每售出 1 瓶水为花垣县扶贫基金捐赠 1 分钱，给村里固定的资源使用费或者股份，还能直接解决当地村民的就业问题。此外，步步高打算将水源所在的整条山谷打造成一个生态瓜果体验基地。建设水厂是当务之急，会议当即决定成立湖南十八洞村山泉水有限公司，由陈志强担任法定代表人，是水厂项目总指挥，邹爱华负责现场执行。

有了上层的决策和支持，需要下级赶紧落地执行！十八洞村山泉水项目的立项只花了15天，这简直是“神速”！

遥想当年，深圳国贸大厦建设虽然以快速而著称，但很多经验不是所有的施工单位都能模仿的，工程的完成受到很多因素，尤其是自然因素的限制，有的地方即便是增加每天的工时都不可能达到。譬如，由于气候原因，深圳混凝土的凝固期远短于中国内地很多城市，况且在施工时还加入了加速凝固的凝固剂，以便浇铸后可以更快凝固。不仅如此，当年大厦的建设中还使用了多层的楼板模板，不必等下面一层完全完成再将模板撤除而加盖上面一层，这样就节约了不少时间，赢得了“深圳速度”的美誉。

十八洞村山泉水项目建设要赢得速度，也必须苦干加巧干！山泉水项目分两期，一期占地2000多平方米，以生产规格为518毫升的瓶装水为主；二期占地4000平方米，将生产家庭日常所需的大桶饮用水。建设水厂和大厦有很大的不同，尽管建筑技术有很大的发展和进步，并且一般的水厂建设需要一年半时间。要在半年内完成水厂建设，对于没有修建水厂经验的步步高集团来说，无疑是一个更大的挑战！

十八洞山泉水厂的建设工地位于十八洞村梨子寨的山脚下。十八洞因十八溶洞群而闻名，虽然溶洞提供了纯净的水资源，但当地砂性的土壤导致了不稳定的地形和地基，在高山峡谷之中修建水厂难度可想而知。当年深圳大厦的工地处于平地，毫无地形阻碍，三天盖一层楼，14个月高楼拔地而起。十八洞村地势高，且崎岖不平，这种地形和地基，盖高楼和大型厂房基本上是不可能的，甚至施工都很困难。准确地说，十八洞山泉水的工地位于大峡谷之中，距离梨子寨还有三四公里，一般的小车是下得去上不来，必须是越野车或皮卡车，运输大型的机械设备进出是难上加难；加上工地在山谷中，下雨量常常比梨子寨大三倍，一旦下雨，山路基本就走不了，修好的路保不准又是山体滑坡，路面塌陷；再想想人员协调、政府各种部门沟通的问题……这一切的考验还在后面。

麻雀虽小，五脏俱全——70 天准备

从 2017 年 5 月 17 日开始，邹爱华一直处在焦头烂额的状态，建设水厂不仅牵涉机器设备、厂区厂房建设，而且涉及政府关系、村民协调，等等，实可谓“麻雀虽小，五脏俱全”。

邹爱华回忆，当时自己处在规划设计、厂房设备、道路建设、厂房建设、十八洞村协调等诸多环节的连接处，自己一个文科生，不得不开始频繁地钻研电气自动化，更是劳心劳力，牵一发而动全身，有时候一个小小的失误，就可能让整个方案重新来一遍。好在事情在逐步向前推进，并且朝积极的方向发展：通过招标等多种形式，湘潭设计院负责设计水厂的规划，设备采购以及工程施工等事物也都有了着落，事情总算有了明确分工和协调机制。

人们常说，“想致富，先修路”。十八洞水厂项目的建设，道路是最大的瓶颈，道路不通，一切设备运输都无从开始，设备无法下去，厂房无法建设。十八洞花垣县委、县政府给予了大力支持，县委书记罗明在一次考察完步步高集团的长沙梅溪新天地后座谈时，主动提出由花垣县政府负责道路修通。水厂的大型设备的电力运行靠十八洞村原有的电力资源是远远不够的，水厂的电力设施的架设也由县里负责。罗书记

“一言九鼎”的承诺，让水厂的建设者吃下了一颗“定心丸”。后来的事实证明，在整个施工过程中，花垣县政府确实给予了极大的支持，为水厂的建设提供了有力的基础设施保障。

修建这条不到三公里的山路经历了开挖—铺设—滑坡—再铺设—滑坡—又铺设的曲折过程，原因就是这里的地质结构风化不完全，岩层固定不稳。有一次，由于突降暴雨，造成路边山坡大面积塌方，把一户村民家的“祖坟”埋在了青山绿水中。在当地村民的心中，祖坟被埋，那可是不得了的事情。最后，花垣县委副书记彭学康亲自出面协调，并耐心做村民的思想工作，让水厂工程项目得以顺利进行。

图 13－2　泥泞的道路

工艺设计由厂家主导，联合设计院设计，后期进行优化，然后请食药监局修改调整。偏远的山区，十八洞水厂项目设计管理的负责人章雅平和团队也保质保量设计好了施工图。2017 年 5 月 20 号实测地形图，4 天后出总图及红线图。15 天后，也就是 6 月 10 日出方案效果图及单体图纸，紧接着的 12 天内完成地勘。于 7 月 13 日出炉了第一版施工图，一周内完成补测地形图。邹爱华回忆说：当时项目规划设计时，好不容易整出一张设计图，送到食药局一审核，便被告知不合格，又得重新再来。有时候县食药局和州食药局的标准不一样，州食药局和省食药局的标准又不一样，送州食药局已通过的方案，当送至省食药局又不合格了。2017 年 5 月 26 日，邹爱华终于病倒了，住进了医院，即便如此，他也无法超脱出来，一天二三十个电话，不断地在和时间赛跑。邹爱华的爱人看到此情此景，虽然十分心疼，但也只能冲他生生闷气了事，邹爱华为了水厂建设，简直像不要命一般。

幸好有集体的分工和配合以及各路人马的扶持！除了政府部门支持和设计规划方案，水厂建设还需要踏实专业的领头羊。2017 年 5 月 22 日，张和良打了一个应聘电话，怀着对扶贫事业的支持和敬佩之意，有十几年丰富的水厂管理和建设经验的张和良应聘成为十八洞水厂厂长。

水厂运作基本都是自动化操作，设备无疑是水厂的另一个重点和难点。关于设备采购的问题，早在 2017 年 5 月 11 日的水厂筹备会上，陈志强总裁便指派了步步高集团资产采购部部长董习民负责十八洞水厂设备的采购和安装调试工作。没有经验，一切需要从零开始。从接到任务的时候，董习民就没有了节假日，端午节的时间被用来寻找供应商资源，开展商务谈判，控制生产成本，签合同，落实设备到货时间，以满足现场进度，确保十八洞水厂正常投产。

雨季施工，一直在“路上”——75 天奋战

经过近 70 天有条不紊的准备，水厂建设万事俱备，可惜天公不作美。根据邹爱华的统计，从 6 月 23 日到 7 月 23 日之间，大雨连降一个月才开始短暂放晴。从 7 月 23 日开始，厂房施工队才开始进场修建厂房。之后从 7 月 23 日到 8 月底之间，又下了半个月的雨。

厂房施工前夕，邹爱华和十八洞山泉水厂项目工程经理李随喜考察

发现，从梨子寨下山到厂区只有一条通道，这近三公里的路，海拔落差200多米，坑坑洼洼，十分陡峭，工程所需的所有材料、设备设施都必须通过这一条路运输。雨季让本来就坑坑洼洼的路更加泥泞，交通极为不便。自从与步步高签订十八洞山泉水厂合同后，长沙市建筑安装工程公司的一个项目经理杨革就在7月23日来到了十八洞村，杨革说："有很多材料本地没有，要到怀化甚至更远的地方去进，到了村里还不能直接运输到厂里，要用小一点的货车转运，无形中增加了很多人力成本和时间成本。"

8月24日，由于连连大雨，道路多处出现塌方，道路阻隔，而且一个大保坎由于弯太大，车一开进去就卡住了，根本无法通行。邹爱华只得向县交通局求助，县交通局派了一台挖机，前来修路，可进度太慢，根本无法短时间内解决问题。邹爱华只好向县委书记罗明求助。罗明书记闻讯十分重视，当即批示，由副县长石绍成到十八洞现场办公。在副县长的亲自督导下，交通部门出动3台挖机修路，并对大保坎进行改道，最终道路通畅了。

为了最大限度减小雷雨天气对工程进度的影响，据说工人们自创了一套灵活的工作方式：下雨的时候，先做室内工作，天气好了，就加紧做铺路基、建厂房等室外工作。邹爱华回想那一段时间说："只要碰上不下雨的日子，就集中运材料、设备，等到天一下雨，我们就在工地上忙别的；有时候路面太滑，进不了大车的材料和设备，我们就用小货车分装，再转运到工地；有时候白天下雨，到晚上雨停了我们又继续加晚班到深夜。"

图 13－3　雨季施工

10 月 2 日晚的遭遇让李随喜至今心有余悸。根据李随喜的回忆，因为道路新修，还没有完全硬化，坡陡弯急，一下雨就成泥泞烂路，进厂路打滑，混凝土大罐车不能进山，原材料无法及时送达，这给工厂施工带来了极大困难。负责水厂的整体建设安装调度的李随喜分析，只能用混凝土小罐车分装一批批接力运进工地。晚上 11 点多，凄风冷雨中，李随喜坐着好不容易联系到的一辆混凝土罐车行驶在崎岖山路上。因为天黑雾重又没有路灯，司机看不清前路，颠簸得厉害，经过河坝时李随喜被甩下了车，重重地摔坐在地上，导致右手摔伤，尾椎骨差点骨折。10 月 3 日，李随喜仍旧忙碌一天，晚上监督混凝土前坪地面硬化工作到凌晨 3 点，10 月 4 日，清晨 7 点半，李随喜仍然冒着绵绵细雨来到工地查看工程进度。“条件太艰苦了！还有一次我和施工方负责人在山路上差点翻车了，旁边就是悬崖，”作为十八洞山泉水厂项目工程经理，李随喜感叹，“这个项目时间紧、资源少、环境差，是他从业二十年来遇到的难度最大、最棘手的工程。”

工程棘手，雨季依旧，路是泥沙路，铺上去很好走，一下雨就陷进泥里，就又得重新铺砂石。道路不断中断，山体滑坡，修了断，断了修。张和良厂长刚开始在十八洞每天提心吊胆，开车从村里到水厂这一小段路总是悬着一颗心，生怕在路上出意外，有一次带人去参观厂里，路面易打滑，在一险弯处，车子差点失控，险些翻车坠入山崖。后来张和良慢慢习惯了就没啥感觉了。

在施工期间，休息是很奢侈的事情。国庆期间，张和良厂长和调试设备的工人进行吹风调试，夜里 11 点半回风完成，整道工序测试完毕，张厂长和工人们才开始离开厂房。真有点累，张和良道出自己心里话："如果可以休息，我可以睡个三天三夜都不会醒！"

在这样的环境下，既要赶进度，又要确保工程质量，还要确保安全。一直与自己并肩作战的兄弟姐妹情意，大概是张和良和所有奋战的人内心不断坚持下来的动力。中秋、国庆长假，采购部部长董习民也驻守十八洞村，现场开展协调，要求设备厂家加班加点安装和调试，每天晚上加班到十二点。深圳科林行净化公司的销售总监刘治洪介绍说，虽然十八洞村与深圳总部相隔很远，但为了步步高十八洞村山泉水项目顺利投产，他已经陆续来过好几次了，只要这边有需要，就马上赶过来。

自从 9 月 24 日设备进厂，在不到半个月的时间里，厂家基本完成了净化设备的安装和调试。

缩短 20 天!

2017 年 9 月 25 日，第一瓶十八洞山泉水生产出来了！水厂总经理邹爱华手握嵌着"十八洞"字样的瓶装水时，就像抱着自己的孩子一样，终于有了沉甸甸的收获感。然而，这惊人的喜讯远远没有想象的那么顺利地来到邹总面前。

人常说，凡事往往出人意料，却又在情理之中。早在 2017 年 8 月

31 日这天，一条信息出现在邹爱华的手机上：党的十九大将于 2017 年 10 月 18 日在北京召开。这比往届党的大会足足提前了 20 天！

“十八洞水”要向党的十九大献礼，这是王填董事长早已定下的方针！

“打死我也搞不出来！”长沙市建筑安装工程公司的项目经理杨革急了。

但是，为了向党的十九大献礼，无论如何也得搞出来啊！

邹爱华总经理的心几乎悬到了嗓子眼，整个团队开始商讨应对之策。邹总回忆当时的紧急对应之策时说：马上实施三“加”！一是加人！工程由原来的 20 多人增加到 30 多人，后来再增加到 40 多人，最多的时候有 60 多人“浩浩荡荡”地在工地上一起忙碌。二是加时！白天做事不算，晚上必须加班到深夜十二点。三是加设备！挖机由原来的 1 台，增加到 3 台。经过调整，整个工程的进度慢慢地上来了。

工程依旧在紧张进行。9 月 30 日—10 月 8 日，十八洞村水厂工地依然一片繁忙的景象，步步高集团总裁陈志强亲自坐镇指挥。邹爱华记得，那时陈总裁的时间非常宝贵，但他竟然能在十八洞一个地方坐镇指挥这么久，应该是近十年来陈总工作履历的第一次。不仅如此，陈总还调来了步步高集团的一大堆同事和人马，后来连品牌推广部、公共事务部的全体同事也都来驰援了。

步步高集团龙山地区城市经理田金凤直接就把女儿也带到了十八洞工地上。其实，田金凤工作本来就很忙，周末几乎都在加班，女儿平时也都是外公外婆照顾，看着女儿不舍的眼神，也为了能与女儿有多一点的相处时间，田金凤犹豫再三，最终还是决定带着女儿一起前往十八洞村水厂支援工作。田金凤在支援后勤工作，一刻都不得闲，她 5 岁的女儿田心阳则趴在地上的一个纸板上自顾自地玩着。“这几天我过得很充实、很快乐，看着这里的伙伴一个个都那么辛苦，我觉得我做的这些，并不值得一提。”田金凤说道，“只要伙伴们吃饱了、吃好了，我再辛苦也是值得的！”

为了按期完成水厂施工任务，全体施工人员均放弃了节日的休息，加班加点坚守在一线岗位上。“十一”黄金周期间，山路维修的工程队为确保道路平稳畅通，抓紧抢修；施工方在十八洞水厂紧张地进行前坪道路施工，确保员工进出水厂通道畅通；张和良厂长巡视水厂内部管理情况；房屋建设的工人加紧施工，抢抓生产进度；深圳科林行净化设备公司的刘治洪经理正在安装平板灯……

图 13－4　抓紧施工

“别人说是日新月异，我们水厂是时新天异。”十八洞水厂的一位员工自豪地说。水厂的面貌，在短短的几天时间里，几乎一天一个样：工程进度加快了，设备安装加快了，启动仪式筹备也加快了。

总耗时 161 天！“速度”与“质量”大比拼

2017 年 10 月 8 日，十八洞村梨子寨下的山谷里彩旗招展，锣鼓喧天，步步高集团与十八洞村共同打造的十八洞村山泉水厂举行启动仪式，湘西州委书记叶红专宣布十八洞村山泉水正式建成投产。建成投产仪式上，党的十九大代表、步步高集团党委书记、总裁陈志强介绍该项目建成投产后，现场宣布：将水厂15%收益直接分红给村民。同时，水厂劳动用工将优先考虑十八洞村贫困户和村民，并为十八洞村解决劳动就业30余人。

图13－5 2017年10月8日水厂启动仪式合影

“终于投产了，它不仅能改变村里的经济状况，更改善了村里人的精神面貌。”十八洞村第一支书石登高的喜悦溢于言表，“没想到山泉水变成增收的路子！如今村里有了集体经济，也有了就业岗位。”

2017年4月27日，王填董事长找到水源并起心动念建设水厂；7月23日，项目组正式施工建厂；10月8日，水厂正式建成投产。回首水厂建设的整个过程，步步高集团这个十八洞水厂项目，从最初动念开始，到最后建厂落地，前后总耗时仅有161天！这是步步高人创造的新的世界纪录——“步步高速度”！

是啊，十八洞村在发生巨大的变化：从荒芜的山谷到宽敞明亮的厂房和先进的生产设备，从村民对水厂的犹疑到生产工人充满热情的精神面貌，依靠各组织、单位的通力合作，步步高集团和邹爱华的团队们确实在创造着“步步高速度”！

速度当然不是最重要的。当年创造“深圳速度”的同时，又演绎出“深圳质量”。深圳进入更高一级的发展平台后，将优先考虑经济、人口、资源、环境的和谐共进，考虑经济社会发展的长远性和可持续性。不仅要看经济规模增长了多少，还要看代价有多大，要看正、负效应相抵之后的净效应。今天十八洞水厂的建设，不仅创造了“步步高速度”，也同样创造出了“步步高质量”。

“脱贫攻坚的核心在于摸清病因、对症下药，实施精准扶贫。”步步高集团总裁陈志强认为，“授之以鱼，不如授之以渔。企业扶贫不应仅局限于捐财捐物，而应当结合企业的自身经营战略、人才和管理经验，实施精准扶贫，实施产业扶贫，通过产业带动百姓脱贫致富。”

2017 年 5 月 17 日，在湖南省统一战线聚力脱贫攻坚推进会上，施进兰代表十八洞村与步步高集团签订了十八洞村扶贫战略合作协议，之后步步高投资 3000 万元建立十八洞山泉水厂，这是步步高集团系列精准扶贫行动的一部分。如今梦想成真了！然而，步步高集团精准扶贫的举措，不仅局限于此，他们的理念就是想通过投资一系列特定的产业，来激活一方贫困地区的“造血”功能，这是他们响应党中央、习近平总书记号召，实施“精准扶贫”的最高质量要求。十八洞山泉水厂的成功建设投产就是“质优”的典范。

步步高集团 1995 年成立于湖南湘潭，目前有超市、百货、家电、电子商务、商业地产、物流等业态，门店分布在湖南、广西、江西、四川、重庆、云南等省，年产值 320 亿元，提供就业岗位 6.35 万个。从 2016 年开始，步步高集团就启动了产业扶贫“点石计划”。2016—2018 年，步步高集团共帮扶贫困村 49 个，建立扶贫采购基地 35 个，共牵手

9100 多个贫困户，实现户均增收 3500 余元；步步高集团与湖南的城步、绥宁等四个贫困县签订扶贫战略合作协议，将贫困地区的农产品带进步步高连锁超市，帮助他们销售农产品，农产品合同订单总额达 6.2 亿元。值得一提的是，2016 年，湘乡水府庙库区的鲜鱼大丰收，却遭遇滞销。步步高得知情况后马上去收购并平价销售，一周内销售了 100 多万斤鱼。

步步高集团注重精准扶贫的“质量”，不仅体现在通过产业为贫困地区激活造血功能，也体现在如何对待来自贫困地区每件质地优良的产品上，他们还关注整个农业产业和产业链的形成和发展，在这个过程中如何更好地提供优质的服务，如何尽到更多的企业责任。正因如此，步步高集团多次联手地方政府，举办农业博物馆；联手省级扶贫工作队，帮助他们解决扶贫农产品销售问题；联手当地合作社，扶持建设一批贫困人口参与度高的特色种养殖基地；联手湖南农大等农业科研机构，请科研人员 70 多人次深入田间地头为扶贫点进行技术指导……

行文至此，步步高集团创造的精准扶贫的“速度”和“质量”，还有许多值得思量的细节和疑惑：十八洞水厂究竟能给十八洞这个几百人的小山村带来多大的影响和力量？产业扶贫的道路究竟还能走多远？十八洞的扶贫模式是否能够在全国推广开来？实践是检验真理的唯一标准，这一切还需要时间来检验，还需要我们持续的调研才能得到印证。

十四 一瓶山泉水的诞生

天赐“神仙水”

花垣县位于湖南省西部，武陵山脉中段，湘黔渝交界处，人称“一脚踏三省”“湘楚西南门户”。花垣有10万年前古人类活动遗址、乾嘉苗民起义古战场遗址、沈从文笔下的边城茶峒等人文景观；也有大小龙洞瀑布群、边城茶峒风景区、古苗河蚩尤风景区等自然风光；还有古朴神秘的“百里苗乡”，苗族文化古朴神秘。

沿着弯弯曲曲的山道，绕过一个又一个山头，我们调研团队成员如期到达花垣县“十八洞村”，十八洞村是苗族聚居地，位于湘西自治州花垣县素有“南大门”之称的双龙镇。这里瀑布纵横，鸟语花香，高山峡谷遥相呼应，苗家阿妹的歌声偶尔在幽谷回荡，大有“远看寒山石径斜，白云生处有人家”的仙境味道。

图14-1　十八洞村风光一角

距离十八洞村梨子寨两三公里处有一口山洞，当地人称“神仙洞”。“高山有好水，山洞酿甘泉”，这或许是一句古训，但绝对是先人们的经验总结。在还没有修路的时候，到达山下峡谷中的“神仙洞”，需要穿行田埂和泥路，当快抵达洞口之际，倏然可见四周绿树成荫的山洞，洞址周边为原生态森林，风景秀丽，翠绿的小树沿着山洞洞顶生长，形成一排排靓丽的风景，往山上看，可见一股清泉从山腰上的一个洞穴里倾泻而出，洞内山泉水水量非常丰沛。雨水经过深山岩层自然过滤、吸附、循环，携带着丰富的微量元素和矿物成分，成为泉水喷涌而出，泉水沿着山势潺潺流下，最后经小渠流向周围田野。

相较于树木正在急剧减少的自然环境，相比于有毒空气常年遮蔽了阳光的道路，相对于空气中的污染物刺痛了眼睛的生活，和因为工业化迅速发展导致自然和社会环境污染越来越严重的城市比较来说，相对落后的发展却让当地原生态文化保存完好。十八洞村可以说是现世少有的“世外桃源”。

仙境一般的风景减少不了经济发展落后的惆怅，花垣县十八洞村是革命老区、国家扶贫开发工作重点县。十八洞村更是国家级贫困村，属纯苗族聚居区，全村辖 4 个自然寨，村寨之间，山高路远、人均耕地面积极少。交通不便的十八洞村，不具备让青山绿水产生经济效益的条件，“种田吃饭”的思想根深蒂固，村民也缺乏增收的路子。然而，穿衣吃饭乃人伦物理。为了生存，十八洞村的年轻人大多外出打工了，整个村寨像很多贫困地区一样，俨然成了“空心村”。

这种情状，一直为党和国家的高层所牵挂。正如 2017 年习近平总书记的新年贺词所言：“新年之际，我最牵挂的还是困难群众，他们吃得怎么样、住得怎么样，能不能过好新年、过好春节。”为此，早在 2013 年 11 月，习近平总书记在十八洞村考察扶贫工作时，就提出了

“实事求是、因地制宜、分类指导、精准扶贫”十六字方针，十八洞村成为“精准扶贫”的诞生地，由此拉开了全国精准扶贫的序幕。

虽然扶贫事业非一日能成，但有了“精准扶贫”思想的指导，扶贫事业焕发了无穷的生机和活力。在“精准扶贫”的伟大思想里，精准化理念是其核心要义，分批分类理念是其基础工具，精神脱贫理念是其战略重点，而关键还是因地制宜。为此，湖南省委和省政府曾多次组织干部实地调查，成立各类扶贫组织，推行各种优惠政策……

但十八洞村还是那个村：拥有丰富的自然资源，但偏远闭塞，十八洞村有诸多方面需要改变，也渴望改变。如何在不影响当地生态环境的前提下，让十八洞村脱贫致富，并尽快走上可持续发展的道路？如何紧跟、追赶社会主义现代化发展的步伐？党和政府的各级组织和百姓村民都在思考，都在寻觅。

落实党中央和习近平总书记的亲切关怀和指示精神。从2014年3月到2016年7月，龙秀林就任了十八洞村的扶贫工作队队长。2014年3月20日，星期四，下午4点18分，经龙秀林和扶贫工作队同志们商议，十八洞村委会专门聘请刘明当顾问，请他为十八洞的精准扶贫出谋划策。刘明真的来到了十八洞村，和村民同吃、同住、同劳动，他还认识了当时的村主任施进兰等人，和大家一起耕田犁地，放羊赶牛。在走访群众的过程中，刘明真没想到十八洞村的大龄“光棍”还有这么多，这让他十分忧虑。刘明不会忘记当时手机里的一条微信：“精准扶贫如何扶？十八洞的光棍们在期待！”

是啊，让“光棍”们的腰包鼓起来，才是硬道理。派驻十八洞村的扶贫工作队队员们，曾多次到全国新农村典型村去学习，到长沙向一些企业求经，与“中国美丽乡村建设示范村”的长沙县浔龙河村结为友好兄弟村。在各级领导和各界人士的帮扶下，十八洞村先后建立了猕猕桃产业园，发展了一小部分经济，邀请一些老领导、企业家和社会各界人士，来十八洞村为精准扶贫指点迷津……

难道当地人和扶贫干部们没有想到发展十八洞的水资源吗？当然不是，他们也早早地思考过，行动过。2015 年 11 月 7 日，十八洞扶贫工作队龙秀林和刘明等人，也去了风景秀丽的“神仙洞”（就是后来步步高集团董事长王填 2017 年去的地方）取水，当时还将水送到北京检测了。然而，当时的心酸历程，之于那些在十八洞村扶贫工作队队员来说，只能用“历历在目、不堪回首”来表达。扶贫工作队队员又将检测结果送到湖南的一些相关企业那里，最后由于种种原因，只看开花，不见结果。那年冬天，扶贫工作队队员还拜访了中国某著名“水”公司驻湖南的负责人，同样的遭遇：只听打雷，不见下雨。

人常说，成功需天时、地利、人和也。既然大自然赐予了十八洞村神秘的“神仙洞”，也赐予了十八洞村神奇的“神仙水”。那揭开其神秘面纱、揭示其神奇魅力的那位“贵人”、那位“高人”究竟在哪里呢？人们在默默地期待……

青山遮不住——山泉水的发掘

瑰宝深藏大山，明珠蒙尘。十八洞纯净丰富的山泉水依旧汩汩流淌在大山之中，静静地滋润着当地的土地和人家。2017 年 4 月 27 日，山洞的平静终于被一位“贵人”和“高人”的惊鸿之举打破了，此后便再难“恢复”如初。

“十八洞的泉水又香又甜，是神仙水，是长寿水啊!”步步高集团董事长王填来到了十八洞村梨子寨，造访了“神仙洞”，找到了山泉水，他激动得手舞足蹈。找到水源意味着董事长王填找到了步步高集团对十八洞村实施产业精准扶贫的突破口，王填董事长爽朗的声音回响在山谷，随行的村主任施进兰也跟着呵呵直笑。

水源地地处偏僻，几乎无人涉足，周围30公里无工业，没有任何污染，因而水质非常好。我们国家对水的分类是这样的：纯净水、矿泉水和其他饮用水。纯净水过滤后，去除了一切矿物质和微量元素，因此水本身不含任何矿物质和微量元素。矿泉水，是含有溶解的矿物质或较多气体的水，在地层深部循环形成的，据说目前矿泉水资源在我国比较短缺。其他饮用水，包括天然饮用水和天然山泉水等，农夫山泉为天然饮用水，天然饮用水一般采用河里的水资源、池塘里的水资源、湖泊里的水资源生产。十八洞的水就是天然山泉水的典型代表，天然山泉水只有山里的渗透泉可以生产。据说，与其他水相比较，喝十八洞的山泉水，能够明显感觉到水非常软，喝完以后能够感觉到一股淡淡的甜味。

图14－2　十八洞“神仙水”水源之泉

发出爽朗笑声的王填当即向村主任施进兰承诺要建造水厂。然而，有过类似经历和教训的施主任，他的心里直打鼓：会不会这次又是只打雷不下雨呢？会不会这次又是只开花不结果呢？因此，他只好以“呵呵直笑”应和王填董事长的兴奋之状。

离开“神仙洞”时，王填带回去三瓶“神仙水”，并把这山泉水送去有关部门检测。检测结果显示，水的 pH 值处于 7.6～8.3，是典型的天然弱碱性水，也就是我们常说的苏打水。弱碱性的水，有助于酸碱中和，对尿酸偏高、痛风患者有直接疗效。检测还发现十八洞山泉水是天然小分子团水，小分子具有高渗透性、高溶解性的特点，容易吸收，所以十八洞山泉水比任何碱性食物的效果都要好。此外，十八洞山泉水富含铜、锌等多种微量元素及矿物质。

2017 年 5 月 7 日，步步高集团党委书记、总裁陈志强等人再次前往十八洞村山泉水水源地，总裁陈志强对当地山泉水也十分满意。5 月 11 日，步步高集团领导高层召开会议，当即决定投资 3000 万，集中开发利用十八洞山泉水，在十八洞建立水厂。湖南十八洞村山泉水有限公司成立了，由陈志强担任法定代表人，是水厂项目总指挥，扶贫管理部邹爱华负责现场执行。这次，“雨”真的来了！

十八洞山泉水由步步高集团负责开发，整个建设分为厂房区、办公区及水源地三块，十八洞山泉水目前选定和启用的是十八洞村梨子寨下面位于现在厂房区上方较近的一个水源点。生产水需要有好水，为了保证水质不受影响，施工队曾经一趟一趟往山里跑，做测量、搞勘察，反复比对了四五个取水点，最后将水源地就近设在山洞出水口处，并采用直径 10 厘米、长 520 米的水管将水引出。水从山洞中穿流而出，清澈甘甜。

选水源点和设计品牌只是项目的环节之一，建设水厂的工程困难重重，泥泞的山路，多雨的天气，是施工极大的阻碍，但项目还是如火如茶地进行，领导和工人们都加班加点，许多惊心动魄的故事一次次上演。终于，经历1天考察，15天立项，70天准备，75天鏖战，修路、项目设计、建造厂房、安装和调试设备工作……各部门不懈努力，放弃各种节假日连轴转，2017年10月8日，一座绿色的现代化厂房矗立中央，十八洞山泉水厂正式建成投产。

图14-3　十八洞山泉水厂厂房

其实，对于水厂来说，有一种说法很是流行：水易生产，瓶难做。这是表达水的包装非常重要。水瓶的设计除了安全之外，还需要美观、大方、品牌和实用，这里的每一个环节都在考验着设计者的智慧。为了设计好十八洞山泉水的水瓶外观，参与到设计中来的除了湘潭研究院，还外请了两家专业设计公司，以及步步高超市事业部自有品牌中心的工作人员。在整个设计比稿的过程中，当时步步高集团总裁陈志强特意邀请了湘潭大学艺术学院执行院长黎青先生和湖南工业大学汪院长做特别设计指导。结合十八洞村的民风和文化以及政治背景，将中国和民族元素结合，经过反复的修改设计而成：山泉水水瓶上的文字用独有的中国传统书法体现十八洞的品牌形象，用红色印章的形式传承中国文化，甲骨文的“水”作为辅助图形，旨在体现山泉水这一商品属性。瓶盖用织锦花纹来体现苗家文化。创意简洁、质朴，体现了中华民族传统文化与苗族文化的良好结合，同时用“饮水思源”4个字体现“精准扶贫”，呼应了“实事求是、因地制宜、分类指导、精准扶贫”的大主题。

十八洞山泉水厂宣布正式建成投产的日子是10月8日。而第一瓶被誉为“神仙水”的十八洞山泉水则是在水厂正式宣布建成投产之前的9月25日生产出来的。虽然这是一个普通的秋日，但这瓶深深打上了十八洞烙印的“神仙水”，之于参与策划、建设水厂的所有人来说，它如同旭日从十八洞层峦叠嶂的山峰蓬勃而出一般，终于是盛装出席了，是那样的耀眼而惊喜。这尘封了千百年的神秘之水，终于有机会走出大山，走向宽广的大千世界，让芸芸众生品鉴其神奇的魅力。

山泉水的生产

一瓶优质山泉水的水源必须是零污染的，十八洞村山泉水厂隐于崇山峻岭之间，环境优美，空间独立，古树环绕。方圆无大型工厂及其他污染源，人们在山泉下游几里外安居乐业，避免了生活垃圾的污染，是理想的饮用水生产基地。

水厂引进了先进设备和工艺，整条生产线设备投资800万元，水厂的产能规划为10000瓶/小时，即每小时生产1万瓶山泉水。生产出一瓶合格的山泉水，并且工厂以较高的效率运转，一切都离不开大型自动化机械设备，而设备是需要人的操作和管理的。水的生产需要机器和人的协作。

高山有好水，水的生产不能有污染。在建厂的时候，水厂引进国内先进自动化水处理设备和自动化无菌罐装生产线，全程按食品加工许可要求标准化生产，机器从水井挖出来的水进入水箱。经石英砂、活性炭、精密过滤器，山泉水经过砂滤、碳滤、精滤、超滤的过程，过滤出水中的杂质，山泉水进入了半成品水箱，并达到优质山泉水指标，且水能够有效保留矿物质和微量元素。再通过管道紫外灯消毒杀菌，此时的水更加纯净，山泉水等待进入灌装线。

水厂还配备检测部门，按照国家标准 GB—19298—2014 山泉水标准执行，对大肠菌群、铜绿假单胞、菌落总数等微生物进行分析，对色度、浑浊度、导电率、pH 值酸碱度等水质指标进行理化检测。当然，山泉水本身就富含矿物养分，根据十八洞村山泉水总经理邹爱华介绍，湖南省食药局的专家到十八洞水厂检查时，说经常喝弱碱性水，生男孩的概率更高。当时邹爱华等人也十分好奇，为什么十八洞村 80% 以上的家庭都是男孩子，后来一问，省食药局的专家说，这是有科学依据的，而此类现象产生的直接原因就是这个弱碱性水。当然，男女平等，生男生女都一样。倘若十八洞山泉水真能带来某方面的些许功效，正好说明大自然赐予的神奇。

图 14－4　检验员在按照国家标准质检

俗话说，好马配好鞍。自然，好水也要配好瓶。在天然山泉水加工的同时，水的容器——塑料瓶也正在生产过程中。灌装用的瓶子、瓶盖通过设备生产出来，水瓶采用德国食品级拜尔料，经注、拉、吹一次性成型，从根本上杜绝了水瓶对水质的二次污染，保证了水的清洁、卫生、无菌，十八洞水厂的瓶体检测符合国家标准。成型后的水瓶再经过臭氧杀菌的工序，进入灌装线。

机器多自动化，灌装车间及配套功能间按整体万级空气净化标准进行隔断净化，尽力杜绝人工操作可能带来的污染。通过灌装线上的操作流程，水被塑料瓶封装，此时的山泉水可以说是半成品了。

紧接着，生产进入半成品灯检环节，尤其需要人与机器的协调和配合。工人需要检查塑料瓶是否有水不满、盖未压好、水中有异物的情况。其实，每个有关塑料瓶生产的环节都需要人工操作机器，也需要工人检查瓶子是否变形，有无弄脏，检查塑料瓶是否合格；当检出不良品，发现瓶子有严重质量问题时，均做报废处理。每天经过十八洞水厂工人时梅芝眼睛的山泉水成千上万瓶，因为手脚灵敏，做事勤快，十八洞村村民时梅芝被安排在质检岗位工作，为了提高成品率，每天时梅芝都不曾轻易离开工作岗位。据说，生产人员严格健康体检，统一办理健康证，员工统一着装，经岗前精心培训，能熟练操作精密仪器。

此时，十八洞山泉水的生产工作已经进行大半了，不过半成品的山泉水瓶身还没有“外衣”，“外衣”要经过风干—贴标—喷码三个过程。经过半成品灯检合格的产品，需要工人用风干机吹干瓶身上的水珠，以确保贴标平整不起泡。继而工人用贴标机为灌装好的水在瓶身上贴好标签，漏贴、贴歪、起泡等不良现象都需要极力避免。当为灌装好、贴好标的水在瓶盖上喷上生产日期后，山泉水的生产进入了成品灯检步骤，工人需要检出贴好标、打好日期的产成品中的一切不合格品，并报废该不合格品，确保到包装工序的产品为百分百的合格品。

图 14 – 5　水厂贴标流水线

十八洞山泉水的型号规格为每瓶380mL，建议零售价为每瓶2.8～3元。通过层层加工和检验，一瓶山泉水被生产出来。紧接着是运输的环节，工人用包膜机对做好的成品进行包装入库，包装规格为每箱24瓶；继而码垛入成品库，即对包装好的产成品进行码堆入库，摆放好。另有工人负责公司产品的出货搬运工作，来料卸货的搬运工作……

这一系列细致的步骤，是为山泉水的生产保质保量，也为当地提供了就业的机会和岗位及福利，且为部分当地居民带来了稳定的收入。根据网络和水厂官方提供的数据，2017年10月8日，十八洞水厂正式成立之时，该厂劳动用工就优先考虑了本村的贫困户和村民，直接解决了劳动就业30余人。到2018年8月，十八洞水厂员工达到50余人，大多为本地村民，公司给每位员工都买了五险一金，员工工资三四千元。员工每周五个工作日，按国家法定节假日放假，加班还有加班工资。

十八洞村全村有900多人，由于水厂设备大都是全自动的，需要的劳工数毕竟是有限的，因此村里每年还是有很多人出去打工。尽管如此，相较于十八洞村的过去，步步高集团因设厂于此，确实为村貌带来了一些改变，为经济发展注入了一些活力。

“希望总书记能喝上我们的水!”——山泉水的旅程

2017年10月8日，十八洞村水厂建成投产的新闻引起了广大媒体和社会各界的关注，包括人民日报、新华社、中央电视台、湖南卫视、湖南经视、湖南日报等数十家媒体报道了十八洞村水厂正式投产的新闻。

当时十八洞村第一支书石登高的喜悦溢于言表：“没想到山泉水变成增收的路子！如今村里有了集体经济，也有了就业岗位。”

“现在我不仅有工作和收入了，而且还能在家门口上班，方便照顾家人，真的要感谢步步高集团。”25岁的杨彩云说道。她自己是从隔壁金叶村嫁过来的，家里已有两个孩子，在水厂工作，自己有了固定的收入。

十八洞村村民杨正邦也选择结束在宁波打工的日子，返村在村内梨子寨摆了个小摊。“回来方便照顾家人，到目前月收入也有2000多元，以后我不仅能在村里卖自己村中的山泉水，还能拿到水厂的分红，又多了一个增收的方式!”杨正邦真诚地说，“我们十八洞的村民们都有个愿望，希望总书记有机会能尝尝十八洞的山泉水。”

2017年，在十八洞水厂开始建设招工之际，十八洞村村民周娟回到了村里参加应聘，在近百人的面试队伍里周娟脱颖而出，成功应聘上十八洞水厂化验员的岗位，负责检验瓶装山泉水的水质工作。之前一直在浙江打工，平时都是每年过年回一趟家，与家人团聚。“现在离家近了，每天下班后就可以回家照顾老人和小孩，很是幸福，并且希望以后能跟随水厂慢慢发展，”周娟笑着说，“希望总书记能尝尝我们十八洞村的山泉水。”

“十八洞”水厂的诞生也是为了献礼党的十九大，十八洞村民的

“心愿”如十八洞山泉水，徐徐流动着，随着水厂的发展，心愿朝着现实迈进。

2017年10月，党的十九大召开期间，王岐山代表到湖南团参加讨论。利用发言的机会，党的十九大代表、步步高集团党委书记、总裁陈志强将由步步高集团在十八洞村投资生产的十八洞瓶装山泉水递送到国家副主席王岐山代表手中，并向王岐山代表汇报了产业扶贫项目十八洞村山泉水厂的相关情况，王岐山当即表示要把这瓶水交给习近平总书记。

2018年3月5日，湖南代表团在驻地举行第二次全体会议，审议政府工作报告，中共中央政治局委员胡春华参加审议，十八洞山泉水作为“两会”的特供水，摆在了中央领导的桌前。

向党的十九大献礼只是水厂发展第一步。水厂正式建成投产，并不意味着产品上市，经过一系列的准备活动，十八洞山泉水产品走进了“两会”会场。通过湖南省农委展销会推广以及产品促销等策划，十八洞水大力开展品牌宣传，线上发声、线下联合，“扶贫爱心水”得到广泛宣传，加上水厂里的进一步建设和发展完善，十八洞水走向市场之路的时机已然成熟。

2018年3月22日，十八洞山泉水上市发布会在长沙福朋喜来登酒店隆重举行，十八洞山泉水的正式上市，意味着十八洞村山泉水正式对外发售。湖南省人大常委会副主任、湘西自治州委书记叶红专，湘西州州长龙晓华，全国人大代表、步步高集团董事长王填等多个部门领导及嘉宾出席。

发布会主办方还特地邀请了十八洞村的石拔专大姐前来见证。2013年习近平总书记到十八洞村考察时，亲切接见了石拔专大姐。石大姐脸上洋溢着喜悦，她说：“有了这瓶水，村里打工的年轻人也回来了，他们在村里也可以打工了，人心也稳了。”石大姐表示，衷心希望习近平总书记再回到十八洞村来看看，尝尝这瓶十八洞山泉水，还希望全国人民都能喝上十八洞村里的这瓶好水。

图 14－6　十八洞天然山泉水贴标

十八洞山泉水得到了社会各界的认可，经销商争相认购，短短几小时的时间，在场爱心银行、企业负责人现场认购 11.6 万箱。根据十八洞水厂官方数据，十八洞山泉水从 2018 年 3 月底正式上市，截至 6 月完成销售额约 600 万元，生产完成 28 万箱。

思想“扶贫”——山泉水背后的变化

数据有时候看起来比较理想，实际的生活需要细致考量。新的事物与思想在不断与传统思想进行博弈。曾经的十八洞村交通闭塞，自然资源匮乏，村民不具备让青山绿水产生经济效益的条件，更缺乏增收致富的路子，家家或种庄稼为生，或外出打工度日。如今，十八洞在发生着显著变化。

2013 年 11 月 3 日习近平总书记来到十八洞村时，就是在施成富、龙德成夫妇家提出“精准扶贫”的，那时他们家里还很穷，没有电视机；现在脱贫了，家里买了大彩电，可以在电视上看到关于村子的视频了，可以见识到外面的世界。十八洞水厂工人隆忠奎介绍：“现在电视网络都有了，习大大没来的时候是没有网络的，马路也变宽了，看病就医也很方便了。”

其实，先前在各级领导和各界人士的帮扶下，十八洞先后发展猕猴桃产业、养殖业、苗绣产业、乡村旅游及劳务输出，村里的经济慢慢有了改善。譬如猕猴桃园每年给村里每位村民补贴 500 元，也就是说一家四口每年的补贴是 2000 元，收入有了一些增加。2016 年十八洞村人均年纯收入由 2013 年的 1668 元增加到 8313 元，提前退出贫困村行列。2017 年十八洞村人均年纯收入达到 10180 元。

2017 年，精准扶贫“花垣经验”被作为典型向全国推介，党的十九大期间，献礼影片《十八洞村》全国热映，湘西籍著名作家彭学明关于十八洞村精准脱贫的纪实文学《人间正是艳阳天》刊载发表，“十八洞村扶贫故事”家喻户晓。

十八洞水厂究竟带来一些什么？十八洞水厂在某种程度上，是在践行着“因地制宜”“精准扶贫”的伟大构想。大企业带去的现代产业，也使当地人观念意识发生转变。值得注意的是，观念各有其立场，不能以简单好坏优劣论英雄，不同的观念，需要彼此尊重、相互理解和沟通。

“你家的树愿意被砍吗？你家的地愿意被埋吗？”这是村民们的心声。那是 2017 年水厂项目准备的时候，建厂就必须征地，征地就必须征得村民的同意。在交通不便的十八洞村，“种田吃饭”的思想已根深蒂固。龙吉隆每天挨家挨户走访做思想工作、了解村民需求，然后跟项目部沟通，尽量满足村民的要求。村民“祖坟”被埋事件中，龙吉隆和县里的领导亲自上门协调矛盾，给村民赔礼道歉，同时给村民的父母耐心地做思想工作，动之以情，晓之以理，最终获得了村民的谅解。后来，其他村民看到了榜样，也逐渐卸下由修路和建厂造成自己内心的思想负担，建厂项目得以顺利进行。

十八洞水厂建成以后，面向当地村民招聘员工，工厂的运行机制让员工的生活更有规律。“村里有一个年轻人，原来负能量比较多，经常发牢骚。到水厂上班后，精气神好多了，人的状态很好，这样的改变太好了。”十八洞村委第一书记石登高介绍说，很多村民成为水厂员工，水厂现代化的管理制度提升了村民职工的精神状态。十八洞水厂维修人员隆忠奎由衷感叹：“在水厂工作实际上有一种自豪感，如果十八洞多几个这样的厂就好了。绿色无污染。现在有很多游客都慕名而来看水厂。”

43 岁的十八洞村村民施六金是铁骨铮铮的苗族汉子。2016 年初，结束外出打工的施六金回家与家人一起办起了“苗家乐”，为游客提供休闲餐饮服务，生意红火时每月有 3000 多元收入。2017 年，村里的十八洞村山泉水厂正式建成投产，施六金受聘成为厂里的技术工人，每月都有固定工资。

在奔小康的道路上，除了就业问题，农村大龄男青年“脱单”问题，也是十八洞村存在的典型问题。2016 年 3 月 8 日，习近平总书记到湖南代表团，特别关心十八洞村的大龄男青年问题。为此，早在 2015 年 12 月 13 日，十八洞村举行了一次相亲大会，村里扶贫工作队极力抛出嫁到十八洞村的优惠条件。很多事情是看时机和缘分的，婚姻也不例外，最后相亲会上有一对成功配对。据说，2015 年村里有 7 人娶上了媳妇。2018 年 2 月 4 日，立春之时，“相约十八洞 · 牵手奔小康”大型相亲大会顺利举办，近百名单身男女来到现场参与相亲，14 对男女成功“脱单”。

施六金也参加了相亲，可惜没有成功牵手。20 多年前因父亲患病，施六金放弃学业跟着母亲扛起了家庭重担，等到家中的姐妹都读书、出嫁了，家境好转时，施六金也熬成了大龄“光棍儿”。“以前也有过喜欢的妹子，可房子破烂，家里穷，我也不好意思拖累人家，慢慢也就没再来往……”施六金坦诚地说。2018 年，经过厂里上班的几位大姐当“红娘”介绍，施六金认识了在上海打工的花垣县的姑娘吴春霞。据说被大姐们关于十八洞村的变化和施六金的故事打动，对施六金的好感不断攀升，2018 年盛夏，最终两人踏进了婚姻的殿堂。随着村里条件的变好，村民收入稳步提高，十八洞村已有近 10 位大龄单身汉陆续“脱单”。

“我们十八洞村人，要攒劲搞，不仅要脱贫，还要奔小康。”龙德成老人的老伴施成富对未来充满着信心。

一瓶山泉水诞生的背后，有许多普通人的故事，有改变，有发展，有欢喜，有忧愁，有憧憬……短短的时间内，山泉水厂建设成功背后，有着巨大的力量在推动，国家的好政策、产业园发展以及水厂的建设，让十八洞的整个环境有了较大的变化。

虽然，我们能看到一些幸运的案例，但问题的存在是始终的，诸如十八洞村的单身问题，诸如教育、养老等问题……真正的民生问题，通过一两个企业是很难解决和改善的，我们也不能以此来过分要求企业。我们要呼唤的是，整个社会都要努力奋斗！全面建设小康社会到底该如何实现？老有所终，壮有所用，幼有所长，矜、寡、孤、独、废疾者皆有所养的大同社会究竟该如何达到呢？又如何去协调我们对美好生活渴望的预期、勇气和能力？十八洞的模式如何推广到全国？所有这一切，都是我们调研者后续需要真正思考的内容。

十五

施六金的婚事

2016年3月8号，正值“三八”妇女节，这天上午，习近平总书记参加了全国两会湖南代表团的审议会议。一直以来，习近平总书记都特别关心农民工作，尤其是精准扶贫工作。在这次审议会现场，时任湘西土家族苗族自治州州长郭建群代表发言时，和大家一起回忆了习近平总书记当时考察十八洞时的情景，还特别介绍了这两年来十八洞村的发展境况，习近平总书记饶有兴趣地听着，一边发问：

“我当时考察十八洞后，村里的人均收入有什么变化?”

“您当时来的时候是1680元，现在到了3580元。”

郭代表还提到了，现在十八洞村发展迅速，村里不管是物质方面还是精神方面，都有了极大的改善。

“现在不仅仅是发家致富、脱贫奔小康容易了，连大龄男青年‘脱单’也容易了很多!”

习近平总书记马上就问：去年有多少人娶了媳妇?

郭建群脱口而出：“7个，有7个‘脱单’的大龄青年。”说到这儿，郭建群语气中的开心，让整个会议室都发出了会心的笑声。

“好呀，好呀，这也是我最关心的一个问题啊，脱贫也要关注‘脱单’!”习近平总书记若有所思地念叨着。

事实上，习近平总书记在多次会议中都曾强调过，“脱贫”的同时不能忘了“脱单”。“脱单”既是“脱贫”的外在表现，也是“脱贫”的内在体现。

脱单？得让光棍的钱包鼓起来

在中国，门当户对是千百年来人们对婚姻评判的一个重要标准，在十八洞村，当然也不例外。

俗话说得好，龙配龙，凤配凤，老鼠的儿子会打洞。因为贫穷，十八洞村的姑娘天天盼着往外嫁，却很少有人愿意嫁进来。再加上村里一直男孩生得比较多，这就直接导致了“女娃子往外跑，男伢子打光棍”的状况。当十八洞村支书龙书伍跟调研团成员提起十八洞村以前的婚姻状况时，有点哭笑不得。他说，过去，十八洞村共有一百多户人家，光大龄单身青年就有 47 个，这 47 个单身汉中绝大多数是男性。为了给他们找对象，村支部想尽了办法，其中就有和其他地方联谊的相亲大会。原本以为这些相亲大会能让十八洞村的单身情况稍微改善一些，“可是没想到刚开始的那几年，完全是徒劳无功。大会是举办了，其他村的姑娘也参加了，可就是没有一个愿意跟十八洞苗汉子的，最后大家都是乘兴而来，败兴而归”。

是啊，我们不能一味去责怪那些讲功利、讲实用条件的“姑娘”们眼光的独特“挑剔”。人同此心，心同此理，有哪个父母，愿意将自己的亲闺女嫁到那“穷山恶水”的地方去呢？想想，其实这人心和人性也是挺正常的。相亲嘛，不就是要综合考量彼此双方的家庭背景、生活环境、物质水平、性格人品，等等。当年十八洞村的很多小伙子们的家境，在姑娘家的眼里，确实不能达到她们最低的要求，自然就不能怪人家姑娘们不愿跟着年轻的苗汉子们来到十八洞村“成家立业”了。

原因很好找，道理很简单，要“脱单”先脱贫，“脱单”也能从另外一个方面反映出十八洞村的脱贫工作是否落到了实处。于是，为了让十八洞村的光棍们的钱包鼓起来，十八洞村的“领头羊”们在日夜谋划着……驻十八洞村的扶贫工作队队员们，一方面，马不停蹄地到外地调查、学习、取经，比如，通过总结武陵源等地发展产业、脱贫致富的经验，慢慢借鉴到十八洞村来；另一方面，他们邀请有扶贫经验的老领导、有管理心得的企业家和社会各界人士到十八洞村现场指导，为十八洞村的精准扶贫事业，指点迷津、投资兴业。

要让外来新娘子留得下

步步高集团投资兴建十八洞水厂，便是十八洞村谋求发展、让光棍们的钱包鼓起来的最典型的案例。也许，水厂建设的发起者当初并没有意识到“脱单”和“脱贫”之间居然还有这么大的关联效应，但它实实在在地就这样关联在了一起。

那是 2017 年 9 月 20 日，这一天，十八洞村迎来了一位重要的“贵宾”。

这天下午，湖南省委书记、省人大常委会主任杜家毫在省委常委、省委秘书长谢建辉，省发改委主任胡伟林，湘西自治州委书记叶红专等领导的陪同下，来到了十八洞，调研考察十八洞的发展和产业情况。

杜家毫书记开头第一句话就问：“十八洞山泉水厂怎么样了?”

步步高集团党委书记、总裁陈志强连忙向省委调研团成员介绍十八洞山泉水的情况和水厂的筹备进程，还再三保证，会以最高的标准严格要求，带着高度的责任感和使命感把十八洞水厂建设好，为十八洞的发展倾尽全力!

这些话获得了在场领导的一致肯定，所有人都相信，有了步步高集团的加入，十八洞村的产业扶贫工作一定能取得跨越式的发展。陈志强总裁还说，水厂是由步步高集团全额投资，发展原则就是“共享”，目的就是帮助村民脱贫致富。

陈志强说的“共享”，我们调研团在后来的采访中了解到，有三个层面的意思，一是水厂的员工都是十八洞村的当地人，现在水厂有员工52 人，其中为本村解决劳动就业 31 人，在一定程度上帮助十八洞解决了就业的难题；二是让村里参与分红，水厂每年按照 15% 的收益给村里分红，在前期销售达不到的情况下，给村里保底分红每年 50 万元；三是承诺每生产一瓶水就给村扶贫基金提取 1 分钱。可不要小瞧了这一分钱，假若按照产能满负荷生产，每小时 1 万瓶，每天生产 16 小时（2 个班，一个班 8 小时），就是 16 万瓶，也就是一天光这 1 分钱的承诺就可以为十八洞扶贫基金贡献 1600 元的收入，一年按照 320 天计算，每年的收入即达到 51.2 万元。

确实，数字是无声的语言。十八洞水厂的建成，确实给当地的经济发展带去不少的实惠，也极大地加快了十八洞村脱贫致富的进程。可以说这是十八洞产业扶贫史上，跨越的具有里程碑意义的一步。

询问过十八洞水厂的大事之后，杜家毫书记郑重其事地说：“习近平总书记十分关注十八洞村的婚姻问题，如果可以，可以在村里办一个大型的相亲晚会，让大家多多了解一下十八洞的产业发展情况和十八洞村的好青年。到时候只要愿意嫁到十八洞来的，水厂就可以给她一个就业的机会，有了就业的机会，外地来的新娘子就在十八洞待得住、留得下来了嘛。”

省委书记的叮咛，让陈志强十分意外，但他马上反应过来，连忙说：“这是必然的。我们一定按照书记的指示，力争让更多的新娘子、新郎官有工作、有收入。”

大龄青年施六金就是这样进入十八洞水厂工作的。

图 15－1　调研团部分成员、水厂负责人与施六金在其家门口留影

施六金成了水厂工资最高的员工

说起施六金，他可是十八洞村的一大“名人”。每次媒体前来采访，他都是“座上宾”。中央电视台、人民日报、新华社等媒体，一到十八洞村第一个要找的就是施六金，而采访他的第一件事便是“找到如意人没有”。

施六金命苦，20 多年前施六金的父亲就患上了重病，丧失了劳动力，于是施六金就早早地放弃了学业，和母亲一起做农活、打工，扛起了家中的重担，一直等到家中的姐妹都读书、出嫁了，回过头来，施六金却已经熬成了一个大龄的“单身狗”。

原本想着打一辈子光棍算了，未曾想，村里来了扶贫工作队，经大伙一鼓励，于是又燃起了“熊熊的希望”。2016 年，他第一次登上村里的相亲舞台，不过，可惜的是，这一次，他是充满期待而去，却满怀失望而归，并没有找到合适的另一半。

施六金跟我们调研团说起自己这段相亲失败的往事时，不无感叹道，原因该是多方面的，首先，是自身的缘故，那时整个人儿没什么精气神，加上生活比较清苦，人也没多少盼头，只好闷着头苦干蛮干，不知道人生何时是个头，也不知道目标在哪里、方向是什么。这样的角色，这样的心态和状态，哪位姑娘会喜欢呢？其次，是家里的经济条件实在太差。两年前他家里的经济状况与现在比，是不可同日而语的。别看只有区区两年时间，在这两年里，不仅十八洞村的经济和整体面貌发展得相当快，随之而来，他家的经济条件也发生“翻天覆地”的改变。那时候，他家的厨房还没有翻新，地板也没有做好，家中的房子比较破败，他自己也是一个简简单单的农民，种着家里的一亩三分地，有时出去打点零工。而如今，他家的土地入了股，还在十八洞猕猴桃园投了资，感觉整个人儿都换了一般，就是不一样了。

经历了两年前的相亲失败后，施六金把恋爱结婚的想法放了放，而是紧跟着十八洞的扶贫工作走，事事积极参与，走在很多十八洞村人的前面。

村里招旅游参观的讲解员，他第一个报了名，硬是花了三天三夜，将十八洞村的历史和发展历程“摸”了个底朝天，直到“张口就来、津津乐道”才肯罢休。村里办农家乐，他又不甘人后，率先将家里的房子装饰一新，凭借以前在外面打工积累的一点见识和眼光，用心为前来十八洞的每位游客提供餐饮和休闲服务。由于经营有道，施六金家的农家乐，从众多农家乐中脱颖而出，成了佼佼者，生意十分红火，特别是到了旅游旺季，一个月能有 3000 多元的纯收入，这在十八洞村可是一个了不起的数字。

2017 年 8 月，听说村里要建水厂，他又熬不住了。一夜之间，他将农家乐出租给别人经营，将自家的土地入了股，跑去水厂报了名。

说起去水厂上班，施六金有自己的道理：“以前在外地打工，工资要高些，但总归不自在，农家乐现在竞争也激烈了，不如把它租给更加专业的人来做。现在在家门口就可以上班，又可以照顾家里的老人，而且水厂待遇又好、又包吃，还可以在家里住，又省了一大笔钱，在水厂打工，何乐而不为呢？”

就这样，施六金成了步步高集团十八洞水厂最早入职的一批员工，也是水厂最老的一批员工。工作中，他积极参与到外聘老师的技术指导课程中，慢慢地学会了水厂的核心技术，受聘成为水厂首批当地的技术工人，每个月都会有固定的工资。当年还是光棍的施六金说：“我现在在水厂上班待遇很好，全村一共有 31 名员工在十八洞水厂上班，我的待遇算最高的了。”

现在的施六金，看起来好像比以前更忙碌了，但生活却有了盼头。家里不仅翻新房子，连存款也多了起来，看着越过越好的日子，施六金说他心里踏实了不少。“哪怕再苦再累，也有了前进的方向，并且看到了生活在一点一点地进步，心里非常开心。跟着党和政府走，不会有错。”施六金说这些话时，不由自主地笑了。

图 15－2　村民施六金在水厂生产线上

这是十八洞村人精神面貌发生改变的一个小小缩影，也是一个真实的典型个案。是啊，任何改变，首先要从解放思想开始，只有扭开思想这个“总开关”，才能开动行动这家“总机器”。十八洞村人只要对未来生活充满希望，一定能激发其为美好生活而努力拼搏的那股子干劲。

施六金再次登上相亲台

2018 年 2 月 4 日，时隔两年，43 岁的施六金在经历上次相亲未果后，再一次鼓起勇气，登上了十八洞的相亲舞台。

这一天，第二届“湘西十八洞村大型相亲会”在十八洞村的梨子寨举行，来自湖南各地的近百名单身男女来到现场参加活动。和两年前相比，如今的施六金，不仅有了登台的勇气，更有了登台的底气。“两年后再次登上了相亲会，是想着现在日子越过越好了，我真心希望能有一个志同道合、愿意一起拼搏的姑娘跟我一起组建家庭。”穿着民族服饰的施六金已经没有了两年前的腼腆。“山泉水都可以变成钱和谋生的出路了，我呢，也希望借着十八洞和步步高的红运，生活能够节节高升，早一点儿实现我的‘脱单’梦!”从他的话语中，我们分明听到了他心中的期待和梦想。

施六金还记得，当时十八洞村第一支书、扶贫工作队队长石登高和扶贫工作队队员龙志银，都给了他“脱单”的关怀，他们特地打电话过来，询问有没有什么需要帮助的，并且透露说，步步高集团将在相亲会上，为大龄男“脱单”提供“真金白银”。这可让施六金乐了好一阵子。施六金看到这么多人关心自己这个大龄“光棍儿”，心里憋着一股劲儿，琢磨着不能辜负领导们对自己的关怀。

可以说，与两年前相比，这一次不是他一个人在“战斗”了，他的亲朋好友闻讯特意赶来做他的“亲友团”，帮施六金做推介，介绍施六金，介绍十八洞的新变化，由衷地希望这个大龄光棍能够“脱单”。

在亲友们的鼓励下，施六金站上了舞台，他说：“我今天站在这里，是介绍我自己，也是代表十八洞村。希望大家能够更多地了解我，也希望大家能够多多了解十八洞村，它现在的发展已今非昔比了，大家都到十八洞村来看看吧!”

台下掌声一片雷动!

就是在这次相亲大会，大家更多地了解了施六金这个地地道道的苗族汉子。就是在这次相亲大会上，施六金和一起参与相亲会的姑娘们聊上了自己，聊上了十八洞村的故事，还一起参与了活动。姑娘们特别愿意和他接触，也非常愿意和他聊十八洞这个出了名的贫困村，这些年是如何改变的。

尽管这一次施六金还是没有找到适合的姑娘，但是他已经成功地为自己做了一次推介，打响了自己的品牌，也为十八洞做了个完美的宣传，这一次他也没有像第一次那样，显得特别焦急、失望和颓废，他相信幸福就在不远处等着。

图 15－3　施六金与女友接受调研团采访

互联网搭起美丽“鹊桥”

施六金与女朋友相遇是奇妙的，他们津津乐道的故事焦点也就在于“奇妙”。

施六金说，他和女朋友的第一次相遇其实是在网络上。这些年随着十八洞的发展，基础设施逐渐完善，而一些现代化的东西随着物质生活水平的提升，需求也逐渐变高，也慢慢地引进来了，其中一项就包括网络。

以前十八洞村因为地处十分偏远的山区，又是武陵山脉的腹部，别说网络难以牵进来，就连手机信号都比较弱、时有时无的，让十八洞人的生活和与外界的联系十分困难，而这也是导致信息不通、发展缓慢的重要原因。

习近平总书记来了以后，十八洞村不仅基本的物质需求得到了满足，大家的精神需求也急速提升，再后来，在各个寨子就拉起了网线。

当我们采访村里领导时，他们说要在这种偏远山区联通网络是一件十分困难的事情，但时代在不断地发展，网络成了生活的必需品。习近平总书记说了，“扶贫先扶智”，这句话说的不仅仅是小孩子、青少年的教育问题，也还有扩展成年人的视野问题。像施六金，他家为什么能很快跟上发展的步伐，因为他在外出打工的时候，接触到比较多的先进的东西。而其他从未走出十八洞村的村民，如何能跟上时代的脚步呢？当然得靠互联网。古代秀才是“足不出户，读遍万卷书，知晓天下事”，而我们现在也是足不出户，但是通过网络也能跟上时代，知道世界事。

享受着全新的高速网络，在一个手机软件上，施六金与一个陌生女子聊起天来，感觉聊得很投机，他们聊自己的生活琐事，聊十八洞村的变化。而网络那一端的那个姑娘也对十八洞村很感兴趣，迫不及待地想要到十八洞来看看、参观参观。双方说好，马上约了个日子，这一约才发现，原来那个姑娘就是附近村庄的，之前对十八洞村的了解仅限于它是个出了名的“贫困村”，但这个村还是习近平总书记首次提出精准扶贫的地方，但听了施六金的介绍，与她印象中的村庄完全不相同，于是便产生了极大的兴趣。

两人相约在十八洞村村口见面。那一天，施六金起了个大早，拿出自己珍藏在衣柜里不常穿的西装，还好好打理了自己的仪容仪表，一切收拾妥当，这才出了门。开着自家入股分红后才买的小摩托车，平时30分钟的车程，今天十多分钟就到了，下车后小心地张望了几下，看见没有人，这才在停稳了车安心地等了起来。

不一会儿，一个女人朝这边走了过来，正是与施六金聊天的那位。本来陌生的两个人初次见面还有些许的不熟和尴尬，但当他们聊起十八洞村这些年的发展时，便热络了起来。施六金本来就当过十八洞村的旅游讲解员，对十八洞村的过去和现在的变化，他是胸有成竹、信手拈来，讲起来则滔滔不绝，而这个姑娘也特别爱听，两个人觉得彼此越发的投缘了。

来到梨子寨后，施六金先带姑娘参观了村博物馆和精准扶贫的石牌，并且站在停车场上非常骄傲地说：“这原来是我家的土地，现在我交给村里改造成了停车场。”而且他也自豪地向姑娘介绍了家中的情况和生活水平。而姑娘对他、对十八洞村也是越看越喜爱了。他们当下就决定要和对方认认真真地谈一场恋爱。

施六金和我们说，其实他和女朋友从相识到相遇再到决定相守，总共时间不到一个月，但是爱情就是这么的奇妙。从网络到现实，原来我们觉得不可能发生的事情，就这样在十八洞村这个淳朴的小村庄发生了。也可能只有在十八洞村，人们的单纯、美丽、善良，才让我们相信有如此简单的爱情。

采访的时候，施六金的女朋友就坐在我们的旁边，安静地听着，这个姑娘身上有一股不一样的气质，总让人感受出那一份独属于她的安静、淡雅，但骨子里依旧有一份坚韧和拼搏不息的韧劲。这可能就是他们之间的相似之处，让他们彼此吸引，惺惺相惜。我们知道，她之所以愿意和施六金在一起，绝不仅仅因为他家的经济条件有了好转（施六金家和周边村庄的家庭比起来，绝对不算好的），但是他们都有一颗愿意努力拼搏的心。他们相信，只要两人一起努力奋斗，最终会得到应有回报的，一分耕耘，一分收获，这样的过程才是最美好、最幸福的。

目前，施六金和女朋友已经办了结婚证，只待办一场“轰轰烈烈、风风光光”的酒宴，他们就算修成正果，长相厮守、白头到老了。

发展是硬道理的又一次被验证

在施六金充满温情的叙述中，我们了解到，他和女朋友的奇妙相遇，无疑是和十八洞村的快速发展分不开的。

施六金真诚地对我们说，十八洞村的快速发展给他家带来了太多的改变：梨子寨现在停车的地方，改造前原来是他们家的水田。那时，一听到十八洞村要规划旅游，施六金一家二话不说，拿出自家的水田，让村里去规划。

“那时，你不觉得吃了亏吗?”

“当然不会，我们都明白，只有十八洞村发展好了，我们十八洞人才会有更大的发展空间。而且退一万步说，村集体又不是白拿我们村民们的土地，就拿我那水田来说，村里会给我一笔补贴。十八洞村的建设也有我们村民的一部分贡献在里面呢!”

施六金家的水田被改造成了梨子寨的一个停车场，也成了梨子寨最大的一块平地，因为地处梨子寨最中心的位置，因此它不只是用来停车，每当十八洞村有什么聚会或者活动时，都会选择在这里举办。又因为梨子寨是十八洞村四个寨子中人口最多的寨子，而这块平地，也就成了四个寨子中举办大型活动的绝佳地方。

在和施六金一家人的谈话中，调研团的成员们真实地感受到了轻松和欢喜，大家都为十八洞村的改变而发自内心得高兴着。

现在，在各级领导的关注和社会各界人士的帮扶下，十八洞村先后发展了猕猴桃产业、养殖业、苗绣、农村旅游等产业，还有外出打工的劳务输出，等等，眼见各类产业日见成效，人们的底气慢慢地足了，脸上的笑容也开始多了起来。

龙支书说，我们群策群力，也不过是想帮助村民们增加收入，大家都真心希望村民们的生活越过越好，芝麻开花节节高。

还是龙支书说得好，随着产业的带动，十八洞村人的腰包果然日见丰盈。“喊空口号、做硬宣传，是没有用的，唯有真心真意、脚踏实地地谋发展更靠谱。一旦经济发展了，手头有钱了，说什么话、做什么事，心里都有底气了，那时，还愁找不到另一半吗？”

确实，只要光棍们的钱包鼓起来了，精气神亮起来了，何愁十八洞村的男女青年们的婚姻大事没有着落呢？

据了解，十八洞村目前除了个别老弱病残的大龄光棍外，其他的光棍们早已陆续“脱单”，施六金算是搭上了“最后一班车”的大龄光棍。

发展才是硬道理，在十八洞村这个千年苗寨，再次得到了应验。从十一届三中全会以来，我们牢牢抓住了发展这个主题，坚持以经济建设为中心不动摇，取得了改革开放和现代化建设的辉煌成就。在扶贫攻坚的过程中，我们同样坚持“发展才是硬道理”，围绕“是否促进发展”

这一主线，大力拓展产业扶贫新思路，认真落实好各项强农惠农政策和扶持政策，扶持贫困地区因地制宜加快发展高山蔬菜、优质林果、生态养殖、农家游等各类特色产业，同时引入产业链、价值链等现代理念，推进扶贫开发工作，一二三产业融合发展。当前，一些地方的观光农业、休闲旅游、生态养生产业正处在井喷式增长阶段。而今，十八洞村的产业扶贫模式，恰恰是“发展才是硬道理”的最朴素体现。

事实上，这几年来，十八洞村通过产业发展已经陆续尝到了发展带来的甜头，不仅让十八洞人感受到生活水平的提高，也可以让没有来过十八洞的人了解到这个村庄，它不再是一个全国著名的贫困村，而是在全国人民的关注下通过精准扶贫成了一个不断发展、不断前进的村庄，让外界人看到了希望，让家人也能够放心大胆地把女儿给嫁进来，能够放心大胆地在这里拼搏，把未来交给这里。

采访结束后已经是晚上九点了，我们环顾四周，发现十八洞村也慢慢进入了沉睡，它没有城市里的热闹和喧嚣，这样的十八洞村给人一种宁静和独处的悠然。

十八洞村的美好，就一直这样铭记在所有调研团成员的心中了。

十六 农旅融合

迫在眉睫的问题

中国社会自改革开放后，经历了轰轰烈烈的城镇化过程，发展基调也以城镇为中心。然而，自党的十八大后，精准扶贫、乡村振兴等一系列政策提出后，农村逐渐成为国家关注的焦点。乡村振兴关乎中国梦能否实现，中国能否完成第一个百年计划，它的重要性不言而喻。一提到乡村发展，大多人的第一印象就是：农业。确实，农业是乡村产业的基础，老百姓对土地的热爱自古传承。依靠农业，老百姓养活自己，也为全国城镇人口提供粮食。然而，现代产业的发展规律告诉我们，农业虽然重要，但是一个乡村只发展农业，它的发展前景就会受到很大的限制，乡村要振兴，一定要寻找一条多元发展之路。将农业与其他产业结合，实现真正的乡村振兴，同时又不破坏生态环境，维持乡村风光，实现真正的美丽乡村计划。

十八洞村第一书记石登高说："之前，要脱贫，总是把村民往外送，出去打工就有了钱；可现在要振兴，振兴就是要整个村子发展起来，我们又开始呼吁外出的人都回来。"农村的振兴不仅仅是老百姓有钱就可以了，真正的振兴是整个农村地区的发展。通过乡村振兴，村民回来了，不仅仅解决经济问题，这更是一个社会问题，孤寡老人、留守儿童问题也会解决。重要的是，整个农村地区如何形成自己与城镇完全不同的发展模式和发展特色？

十八洞村在精准扶贫政策的指导下，顺利摘帽脱贫后，进一步实施乡村振兴战略，成了迫在眉睫的问题：发展什么产业，是农业还是养殖业，抑或是文化产业？前前后后，十八洞村制定了十八种产业发展计划。可在经历了摸索、实施、再摸索、再实施，不断重复的过程之后，十八洞村终于找到了自己的发展之路，那就是：农旅结合的发展道路。农是怎么个“农”法？“旅”又怎样发展？一系列问题仍然需要去探索和摸索。“农旅结合不是简单地把农业和旅游业加起来，而是真正地结合，农业离不开旅游业，旅游业离不开农业。”“这就像一个大公司，股民就是所有村民，村干部就是企业员工，你干得不好，股民就把你拿下去，所以农旅结合，我们一定要做好，这也是一项政治任务。”在采访十八洞村旅游产业负责人彭勇时，他斩钉截铁地说。

目前，十八洞村的农旅结合正在如火如荼地进行中，土地入股、统一规划工作已告一段落，旅游设施建设正在进行。2017 年 9 月，第一届猕猴桃采摘节也正式开幕，跨出农旅结合的第一步。十八洞村的农旅结合发展模式是什么？是怎么确立起来的？有什么特色？哪些值得借鉴？带着这些问题，我们的调研团队，一直在调研中思考，在思考中调研。我们试图以观察者和思考者的视角，为十八洞村的农旅结合提供一些建议。

路在何方?

2017 年 2 月，湖南省扶贫办宣布十八洞村成为全省第一批脱贫摘帽的贫困村之一。然而还来不及庆祝脱贫摘帽的喜悦，新的问题又来了，脱贫之后，就是奔小康的问题，十八洞村又该如何继续发展，实现乡村振兴呢？带着这些问题，十八洞村的领导班子开始展开激烈的讨论。“我们这儿苗绣出名，应该发展苗绣”“猕猴桃园已初具规模，在此基础上着力发展黄桃、油茶、烤烟等农作物，发展农业”“我看还是要发展旅游业，红色旅游，打造学习基地”“应该引入其他产业，步步高集团的水厂，就是成功案例”“养殖业也可以发展起来”。各种产业纷纷纳入十八洞村的整体规划之中。最终，十八洞村选了十八种产业。

随着产业的逐渐推进，很多问题逐渐浮出水面，养殖业影响生态环境；苗绣产业在整个湘西苗族聚居的地方，并不能算最突出的产业；种植特色水稻的收益虽然比普通水稻大，但是还是不能算作主导产业；发展红色旅游业留不住游客，游客待一天甚至一上午就走了，带动不了当地的其他产业收入；水厂、地球仓等产业虽然引来投资，但毕竟不是村集体所有，不能当作主导。

十八个产业看似红红火火，其实真正带来的收益却大打折扣，什么才是核心产业？什么才是主导产业？让这十八个产业围绕这个核心产业，把十八洞村的经济整体带动起来呢？思前想后，村委决定：农旅结合！搞农旅结合才是王道！可是怎么结合？如何结合？又成了一个新问题。“遇到困难，不怕困难，列出来，逐个解决就好。”石登高书记带领村集体一起开会，把整个十八洞村的现状、困难逐一列举，列出了问题，再各个击破。

农业：人多地少，分散各处，典型的小农经济

“十八洞村，平均下来，也就每人八分地左右，这边一块，那边一块，他是旱田，你是水田，他种这个，你种那个，没办法统一发展。”扶贫工作队的工作队员杨建军告诉调研团。十八洞村是典型的湘西山区的小农经济，人多地少，且异常分散。很多年轻劳力外出打工，土地也就闲置了，造成了极大的资源浪费。发展农旅一体化，农业不是指单纯的种田，而是真正的农业产业，它必须是集约型的、统一的、高科技的、规模化的，可目前十八洞村的状况，根本达不到这些标准。对农田、土地的规划管理，就是村支部面临的第一个问题。

旅游业的艰难选择

在十八洞村部的旁边，有两个尚未完工的建筑写着：游客中心，四个字。这是之前某旅游公司留下的。之前的旅游公司想把十八洞村打造成“收费式”的旅游景区，进入十八洞村要买门票。“这与我们十八洞村村委的初衷不符，我们的成长离不开全国人民的支持，怎么还能再售门票呢？况且，十八洞村的旅游资源还未充分开发，一旦收门票谁还来？”石登高书记说道，“旅游公司，就是想尽快收回成本，但我们想的是整个村子能真正的振兴，目标不一样，最后也就放弃合作了。”合作结束后，花垣县政府和湖南当地的旅游公司合资又成立了新的十八洞村旅游公司，重新开始开发十八洞村的旅游，但是新的问题也就来了。那时，除了梨子寨的红色旅游之外，其他三个寨子的旅游项目基本为零，只依靠红色旅游，毕竟不是长久之计，其他寨子享受不到旅游带来的利益也难免会有所怨言，到底要怎样才能充分开发十八洞村的旅游资源呢？这个问题也摆在了村干部的眼前。

怎么结合?

虽然彭勇等干部都有打造旅游产业的丰富经验，但是每一个村寨和每一个景点都有自己的特色，农业和旅游业的结合分为好几种模式，例如旅辅型，即以农业为主，发展绿色有机、高科技含量的高端农业产品，旅游业只是配合农业的发展。这种模式对农业产值的要求非常高；农辅型：最典型的是南方丘陵山区，一般耕地少而分散，但山地空气环境好。这种地方开发乡村旅游，往往农业会成为旅游的辅助产业。又如农旅合一型，顾名思义就是农业和旅游业是相辅相成的，缺一不可。十八洞村的红色旅游已初具规模，那么是打造以此为中心的农业辅助旅游为主的模式？可猕猴桃也即将挂果，种植业似乎也很有前景。这些问题都是十八洞村干部要解决的问题。

一锤定音

问题既然已经理清，如何解决问题就成为核心。十八洞村党委迅速行动起来，经过多次的会议商讨、实地调查、外出学习、与上级领导沟通，十八洞村制定了农旅发展规划，按照规划一步一步打造十八洞村的农旅产业。“我之前去了浙江省安吉村考察学习，从中学到了很多东西，也有助于十八洞村的建设。”石书记在自己的工作报告中写道，“考察余村，学习余村，就是要采用由此及彼，由表及里，管中窥豹，解剖麻雀的方法，学经取宝，为我所用，为推进十八洞村的美丽乡村建设提供宝贵的经验借鉴。”经过一系列的工作，十八洞村决定从三个方面真正落实十八洞村农旅一体化建设。

第一，村内土地采用“土地入股”的方式，全部统一规划管理，发展高科技、高质量、集约化的农业产品。其他不适合种植的土地，发展观光旅游业，种植鲜花、绿植等观赏植物，荒地可以酌情开发成休闲娱乐设施。第二，旅游不能只依靠红色旅游这一条道，如果想要四个寨子充分发展，就要根据其他寨子特点打造其他的旅游主题，吸引游客，把游客留住，留住游客才能带来收益。第三，目前，十八洞村农业产业规模不大，旅游业也并未充分发展，所以要以农旅融合的模式打造十八洞村，二者是相辅相成的关系，缺一不可。

一系列方向性的决定制定后，十八洞村真正开始了农旅一体化的建设之路。然而，这其中真正的困难，才刚刚开始。

艰难的“土地改革”

想要把土地集中起来，并非易事，老百姓对土地的热爱与忠诚不用多说，要完成这个目标就要有一整套符合老百姓根本利益的系统化实施方案。通过不断地开会、走访，十八洞村确定了“土地变股权，股权换股金”的总方案。总的来说，就是以十八洞村委为领导班子，村民为主体，成立农业合作社，村民以自己的土地面积换算为股金，入股合作社，合作社招商引资，运用集中起来的土地发展农业和旅游业，最终的总收益给村民，按土地入股面积分红。凡是要入股的村民，都可以保留三分土地，种些蔬菜瓜果，其余的土地都要纳入村委的统一规划里，算作股资。在合作社未产生效益，无法分红之前，按照水田每亩600元一年，旱地每亩400元一年，荒山每亩200元一年，给村民最低保障金。等到产业建立起来后，村民还将在自己的土地上打工，按照国家标准发放工资。这就是十八洞村制定的“土地变股权，股权变股金”的改革政策。

十八洞村的土地入股模式是一个重大的改革，在全国范围内都具有一定的开创性和创新性。以往最普遍的模式就是，农民的土地直接以租赁的方式租给开发商，之后，土地上产生的效益也与农民无关，至于土地的用途农民在很多情况下也不能干涉。之后出现了一些以“土地入股”为招牌的模式，但是这些地方仍避免不了企业在其中的影响力，最多的是，企业出钱多，占领一大半股份，其余的少部分股份才会给村民分红，村民土地虽然入了股，但是得到的是并不是土地收益的全部分红。不同于以往的这些模式，十八洞村的农合社就是一个整体，股东是全体村民，代表大会是村里干部和村民代表。土地由农合社统一规划管理，如需招商引资，以农合社名义和企业合作，企业只是合作者和开发者，并不能参与管理与入股。除了农合社与企业合作等产生的开支外，村民将参与全部收益的直接分红。这种模式最大限度地维护了村民的利益，其中，村委也会以村内无主地，用公共地进行入股，产生的分红将会算作村集体收益。这样，不仅村民的个人利益最大化，也在一定程度上发展了集体经济，为村里的其他建设积累了资金。

整个合作社就成了一个以土地为基础的整体，公共用地的股权产生集体经济，村民自己的土地算作村民股金。整个村子被有机地联系在了一起。然而，农旅合作社在推进的过程中却并不是想象的那么简单。

十八洞村村民的文化水平普遍不高，在推进“农旅合作社”的进程中，一些常年在城市打工的年轻人，工作自然好做一些，很快就有很多村民自愿拿土地入股，加入农旅合作社中。但是，很多在村里世代居住的老人连什么是股权都没听过，更别说股金和分红了。当听到要把土地收归，统一管理时，是死活也不答应。为了贯彻村委的决定，村里的所有扶贫队员全体出动，根据就近原则和“熟人原则”分配自己负责的寨子和工作小组。甚至连第一书记石登高也加入了扶贫小组，亲自入户与村民解释政策。本着不强迫村民、不难为村民、不欺骗村民的态度，工作队全体成员一遍又一遍地和老百姓解释所有问题，和普及基本政策知识，在这个过程中产生了很多故事，这些故事反映了村民由质疑到理解，最后同意的全过程。

故事一：三顾茅庐的杨老师

图 16－1　调研团成员在采访杨老师

杨老师是扶贫工作队队员，本名杨建军，十八洞村梨子寨人。最近他频繁地往他的大伯杨秀富家里跑。村里宣布了农合社的土地入股政策，但是杨秀富却有着自己的顾虑，死活不愿意把土地拿出来入股。杨秀富家里有几亩水田，还养着两头牛，有两个儿子，大儿子在外打工，小儿子在长沙上大学，目前日子虽说不算富裕，但也还过得去，靠自己双手劳作种田，至少能填饱肚子。调研团在对杨老师和杨秀富的采访中，了解了整个故事的来龙去脉。

杨老师已经来了大伯家很多次了，但每一次都是失望而归，这次杨老师再次来到大伯家，杨秀富仍然态度坚决：

“说别的可以，拿走土地不行。”

“大伯，政策已经给您讲过好多了，相信您也都懂，可为什么还是不想入股呢?”

杨秀富道：“实话给你说吧建军，我有我的顾虑啊。”

“大伯，您有什么顾虑您说出来，我给您分析分析。我是您亲侄子，还能害你咋的。”

杨秀富说道："我有两个儿子，自己的地本来就不多，大儿子在外打工，小儿子还在上学，我咋能不给我小儿子留一点土地呢？"

杨老师听完，耐心地向杨秀富解释："我以为啥顾虑，原来是这，大伯，您听听看我说的对不对。""进成他在市里上学，出来之后也是大学生，您觉得他这么年轻，会回来在十八洞村里跟您种地么？您种了一辈子，知道有多辛苦，现在进成好不容易考上了大学，您高兴都来不及，咋还把他往村里拽呢？""再说了，您一共也就二亩地，您就算不入，靠这两亩地，等两个儿子要成家的时候，您能养得住吗？要想富起来，还是要有别的产业呀！"

杨秀富听完觉得有道理，但还是下不了决心，只好说："你再容我考虑考虑。"

过了几天，杨老师再次来到大伯家里，这次大伯还是表示，土地我仍不能拿出来，问题是："我儿子虽然不种，但是我得种啊，我总不能在村里闲着吧，现在岁数也大了，出去打工也没人要。"

杨老师说道："您也说您岁数大了，您自己想想您还能再种几年？能种十年么？到时候您老了，种不了，就看着土地荒着？再说了，土地入股了，规划管理了，您可以在合作社打工，只是不种水稻了，换种别的不也一样？还能多一份收入。"

"我老了，外边不要我，合作社会要我？"

"看您说的，年轻人有年轻人的活儿，老人有老人的活儿，年轻人现在不喜欢种地，但是种地却需要你们老一辈儿的经验，没有你们，我看合作社的经济作物还种不成呢？"

这次解释完，杨老师没有乘胜追击，而是说，大伯您再好好考虑考虑，我下次再来。

第三次来到大伯家，大伯见面直接就开始问："没有土地了，我的牛就没用了，我的牛咋办啊。”

杨老师听了差点笑出声来：“合作社也是发展农业，但是不仅仅发展农业，还有旅游业，但不管发展啥，还能缺了拉东西的牛耕地？合作社这么多人的工作都能解决了，还能解决不了一头牛啊。”

听到此，大伯才算真正塌下心来，二话不说，签了协议，入了合作社。

图 16－2　调研团成员在采访杨秀富老人

图 16－3　采访杨秀富的小儿子杨进成

要什么样的旅游业

2015年，十八洞村制定了乡村旅游规划，2016年十八洞村申请成为3A级景区。梨子寨的旅游业已初具规模。但是，十八洞共有四个寨子，分别是：当戎寨、飞虫寨、竹子寨、梨子寨，之前旅游业基本就是靠梨子寨一个寨子的红色旅游，重走总书记的走访路线和一些具有苗族特色的寨子观光。前来的游客基本待一个下午，吃个饭就走了，村民在附近做小生意，也赚不到什么钱。再者，其他三个寨子压根没有旅游业，村民也出现了抱怨的情况。面对这种情况，十八洞村委决定要搞旅游就要满足两个条件：第一，留住游客，游客来了至少要住一晚；第二，全面发展，四个寨子因地制宜，充分开发，不能落下任何一个寨子，任何一个村民。

根据十八洞村2015年做的旅游总规划，和当前村委的开会讨论，十八洞村已经确定了旅游业的三个方向。

图16－4　采访十八洞旅游项目负责人彭勇

“红色记忆”旅游

“这部分旅游主要是突出党课学习和红色教育。包含两个部分，第一个是梨子寨的：‘重走习大大路线’的项目，目前发展比较成熟；第二个是在竹子寨寨口盖一个精准扶贫博物馆和新村部以及党课学习基地，主要是承接各地党课学习团队，这样竹子寨也包含在了红色旅游之中。”在采访十八洞村旅游有限公司副总同时也是旅游规划小组成员彭勇时，他告诉我们。红色旅游主要突出的是十八洞村的精准扶贫成果和精准扶贫故事的展现，旨在充分挖掘十八洞村的红色教育职能。

自然景观＋苗族文化

十八洞村也具有优美的自然景观和特色的苗族文化。这部分建设还在紧锣密鼓地进行当中，目前在规划的是“四条游步道项目”“十八溶洞开发”“赶秋场”“莲台山”“大峡谷”，“游步道开通后，溶洞、峡谷、竹子寨、梨子寨等景点和四个寨子就联系在一起，游客可以通过游步道把十八洞四个寨子的风景观光完成”。“而其他自然景点的开发也分布在其他几个村子，当戎寨的赶秋场建成后，我们会在那里举办赶秋节，到时候当戎的文化功能也会被充分开发出来。”

农旅一体化

在朋友圈里看到，十八洞村千亩猕猴桃园将在2018年9月举办“采摘节”。调研团成员心里十分欣慰。除了猕猴桃，十八洞还在规划：黄桃、稻鱼、桑蚕、金秋梨等各种农业产业，这些农业产业将融入十八洞村旅游业开发之中，真正做到农旅的结合。飞虫寨也会建设一系列相关的休闲娱乐设施，包括民俗、特色餐馆、钓鱼等，这样飞虫寨也融入了旅游产业之中。

当戎寨和飞虫寨将以农旅一体为主，竹子寨、梨子寨以红色旅游为主，而自然景观也分布在四个寨子周围，通过游步道相连接。

故事二："巧合的项目：知青文化"

在采访的过程中，我们遇到了省住建厅里的巡视员易小林部长，跟随易部长和十八洞的村委成员，一起进入还未开发完成的天然原始森林莲台山考察，这次行程，我们见证了又一个旅游项目的出台。

开车进入大山，映入眼帘的是一片翠绿的原始森林，一直到路的尽头，"进不去了，目前路就修到这里了"。"车进不去，人得进去，我们走下去。"易小林同志说道。十八洞的路十分艰险，一个接近垂直的陡坡，让我们一行人犯了难。彭勇主任看到却笑一笑，说道："像这种路，我们每两三天就走一趟，来我带你们下去。"说完，他身先士卒，抓着坡上的野草，半爬半滑地下到山底，易小林同志也不甘示弱，不让自己的秘书扶，也是顺利地下了陡坡。这可把我和同行的调研团成员邹璇难倒了，我俩在城里待得多，哪儿走过这么陡的路，最终，还好是几位师傅帮忙，半滑半拉地才下到坡底。

图 16－5　艰险的山路

到坡底，被眼前的景色所震撼，映入眼帘的是一片白色的小野花，漫山遍野的绿色被风吹的沙沙作响。山路仍然十分险峻，左边是山，右边就是峡谷。“这里要修游步道，那是野生猕猴桃，这个是中草药。”一边走，彭主任一边介绍，“游步道建设会以两方面为主，第一，安全；第二，不影响当地自然环境，最大限度地保留自然景观。”

图 16－6　行进中的调研团成员与村干部

一路上磕磕绊绊，但也最终到达了在山下的基地。基地住着一个护林员，彭主任向我们介绍：这是护林员龙再青，在这里守林守了近 20 年。在交谈中，易小林听到，这里原来是当年知青劳动、住宿之地时，很是感兴趣。在继续交谈的过程中，我们得知，龙再青在小的时候就经常在这边玩，“知青一个一个过来，又一个一个走了，1977 年来的时候我还是小孩，1983 年走的时候，我已经长大了”。易小林同志想起了习近平总书记的“七年知青岁月”激动地说道：“知青为国家做出过很多贡献，这里与其要打造成游客基地，不如打造成‘知青基地’，在这里，游客不仅能够休息，更能体验知青文化，这里的知青故事也能挖掘。龙再青同志还在这里守林，也可为游客服务，这样不就多了一份收入。”

图 16－7　龙再青大哥在这里守林 20 年

听到这个提议，彭主任和其他村委干部也是眼前一亮，立马表示回去讨论，落实这个项目。知青文化里的“扎根基层、艰苦创业、改造思想”的内涵和十八洞村精准扶贫精神相契合，二者有很好的结合点。这次偶然的相遇，促成了一个项目开发的实施。龙再青同志也会一直在这里守着这片山林。“知青们走了，我就来了。”龙再青说。

图 16－8　村干部和调研团成员在曾经的知青点聊天

十八洞村的农旅结合

对土地统一规划，发展农业产业，再通过红色旅游、景观旅游吸引游客，打造“采摘节文化”推广农业产品。十八洞村通过不断摸索，挖掘出一条独具特色的农旅结合道路。通过农业和旅游业的结合，十八洞村旨在打造“红色学习基地、天然氧吧、绿色产品中心”三大旅游点，把十八洞的价值挖掘到最大，这将给村民带来翻天覆地的变化。

故事三：“玉米大姐的款待”

在竹子寨调研时，调研团在一个阴凉地小憩，一个大姐吃着玉米从家里出来，一看到我们就要请我们去她院子里休息，还非要请我们吃自己家的玉米。大姐的家在梨子寨的最后面，小院子直接对着一片山林和农田，风景特别美。大姐和儿子在水厂工作，不仅把土地入了股，也把扶贫基金投入猕猴桃园的股份中，2018 年拿到了 1000 元的分红。然而，对今后的日子，大姐更是充满期待。

图 16－9　热情的玉米大姐和调研团成员聊天

图 16－10　在大姐家吃玉米的调研团成员王凯

调研团："您怎么想都不想地就入了股呢？"

大姐："我就是农民，没有文化，扶贫队的队员比我懂得多了，自己瞎搞了这么多年也没挣钱，扶贫队才来多久？我在水厂上班，又有猕猴桃园的分成，日子比以前好多了，这次土地入股，咱不懂，就听人家的，又不会害咱。"

大姐："而且，我们家位置好啊，以后，这个山下会修一个游步道，从我家经过，门口的田会改造成采摘园，我在这儿种植、管理又多了收入。更重要的是，等游客多了，我就把家里改造成民宿，这样就热闹起来了。"

看着喜悦的大姐，听着大姐对未来的规划，我们深深地被感动了。十八洞村的农旅结合之路，不是仅仅为了发展产业，发展旅游业，发展农业，最核心的意义还是扶贫、致富。用彭勇主任的一句话就是："所有的产业目的不是让村子挣钱，也不是让企业挣钱，而是让老百姓挣钱。"十八洞村的农旅结合之路，真正做到了让老百姓的腰包鼓起来。

十七

大品牌之路

经历近五年的摸索，十八洞村拥有了众多产业，这些产业各具特色，既包含猕猴桃、黄桃、特色水稻、油茶、烤烟等特色农业产品，也包括山泉水、民宿、旅游、红色文化、观光等实体旅游产业。这些产业虽然各不相同，但是都在十八洞的品牌之下，十八洞的品牌效应直接影响这些产业的发展规模。如果想要将这些产业规模化、系统化，直至形成真正的大规模产业，品牌的塑造不可缺席。

十八洞村是习近平总书记提出精准扶贫的地方，经过摸索已然走出了一条独具特色的脱贫之路，正因如此“十八洞”这三个字已经有了自己独特的政治价值，一些感人的扶贫故事使十八洞这个品牌具有了更多的内涵与意义；步步高企业打造的十八洞山泉水，将精准扶贫标识融入设计中，每卖出一瓶水便向村集体提供一分钱的扶贫基金，不仅运用了十八洞这个品牌的价值，更为扶贫助力；另外，十八洞地区有着悠久的历史与众多民俗故事，也具有苗族的文化底蕴。2017 年由苗月执导，王学圻、陈瑾领衔主演的剧情片《十八洞村》10 月 13 日在中国内地上映，一经上映便产生极大的影响力，片中把十八洞村的扶贫故事与苗族文化展现得淋漓尽致，这也为十八洞村打造文化品牌埋下伏笔；十八洞村还计划打造农旅结合的发展模式，红色旅游、康养旅游、景观旅游与农业采摘相结合，十八洞村品牌的经济价值也很具潜力。

政治价值、文化价值、教育价值、经济价值，等等，“十八洞”这三个字的品牌价值潜力巨大，而想要把十八洞的各个产业拧成一股

“绳”，打造成一个相互区别但又紧紧相连的规模化产业体系，把“十八洞”三个字的品牌价值充分挖掘出来，各个产业围绕“十八洞”这个大 IP 打造独具特色的品牌价值和品牌文化才是最终目标。那么，围绕十八洞的各项产业，如何挖掘十八洞的品牌价值呢？

我们调研思考的视角在不断地延伸：首先，“十八洞”有哪些可以挖掘的品牌价值与品牌文化，即“是什么”的问题；其次，怎样用好“十八洞”的品牌价值，亦即“怎么样”的问题，为十八洞的品牌挖掘建言献策；再次，除了品牌价值，是否应深入讨论“十八洞”具有的深层精神内涵，挖掘十八洞的“精神价值”，这不仅涉及产业，更涉及民族精神问题，十八洞品牌不仅可以为产业服务，更可以辐射到教育领域，为建设社会主义核心价值观出力；最后，如何总结十八洞的产业发展与品牌开发，以及所具有的“精神价值”“文化价值”，从而为十八洞打造一条具有自身特色的“品牌之路”。

图 17－1　十八洞村村口大门

“十八洞”三个字

“十八洞”本是一个普通的地名与村名，由竹子寨、梨子寨、当戎寨、飞虫寨四个自然寨组成，前村主任施金通说：“2005 年几个寨子合并，要重新定村名，当时几个寨子吵来吵去，村名一直无法确定。后来想起，此地有大大小小无数个洞，其中有十八个比较大的自然溶洞，也有‘夜郎十八洞’的传说，干脆就叫‘十八洞村’吧，没想到这个提议获得村民一致同意。”

“十八洞”这三个字不仅好记，还具有本地的自然特色，虽然是一个很好的名字，但在千千万万个中国村落中也只是其中之一罢了。但随着2013年11月，习近平总书记在此提出了“精准扶贫”的伟大思想，十八洞村就具有了特殊的意义，作为“精准扶贫”的首倡地和践行者，它的成败不仅是一地的成败，更关乎精准扶贫政策的效果，十八洞三个字具有了一丝“政治意义”。随着精准扶贫的持续推进，当地的产业和旅游项目逐渐开发，十八洞三个字也开始具有了经济价值和文化价值。这些价值都是什么？我们又该如何理解这些价值呢？让我们结合十八洞村当地的产业开发和旅游开发，来一一分析吧。

十八洞村品牌的“政治意义”

2013年11月3日，习近平总书记来到湘西十八洞村考察，在此首次作出了“实事求是、因地制宜、分类指导、精准扶贫”的重要指示。从此，精准扶贫这四个字便和十八洞村紧紧联系在一起。牢记总书记的嘱托，十八洞村村民迅速打起精神，正式向贫困宣战，十八洞村制定了《十八洞村2014—2016年精准扶贫规划》，确立了“人与自然和谐相处，建设与原生态协调统一，建筑与民族特色完美结合”的建设总原则，以“把农村建设得更像农村”为理念，打造“中国最美乡村”，认真实施“三通”“五改”和公共服务设施建设，改善村民生活环境。通过村民的不断努力，2016年，十八洞村人均纯收入由2013年的1668元增加到8313元，136户533名贫困人口全部实现脱贫，实现集体经济收入7.5万元，基础设施和公共服务基本完善，全村提前退出贫困村行列。然而，脱贫只是开始，十八洞村的致富，才是最终目标。步步高水厂、猕猴桃产业园、地球仓民宿、观光旅游路线，众多产业在村里生根发芽，2018 年，十八洞村还提出了在 2020 年之前打造“农旅一体化”发展模式的终极目标，向着“小康生活”迈进。

随着精准扶贫的第一场战役的胜利，十八洞村总书记的走访故事、众多村干部的扶贫故事、村民的脱贫故事，就为“十八洞”这个品牌加持上更多的政治意义和教育意义。目前，十八洞村在打造自己的“扶贫博物馆”和“总书记探访路”等旅游项目，把“红色教育”“弘扬社会主义核心价值观”和十八洞村的精准扶贫故事相结合，十八洞村这四个字，更多了一层与贫困斗争的精神内涵。让十八洞不仅仅是个地名、村名，而是把脱贫精神、致富精神与社会主义核心价值观、红色文化相结合，融入十八洞品牌的文化里，是十八洞打造自我品牌的关键一步。

十八洞品牌的文化内涵

十八洞村地处湖南湘西地区，是典型的苗族村落。不仅拥有苗绣、赶秋节、歌舞等民俗文化，更有自己独特的诸如夜郎十八洞、金马等故事传说，这些传统的民俗与神话故事为十八洞村披上了一层湘西“边城”文化的外衣。不仅如此，十八洞的众多扶贫故事也为这层文化外衣增色不少。习近平总书记常说：要讲好中国故事，要传播好中国声音。扶贫问题不仅是中国面临的问题，更是世界的普遍问题，把中国十八洞的扶贫故事讲给世界各地的人们听时，其中蕴含的文化价值无疑是巨大的。

图 17-2 《十八洞村》电影海报

由苗月执导，王学圻、陈瑾领衔主演的剧情片《十八洞村》就是一个成功的例证。该片于 2017 年 10 月 13 日在中国内地上映。影片以十八洞村的真实故事为原型，讲述了退伍军人杨英俊在扶贫工作队的帮扶下，带领杨家兄弟立志、立身、立行，打赢一场扶贫攻坚战的故事。影片把十八洞村“杨英俊”的脱贫故事和苗族的风俗文化相结合。十八溶洞，洞洞相连，婺源式乡村建筑、层叠的梯田、望不到边的绿色。枯藤老树，鸟语花香，高山峡谷，遥相呼应，苗家阿妹的歌声在幽谷回荡。电影不仅展现了湘西的地域风情和特色文化，还把杨英俊的奋斗精神展现得淋漓尽致。此次电影的成功是十八洞村打造“文化品牌”的成功案例。

然而，十八洞村不仅仅有杨英俊这一个故事，他只是众多扶贫故事中的一个缩影罢了。打造十八洞村文化品牌离不开对传统苗族文化和扶贫故事的深度挖掘。除了电影，十八洞村也可以尝试电视剧、情景话剧、歌舞表演等其他形式。围绕十八洞这个品牌打造独特的“扶贫文化”。把红色教育、扶贫故事、苗族风俗相结合，打造独特的“十八洞”文化内涵。

十八洞品牌的经济价值

十八洞村的脱贫与致富离不开对产业产品的开发与应用。除了品牌的政治意义与文化意义，十八洞品牌还具有自我的经济价值。湖南步步高集团根据十八洞村拥有天然的山泉水水源的特点，成立了十八洞山泉水有限公司，打造了“十八洞山泉水”这一产品；苗汉子公司也与十八洞村合作，种植了千亩猕猴桃，打造十八洞猕猴桃品牌；再加上十八洞村的旅游资源，与湖南旅行社合作成立十八洞村旅游公司，十八洞村的产业发展已初具规模。山泉水、农产品、旅游等产品，都是以“十八洞”的品牌向外销售，如何把十八洞村的众多产业打造成足具规模的“成熟产业”，与十八洞品牌的经济效应分不开。

图 17－3　十八洞村步步高水厂正在工作的员工

目前，十八洞山泉水、猕猴桃等产业已初具规模，旅游资源也在紧锣密鼓地开发中。如何运用好十八洞这个品牌，打造十八洞品牌文化，将十八洞品牌的经济效应发挥到最大，是我们应考虑的问题。

用好这个大“IP”

“十八洞”三个字已经成为一个大“IP”，如何用好这个 IP，使其发挥最大的作用呢？我们的调研团队将根据十八洞村的特色、文化、产业，结合部分品牌学和公共关系学理论，为十八洞村的品牌之路建设建言献策。

想要打造成功的乡村品牌，就要知道乡村品牌是什么，乡村品牌可以看作是更小地域范围的区域品牌，是一个行政区域与消费者之间达成认知、认同及其忠诚关系，具体是指一种乡村名称和标记，但其包含着受众效用及乡村的独特个性。简而言之，乡村品牌是乡村文明、功能和性质的外在表现，是指在社会公众心目中，构成乡村的各种因素综合起来的实际评价和总体印象。乡村品牌可以将乡村的独特个性、产品及其受众群体、符号体系、消费意义、消费联想等各种因素体现出来。乡村建设工作中，乡村品牌建设可以对乡村建设的走向和发展趋势进行预测，是其基础框架，能为乡村整体建设提供相应的宏观政策依据。

这是学者陈瑜在《乡村品牌建设中的问题与对策研究》一文中的学理阐述。简单来说，乡村品牌就是一个乡村地区各种个性的统一体现，融合了乡村的文化、地理、习俗、经济、民风等各种因素，一个乡村品牌的成功建设归因于很多方面。

乡村品牌的基本要素

乡村风光。一个乡村品牌资源得以形成的重要依据之一，便是乡村自身所具备的那种独一无二的乡村景观环境特征，诸如地形、地貌、地质、水系、气候以及其他乡村自然资源，都可成为乡村品牌的形成要素，这也是乡村品牌差异化的本原要素之一。建设乡村品牌要以乡村景观和风光为主导，乡村因为其自然景观、风光资源的独特性，发展乡村旅游便是一种能较好传播乡村自然景观风光的方式，可以有效运用乡村的自然景观资源大力发展乡村旅游业，这是乡村发展的根本动力。

图 17－4　十八洞村的乡村风光

产业特色。虽然乡村规模大小不一，但每个乡村在一般情况下，都有自己的特色产业和产品，差异主要是产品和产业的门类。如果在全省乃至全国范围内，乡村的某种特色产业或农产品知名度较高，且占据的市场份额较大，而且是长期占有，或出产富有乡村地方特色的某种农业特产，如景德镇瓷都，寿光增城彩椒村等，这些都能作为乡村品牌建设的组成要素。

文化底蕴。乡村文化可以被细分为有形乡村文化和无形乡村文化两大类。有形的乡村文化，是乡村社会成员在生活中共同拥有的精神财富和物质财富的总和；而乡村的灵魂和文脉则是无形的乡村文化，它是乡村居民自身的意识形态和精神状态，是各种乡村要素相互作用的总和。在长期发展中，每个乡村都形成了独特的乡村风俗传统与乡村文化遗产，这些都可以成为乡村的品牌组成部分。例如，浙江余杭滚灯，余杭钱塘村是其传承发源地，在进行乡村品牌建设时，钱塘村就可以在拥有 800 年历史的“滚灯”上做文章，开展一系列构建乡村品牌形象的活动。

民风民俗。乡村以人为本，一提到乡村并不仅仅是乡村的优美风景，也不仅仅是乡村的农家美食，还包括乡村几千年来形成的民风民俗文化。例如，在云南西双版纳的某些少数民族村寨中，当地的泼水节就是一个有名的民族传统风俗习惯；西藏的藏民区，有观礼晒佛的特色民族风俗习惯。可以发现，以上这些乡村风俗习惯，都是在长期的乡村生活发展过程中形成的，也是大众对乡村品牌进行评价时所看重的地方。因此，乡村品牌的基本构成要素应包括乡村传统的民风民俗，当然，新时期形成的新的乡村民风和民俗，也可以被包括在内。

乡村活动。形成乡村品牌的要素中，富有乡村地方特色的经济文化活动是一个重要品牌资源，尤其是大型的乡村集会、节庆活动，例如，风筝节、梯田开犁节、有机鱼文化节等乡村特色集会。当前，很多乡村对打造特色乡村品牌都很重视，例如，富有乡村特色的农家乐等活动，可以吸引受众的关注度，借此达到实现提升乡村形象、建设乡村品牌的目的。这些特色活动都构成了乡村的品牌符号，对传播和推广乡村品牌有重要的促进作用。

十八洞品牌打造的原则

当熟悉了有关乡村品牌的学理之后，不妨结合十八洞村的地域特点，也来为十八洞村打造独具特色的品牌之路出谋划策一番。非常有幸的是，我们调研团在十八洞村采访期间，得到了十八洞的发展规划相关资料，据此我们提出十八洞村锻造品牌之路的四大原则。

因地制宜原则。十八洞村的旅游品牌设计应因地制宜，根据自我地理特色与文化特色，确保旅游品牌具有湘西风俗特色，使苗寨特色、红色旅游、农旅一体成为旅游品牌的核心卖点，增强十八洞品牌对旅游者及消费者的吸引力。乡村旅游品牌设计应充分发挥乡村自然环境优势，深入挖掘特色资源，打造乡土性的旅游资源和旅游产品。

市场导向原则。十八洞村具有的各种农产品和旅游资源，最终是要接受广大消费者的检验的，市场化是十八洞村产业的必经之路，在品牌设计上应遵循市场导向的原则。农旅结合对农业发展的依赖性较强，需要在品牌设计中充分发挥市场、资源和区位优势，因地制宜开展乡村旅游。乡村旅游品牌建设应坚持市场导向，开发乡村旅游资源，根据市场环境需求打造乡村旅游产品，使乡村旅游产品被旅游市场所接受。乡村旅游品牌设计应准确定位旅游市场及客源，制定科学的乡村旅游品牌发展方向。

可持续发展原则。十八洞旅游品牌设计应坚持可持续发展原则，习近平总书记常说，“金山银山，不如绿水青山”。因此，要在社会文化、区域经济及自然生态和谐发展的基础上设计好乡村旅游品牌，加强对乡村旅游资源的合理利用及统一管理，协调乡村地区资源保护与资源开发的关系，统一规划乡村旅游品牌的社会效益、经济效益和环境效益。促进乡村旅游品牌的可持续发展。既要“富有”的十八洞，但更要“美丽”的十八洞。

精神内涵原则。十八洞的改造与“精准扶贫”政策密切联系，在对十八洞村进行品牌打造时，对扶贫精神、扶贫故事的挖掘与加工必不可少。把十八洞的品牌与红色文化相结合，与弘扬社会主义核心价值观相融合，打造十八洞品牌的精神内涵。一个品牌只有有了自己的文化与精神才能长久持续下去。十八洞因精准扶贫而发展，也因精准扶贫而受到关注，这么大的文化价值和精神价值，一定要多加利用。

打造“十八洞”这个大 IP

品牌具有无限的价值，十八洞村的品牌打造，可从乡村风光、产业特色、文化底蕴、民风民俗、乡村活动五个方面依次展开。

乡村风光。十八洞村离边城不远，是一个美丽的自然村落。就如沈从文笔下的边城一般，自然与人和谐统一，自然景物与人交融共存，万物息息相关，互感互知，皆笼罩在一个既无情又有情、运行不息的“天地”之中。青山与绿水交相呼应，奇山峻石，赏心悦目。漫山遍野的野花和野生的猕猴桃，让人流连忘返。十八洞的山泉水从溶洞里潺潺流出，“若溯流而上，则三丈五丈的深潭皆清澈见底。深潭为白日所映照，河底小小白石子，有花纹的玛瑙石子，全看得明明白白。水中游鱼来去，全如浮在空气里。两岸多高山，山中多可以造纸的细竹，长年作深翠颜色，逼人眼目……”就如同沈从文笔下所描写的一般，美丽至极。

十八洞村拥有美丽的湘西自然景观与村落景观，在打造十八洞品牌时，自然不能忽略它的自然风景。目前，十八洞村正在打造一条游步道，从十八洞村的峡谷一直通到莲台山山顶，最后再与寨子相连，在游步道周边，村委还决定种上十八洞的特色农产品和观光花草。将十八洞的自然景观充分展现在游客面前。

目前，游步道还在建设当中，建成之后，必定会成为十八洞村极具吸引力的旅游资源，十八洞村的品牌塑造也要以此为重点。需要注意的是，乡村的自然风光固然重要，十八洞村目前对人文风光的保护却还有待提高。除了保护特色苗寨外，也应保留部分梯田风光，将自然风光与乡村景观结合起来。未来十八洞村可以以自然风光为中心，打造“康养中心、天然氧吧、美丽乡村”等品牌。

产业特色。目前，十八洞村初具规模的产业集中在这几块：即步步高水厂、猕猴桃种植园、苗绣、红色旅游。“农旅一体化”还在建设当中，相信不久的将来就会成为十八洞村的特色产业。结合红色旅游，十八洞村可以打造“红色教育基地”的旅游品牌，而结合观光游步道、水厂及山泉水、猕猴桃等产业，可以打造“休闲、康复、绿色产品”为中心的休养中心；将来农旅一体化建成之后，可以着力打造“采摘节、农家乐”等农旅结合的品牌项目。

文化底蕴。十八洞村属于典型的苗寨村落，具有丰富的苗家文化资源，在采访中调研团还获知十八洞村把四个寨子的功能逐一分工，其中，当戎寨就主要负责苗家文化的旅游开发，预计在建的有“赶秋场”，每年会举办声势浩大的“赶秋节”。还把苗绣文化与旅游相结合，既生产精品苗绣，又有苗绣体验中心，让游客不仅能买到苗绣产品，更能体验苗绣生产。而梨子寨则承担十八洞村另一个文化旅游项目，那便是红色旅游和精准扶贫故事。在梨子寨不仅能够重走习近平总书记的走访路，还可以聆听十八洞村的脱贫致富故事，参观十八洞村脱贫博物馆。

十八洞村最值得挖掘的文化底蕴就是：扶贫文化和苗寨文化，如何把符合社会主义核心价值观的扶贫故事、脱贫故事与中国传统特色的苗寨文化结合起来，一起为十八洞村的乡村振兴出力，是村委需要考虑的问题。

民风民俗。十八洞村的民风民俗与其文化底蕴相似，具有两种特色。第一个就是身为苗族村寨所具有的传统民俗文化和乡村民风；第二个就是确立精准扶贫政策后，十八洞村村民势与贫困做斗争的“拼搏精神”。电影《十八洞村》中的“杨英俊”很好地诠释了这种精神。十八洞村的品牌打造离不开村民的整体风貌，如何把村民的“拼搏精神、奋斗精神”、村干部的“无私奉献”精神、传统的“苗族朴素精神”相结合，融合在一起，形成新的“十八洞精神”，这是今后重点要做的工作之一。

乡村活动。在采访中，我们得知比较盛大的乡村活动，就是一年一度的“赶秋节”，这是苗族文化的传统节日，值得大力弘扬。但是，也应该围绕“精准扶贫”，打造一些具有教育意义的“红色活动”，把十八洞的品牌价值充分开发出来。

图 17－5　正在走访的调研团成员与村民聊天

十八洞品牌的“普世”价值

十八洞村是“精准扶贫”的首倡地，也是精准扶贫第一个实践地，十八洞村成功的品牌效应不仅关乎一个村子、一个城镇，更关乎全国贫困县、贫困村的扶贫脱贫问题。十八洞村品牌，除了具有以上所说的产业、文化、风光、民俗等价值外，更重要的是它具有一种普世价值。简单地说，就是十八洞村的扶贫经验、扶贫模式、扶贫政策，可以形成一套系统，供全国甚至全世界的贫困地区来借鉴。那么，如何打造十八洞村品牌的“普世”价值呢？在此，调研团通过调研后提出以下几点建议。

打造“学习教育基地”

十八洞村除了要打造旅游资源和特色产业，还要注意对自己扶贫经验的总结。一方面，注意把村民的脱贫故事、村干部的扶贫故事收集起来；及时总结国家及省委、省政府政策落实时的情况，在政策实行时所面临的问题，有哪些经验和教训，把这些故事、经验、教训收集成册，留作自我经验总结和学习资料之用；另一方面，也要把这些总结和资料提炼升华，形成十八洞村独特的“脱贫攻略”，供更多的村干部及其他贫困地区的人前来学习之用。围绕十八洞村独特的扶贫经验和扶贫模式，可打造“扶贫教育基地”，这样不仅可以让更多的人学习十八洞村的经验，让更多贫困地区的人实现脱贫致富的梦想，也可以给十八洞的品牌赋予更多的时代内涵与意义。

与高校合作，出版作品

这次我们首都高校师生调研团，第一次组团来到十八洞，就是为了通过对十八洞产业扶贫现状的调查，以学者的视角高度概括十八洞村的扶贫经验，挖掘十八洞村的“样本价值”。今后，十八洞村也可以与各个高校和研究机构的学者合作，出版更多讨论扶贫问题的图书与作品，开办扶贫经验讲座，把十八洞的品牌价值发挥到最大。十八洞村的扶贫经验需要总结和升华，以形成一套“精准扶贫”的理论。然而，理论的总结升华，是少不了学术上的探讨的，这种升华单凭十八洞村村民和干部难以达成。因此，和高校或研究院合作，由十八洞提供案例、材料、故事，研究者经过调查后，以学者的角度进行概括提炼和升华，最终形成概念和系统理论，这样一来，十八洞品牌的深层内涵将会得到更大的彰显。

拍摄影视作品

以《十八洞村》电影的成功为基础，联合更多企业，围绕十八洞村可以打造电视剧、纪录片等作品。把十八洞村的经验与故事传播出去。此次调研期间，我们碰到了在拍摄十八洞村“股权转让”纪录片的央视记者，他们围绕十八洞村村民土地变股权的土地转让政策拍摄纪录片，这就是一个很好的开始。十八洞村还可以和更多电视台和影视制作公司合作，拍摄以产业、农旅、扶贫为核心的纪录片或电影、电视剧，把十八洞的故事传播得更远。

十八洞的品牌之路

十八洞正在紧锣密鼓的建设之中，十八洞的品牌建设还处在起步阶段，虽然有了一定的知名度，但还没有形成自己的品牌价值和品牌文化。未来当基础建设完成之后，十八洞的品牌之路也要提上议事日程。只有把十八洞的品牌打响，形成独具特色的“十八洞品牌”才能令自己的众多产业得以蓬勃发展。目前，十八洞村的品牌建设还有如下不足：

一是整体品牌意识薄弱。没有形成自己的品牌文化与品牌价值，产业众多，各自为战，并没有拧成一股“绳”。

二是村主体的品牌意识还不强。乡村品牌建设的主体包括乡村各级领导干部和乡村村民。他们往往有建设乡村的美好愿景，也希望将乡村打造成为知名品牌，但在实际的建设中，往往偏离了最初的品牌规划，无法有效地开展乡村品牌的塑造与传播活动。例如，十八洞村迟迟没有打造出自己的村落logo，仅有各个产业自己打造的logo，这不利于十八洞村的品牌打造和统一推广。

三是乡村品牌管理组织空缺。目前，十八洞村还没有自己专属的宣传团队及品牌打造团队。除此之外，传播渠道单一，互联网新媒体运用确实受到了局限。任何品牌的打造之路并非易事，对于一个正在加大力度建设基础设施的村落，能做成如今的品牌效果已经实属不易。有鉴于此，我们调研团在上文提出的十八洞品牌打造的原则、要素、方法和重点等，但愿对十八洞村品牌建设有所裨益。

我们衷心地期待未来的某一天，十八洞村可以凭着独特的优势，打造出属于自己的品牌价值与品牌文化，十八洞的品牌之路，任重而道远！

十八

十八洞村的样本价值

贫困是当今人类面临的最大挑战之一。2016年1月1日起生效的联合国《2030年可持续发展议程》，明确“在全世界消除一切形式的贫困”。而十八洞村的扶贫攻坚战是严格按照习近平总书记“实事求是、因地制宜、分类指导、精准扶贫”的重要指示进行的，它的成功不仅是中国扶贫的榜样与样本，更是世界扶贫的榜样与样本。十八洞作为“精准扶贫”的第一样本，不仅受到中国各地的瞩目，更受到世界的瞩目。

习近平总书记提出的“一带一路”“人类命运共同体”等理论，为人类发展做出了贡献。注重加强国际合作，世界各国共同应对各种问题和挑战，是时代的大势所趋，也是人类共同的命题。而消除贫困是世界共同面对的大问题，目前全球仍有8亿多人生活在极端贫困之中。中国在全球消除贫困方面所做的贡献十分显著：1978—2015年这38年间，中国贫困人口减少了7.1亿人，减少92.8%。世界银行称，中国减贫工作的卓越成就推动了全球贫困人口的下降。中国减少极端贫困人口方面是世界上其他国家的榜样。如果能有一个国家成为消除极端贫困人口的表率，那么很有可能就是中国。联合国贸易和发展会议（贸发会议）第十四届会议于2016年7月18日在肯尼亚首都内罗毕发布《发展与全球化：事实与数据》年度报告，认为近几十年来，人类在全球减贫方面取得了显著成就，其中中国表现尤为突出。

如今，习近平总书记提出“精准扶贫”的政策倡议，这无疑又为世界脱贫工作做出了巨大贡献。十八洞村作为“精准扶贫”首倡地，这里的工作经验与工作成效，对全国各地乃至世界各地的扶贫工作都有借鉴意义。因此，倘若把十八洞村“精准扶贫”放在“一带一路”倡议这一大背景下去观察与思考、开发与利用，同时，将十八洞通过产业实施“精准扶贫”的经验与中国参与“全球治理”进程结合起来考量，那么，十八洞村扶贫奔小康的智慧将会转变或升华为真正的“中国智慧”，这样会为全球减少贫困人口，让世界各地的贫困地区的人们脱贫致富，提供有意义的“样本价值”。

十八洞村的“可复制”与“可推广”

作为“精准扶贫”理念的首倡地，十八洞村见证着一个曾经贫穷落后山寨的蜕变，见证着中国“2020 年所有贫困人口实现脱贫”的伟大实践。但它的脱贫可不可持续？它的经验有没有可复制性、可参照性？这里有没有用扶贫款垒起的“大户”、用虚假数字堆起的“盆景”？

“不搞特殊化，但不能没变化。”十八洞村的脱贫工作是十八洞村所有村民、干部努力的结果。事实证明，它的扶贫经验不仅可复制、可参照，更是一个典型的脱贫致富案例。“我们不要求速成，也不接受单纯的资金捐款，我们要自力更生，把十八洞村建设得更好。”在采访中，第一书记石登高如实告诉我们。

结合对十八洞村现任第一书记石登高、扶贫工作队队员杨建军、扶贫工作队龙队长的采访，我们调研团归纳总结了十八洞扶贫致富工作的精华所在，十八洞村的脱贫路、致富路，不仅可以复制，可以参考，更可以大力推广。

精准到人，精准发力

精准扶贫，要求改“大水漫灌”为“滴灌”“喷灌”工作，精准到位。在采访中，杨建军说："我们的工作，不是在农户家中，就是在去农户家中的路上。"在扶贫工作中，扶贫队队员了解每一户的真实情况，根据情况为农户制定专项的脱贫计划。"该养殖的养殖，该打工的打工，该做小买卖的做小买卖，实在困难的，没有工作能力的，村委兜底。"

精准识贫，不落一人。2014 年初，花垣县委派往十八洞村实施精准扶贫的工作队进驻之后，办的第一件大事就是"精准识贫"：从 225 户 939 名村民中，筛选出真正的贫困户、贫困人口。此后，把"精准识贫"作为精准扶贫的"奠基石"，通过识贫、校贫、定贫"三部曲"，把真正的贫困人口、贫困村全部找出来，并针对不同致贫原因分类帮扶、精准施策、精准发力。

图 18－1　调研团成员采访十八洞村村主任

发展产业才是关键

脱贫只是第一步，真正的致富奔小康才是关键。农村地区的发展，不能仅仅是村民脱贫了，更重要的是整个乡村地区富起来。"之前为了脱贫，我们是鼓励村民外出打工挣钱，现在，发展产业，我们是想把村民叫回来。只有更多的人回来了，村子才能越来越兴旺。"第一书记石登高告诉我们。他还说："产业我们也不是瞎引入，给钱多就要。我们

图 18－2　调研团成员采访十八洞村第一书记石登高

需要的是真正适合乡村地区，适合苗寨的产业。如果发展产业破坏了自然风景，那就得不偿失了。”目前十八洞村引入了苗汉子猕猴桃产业、步步高水厂、地球仓民宿等产业，为十八洞村解决了很多就业问题和收入问题。一个村民还说：“回来工作工资虽然低，但是花销也小啊，还能和家人在一起，何乐而不为呢?”

重点在“集体经济”

中国是社会主义国家，走的是社会主义道路。在采访中，石登高书记不止一次地给我们提到“集体经济”的重要性，他说：“很多村民因病返贫，村里的基础设施完善也需要很多资金。村集体经济起来了，不仅可以集中力量办大事，更可以让村民的生活环境得到改善。”“目前，村集体收入大概每年 80 多万元，这其中有 50 万元是给全村人缴纳保险和医保的，其余 30 万就完善村里的路、水、网等公共设施，以后集体收入多了，还可以给村民分红。”

图 18－3　工作队员带领我们入户调查

党的领导，政府主导

在乡村建设工作中，党组织的建设必不可少。在我们调研期间，十八洞村党支部和前来援建的中海集团、中建五局成立了联合党支部，所有党员一起参与到十八洞村的建设中去，这应是精准扶贫工作中的一个创举。党员在脱贫致富中的“先锋模范带头作用”必不可少，登高书记说：“土地入股过程中，凡是党员的家庭，先把土地拿出来；需要干什么工作，党员第一个去。”“只有党员把工作做好了，让村民看在眼里，他们才会打消疑虑。大家拧成一股绳，政府主导，就可以干大事。”

图 18－4　十八洞村联合党支部成立大会

统一规划，正确利用土地资源

目前，十八洞村正在打造“农旅一体化”项目，村民以土地使用权入股，土地集中起来后，统一规划，种植适合的作物，再和乡村旅游结合起来。最后的收益按土地的多少与村民分红。“中国自古人多地少，每人的一亩三分地，辛辛苦苦种植一年才能勉强糊口，就别提致富了，土地集中起来，统一规划就不一样了。我们会邀请中科院的专家来指导，种植业也可以形成产业，再发展旅游业。这里面的收益就不可估量。”石登高书记告诉我们。

图 18－5　修建中的产业路

增强贫困地区和贫困人口的自我发展能力

脱贫攻坚，在着力增强贫困地区的“造血”功能的同时，关键是要尊重贫困人口的主体地位，培育和增强扶贫对象的自我发展能力。十八洞村的精准扶贫，实现了“输血”与“造血”的有机结合：既注重增强扶贫对象和贫困地区自我发展能力，又注重解决制约发展的突出问题，努力推动贫困地区经济社会加快发展。也就是说，十八洞村在精准扶贫过程中，一方面是要坚持做好治愚扶智工作，帮助贫困人口改变

"等、靠、要"观念。通过加强对贫困人口的思想教育、政策宣传、技能培训和培育致富带头人等方式，帮助贫困人口激发内生动力，在思想和行动上实现由"被动脱贫"向"主动脱贫"转变。另一方面，着力提升贫困人口自我组织能力和自我发展能力，引导贫困人口主动参与脱贫攻坚计划和行动。确保贫困人口的主观意愿和集体智慧均能体现在扶贫政策设计和帮扶项目之中，使得贫困人口实现广泛的自我动员，积极参与精准扶贫政策的全过程，从而增强精准脱贫、稳定脱贫的自主性和可持续性。

这些经验只是粗略的总结，前面的章节有更详细的分析，十八洞村的这些经验告诉我们，它的扶贫致富之路是可复制与可推广的。贫困问题是全世界所有国家面临的难题，中国也不例外。但是，在中国共产党的领导下，我们走出了一条独具优势、符合中国国情的精准扶贫之路，走出了一条中国特色的精准扶贫之路，我国的精准扶贫、精准脱贫工作取得了举世瞩目的成绩。中国用占世界9%的耕地，养活了占世界20%的人口，并使七亿多贫困人口实现了基本温饱，率先完成了联合国国际减贫阶段性任务。中国已经成为世界上减贫人口最多的国家，对世界减贫的贡献率超过70%，对国际减贫计划的贡献率处于领先地位。中国率先完成了联合国千年发展目标，为世界的扶贫工作做出了巨大贡献，同时也为广大发展中国家提供了可资借鉴的扶贫开发经验。

十八洞村的"样本"性

十八洞村虽然只是中国千万村庄中的一个，但它的脱贫经验和振兴过程却受到全国瞩目。解决一时一地的贫困不是我们的目的，实现共同富裕和全面小康才是我们的终极目标。可复制、可推广正是十八洞村扶贫模式最大的价值之所在。挖掘十八洞村的“样本价值”，充分发挥十八洞村的“样本价值”，才是十八洞村对全国乃至世界所做的最大贡献。

如何能充分发挥十八洞村的样本价值呢？

将十八洞村的扶贫故事与精准扶贫政策相结合，形成“中国智慧”

十八洞村成功不能仅仅停留在“经验层面”，而是要通过总结、概括形成理论，最终形成“中国智慧”，把十八洞智慧与其他各地的情况结合，帮助更多贫困地区脱离贫困。精准扶贫政策的十六字方针是高度概括，而十八洞村是怎样实施这十六字方针的，实施过程中有什么经验、教训、心得，则是精准扶贫政策的具体内容，把精准扶贫的十六字方针与十八洞样本结合到一起，进行理论化、概念化，最终形成更加成熟的扶贫理论，这可是善莫大焉的大事。

注重十八洞村典型故事的挖掘传播

施六金的婚事、杨家三兄弟的脱贫故事、水厂的建设过程、扶贫队队员杨建军的入户故事，这些都是十八洞村扶贫工作的典型案例，其间的酸甜苦辣，别有一番滋味在心头。注重对十八洞村扶贫故事的总结，可以使十八洞村这个样本更加形象，更利于传播。单纯的“理论样本”并不能满足广大乡村地区的需求，我们需要的是故事＋案例＋理论的结合。有了理论，就有了高层次的指导，有了案例，就有了具体的实施样本，有了故事，可以使理论和案例更加生动形象。再通过互联网、电影、电视剧、纪录片等形式把故事传播出去，十八洞村的样本价值才能更好地被发挥出来。

图 18－6　认真工作的石登高书记

注重中国智慧的“国际化”

将中国贫困治理经验推向国际意义重大。一方面，有助于提升中国在参与全球治理中的话语权和影响力；另一方面，则有助于展示和建构中国在世界的国家形象。把“精准扶贫”的中国智慧推向世界，不仅有利于中国国际地位的提升，更可以为解决世界贫困问题出力，而“精准扶贫”中的十八洞智慧，无疑会是最耀眼的一笔。十八洞村的样本价值不仅在国内具有影响力，将它与“精准扶贫”政策一起推向世界，也是我们应该做的工作。

然而，十八洞村精准扶贫智慧的国际化进程已然开始，到访十八洞村的“老挝朋友”，就是见证人之一。

到访的老挝朋友

5 年前的深秋，习近平总书记赴湖南湘西土家族苗族自治州考察，在花垣县十八洞村首次提出了“精准扶贫”的倡议，为新时期中国扶贫开发工作指明了方向。十八洞村自此向贫困宣战，有了“精准扶贫”

政策的指导，十八洞村村民有了主心骨，经历了5年的奋斗，十八洞村不仅成功摘帽脱贫，还建构了一系列产业，发展了农业、旅游业，向着“美丽乡村”的目标前进。然而，十八洞的成功不仅仅局限于此，它的声名远播于世界。2018年5月底，老挝总书记本扬应习近平总书记邀请来华访问。结束在北京的行程，本扬总书记马不停蹄赶赴三湘大地，实地走一走，看一看，感受中国脱贫攻坚的生动实践。

初夏，老挝人民革命党中央总书记、国家主席本扬来到湘西十八洞村，探寻“精准扶贫”的中国经验，为老挝的脱贫工作寻找解决之法。这是一次意义重大的访问，也是最特殊的访问。不同以往各国领导人去大城市，去发达地区、高科技地区，本扬总书记则来到了“名不见经传”的一座地处武陵山脉腹地的苗寨。这个小山村在5年前，曾受到习近平总书记的亲切关怀，而今第一次迎来了外国元首的到访。6月2日下午，老挝国家主席本扬率老挝党政高层代表团来到十八洞村，重走习近平总书记5年前走过的路线，并聆听了十八洞村的扶贫故事与扶贫经验。

雨后的十八洞村，满山翠绿、清新朗润。本扬一行来到十八洞村的“精准扶贫广场”，村干部便带领他们走进村里的精准扶贫展览室参观。习近平总书记在十八洞村考察时的照片挂在最显眼的位置。本扬主席驻足观看，看得十分认真仔细。

当时的讲解员、十八洞村驻村扶贫工作队队员杨建军告诉我们说，当天，展览室内陈列的湘西精准脱贫“十项工程”展板引起了本扬的强烈兴趣。“我给本扬总书记详细介绍了十八洞村产业的发展情况、扶贫的现状、乡村农旅一体化开发状况和100元看大病的医疗补助计划这四块工作，本扬总书记听得非常认真。不时点头，并说‘这个值得我们学习’。”杨建军说。

一张张图片，一组组数据，展现出的是湘西近年来通过乡村旅游、转移就业、易地搬迁、教育发展等进行“十项工程”，展现出的是解决当地深度贫困问题的努力和成效。2014 年至 2017 年，全州实现 50 余万人脱贫，贫困发生率由 33.79% 下降到 10.55%。绝不让一个贫困群众掉队，确保到 2020 年农村贫困人口全部脱贫，让中国人民共同迈入全面小康社会——这是中国共产党人的庄严承诺。而作为世界上最不发达国家之一，老挝也确定了到 2020 年实现脱贫的目标，和中国的时间进程遥相呼应。

7 个月前，习近平总书记到访老挝时，中老两国领导人曾有这样一段对话：“老挝农业自然禀赋较好，但受困于资金和技术。”习近平总书记回答说：“农业领域可以成为双方合作的重点领域，中国不仅可以帮助老挝发挥自然优势，还可以帮助更多人摆脱贫困。”帮助更多的人脱离贫困，这是习近平总书记给出的承诺，而十八洞村的扶贫经验与扶贫故事，就是在践行习近平总书记的承诺。

本扬总书记的第一站是十八洞村的梨子寨，传统的苗族村寨错落有致。沿着灰青色的石板路，本扬总书记询问了十八洞村的“名人”石拔专大姐的身体情况，“您身体还好吧”“有几个孩子”“生活过得越来越好了吧”。石大姐则告诉本扬，村里开展精准扶贫工作以后，情况已经发生翻天覆地的变化，不仅家里的生活条件越来越好，吃穿不愁，更重要的是精神面貌也焕然一新。

说着这些，石大姐又与本扬总书记聊起了她见习近平总书记时那最激动的时刻，她说，这个时刻，说一百遍也说不厌。

那天，石大姐在家干家务，忽然看到有客人进来，就按照苗族礼节热情迎接。面对眼前陌生的客人，她问：“怎么称呼您？”习近平总书记亲切地说：“我是人民的勤务员。”握住石大姐的手，总书记询问她多大年纪，听说老人 64 岁了，他说：“你是大姐。”这个情景，石大姐讲了一遍又一遍。

从“大姐”家出来后，习近平总书记来到村民施成富、龙德成夫妇家探望，在他们家的院坝（前坪）上召开了一个小型座谈会。习近平总书记和乡亲们在空地上围坐一圈，首次提出“精准扶贫”——要建档立卡摸清每户致贫原因，不能“手榴弹炸跳蚤”，要下一番“绣花”功夫。

短短五年，本扬看到的十八洞村却与从前完全不同，3.5 米宽的盘山小路变成了 6 米宽的柏油马路，村内家家门口修了石板路，户户通了自来水。游步道有了，邮局有了，自助取款机有了，农家乐有了，还与文化公司合作建立了农家书屋和诗社。“大姐”石拔专家新添了液晶电视、电风扇和电饭煲，还在家门口摆起了小摊。“现在来村的游客越来越多，去年在家光靠卖腊肉和摆摊，收入都有近 1 万元了。”从表情中，可以看出本扬总书记的吃惊与震撼。短短五年，精准扶贫的好政策让十八洞村发生翻天覆地的变化，而老挝有千千万万个与十八洞村相似的自然村寨，他想让这些村寨与十八洞一样，发展起来，富有起来。

青山环绕，鸟语花香

本扬总书记在走访中，对在场的村民说：“中国和老挝是友好邻邦，我这次特地到十八洞村和你们交流学习精准扶贫的经验，希望能把你们好的经验带回老挝去，同时也请你们到老挝去看一看。”坐在农家的木椅子上，本扬总书记向大家一一了解当地政策、风俗、人口、家庭和经济状况。语言的不同并没有阻碍他们的交流，本扬总书记不时问这是什么，请翻译一一解答，生怕落下村民所说的。

听十八洞村乡亲们讲述着十八洞村的前后变化，本扬总书记又说道：“习近平总书记提出建设‘四好农村路’。这次来到十八洞村，我看到道路修得很好，与城市几乎没有差别，可以说是真正的‘四好’。这里村容村貌清洁美丽，老百姓安居乐业、衣食无忧，大家收入大幅提高，生活状况大大改善，让我们深受启发。”

他接着说，“老挝目前还有6%的贫困家庭，我们要认真学习借鉴中方‘精准扶贫’的做法和经验，争取到2020年摆脱国家欠发达状态。”本扬说，“老中两国是好邻居、好朋友、好同志、好伙伴，一直以来两党两国携手同行、守望相助。”“我们要相互学习、相互帮助，实现共同发展。”

而在2017年11月，习近平总书记也对本扬总书记说过这样的话：“中老两党都是全心全意为人民服务的马克思主义政党，巩固和发展两国关系必须得民心、顺民意、惠民生。”

之后，陪同考察的中共中央对外联络部部长宋涛向本扬总书记赠送了以十八洞村脱贫故事为原型的电影《十八洞村》光盘：“这是习近平总书记特意嘱咐我送给您的礼物。”

本扬总书记非常喜欢习近平总书记送他的礼物，动情地说：“我很喜欢这个礼物，回去之后一定仔细看。”

“在十八洞村，我目睹了中国贫困偏远地区的扶贫成效，进一步感受到习近平总书记的领袖风范。”本扬说，“习近平总书记不仅胸怀天下、心系国家，而且关心少数民族的生产生活，对偏远山村的基层民众嘘寒问暖，这都非常值得老挝人民革命党认真学习的。”

十八洞这个地处大山深处的苗寨，5年里先后迎来中老两国最高领导人的到访，不仅见证了中老两党两国携手并进的一段佳话，更显示了中国的扶贫榜样为世界扶贫工作做出的贡献。

“一带一路”与精准扶贫

“一带一路”（The Belt and Road，缩写 B&R）是“丝绸之路经济带”和“21 世纪海上丝绸之路”的简称，2013 年9 月和10 月由中国国家主席习近平分别提出建设“新丝绸之路经济带”和“21 世纪海上丝绸之路”的合作倡议。它将充分依靠中国与有关国家既有的双多边机制，借助既有的、行之有效的区域合作平台，一带一路旨在借用古代丝绸之路的历史符号，高举和平发展的旗帜，积极发展与沿线国家的经济合作伙伴关系，共同打造政治互信、经济融合、文化包容的利益共同体、命运共同体和责任共同体。同样是 2013 年，习近平总书记在十八洞村提出了“精准扶贫”的倡议。十八洞村连同全国各地一道，打起了脱贫攻坚战，经过五年的努力，取得了优异的成绩。

“一带一路”沿线国家以发展中国家为主，贫困人口问题也是他们所面临的问题，脱贫减贫也是他们面临的难题。由此看来，十八洞“精准扶贫”的样本价值之于“一带一路”沿线国家的脱贫减贫的意义是不言而喻的。倘若在“一带一路”大框架下，以十八洞村为样本，挖掘它的样本价值，使之可复制，这将会为各国扶贫提供有益的借鉴。

在一次扶贫办的新闻发布会中，一位记者问扶贫办公室主任刘永富道：“我们的精准扶贫，很多时候是通过国际合作来实现的，‘一带一路’的建设能否和我们的精准扶贫政策相结合，通过国际合作来促进更广泛地区间的扶贫工作?”刘永富回答道：“这是可以结合的，‘一带一路’是促进沿线有关国家共同发展的一个战略，通过与‘一带一路’沿线国家的合作，可以促进各国经济社会的发展。发达国家主要靠就业和社会保障与社会福利来实现扶贫，而发展中国家既靠发展来带动扶贫，也靠救济和扶贫的具体制度与办法来促进减贫工作的开展。借鉴中国精准扶贫的经验，在‘一带一路’框架下，完全可以开展积极的国际合作和交流，以推动沿线国家脱贫、减贫目标的实现。”

中巴经济走廊、老挝一号工程、肯尼亚的铁路工程，都是“一带一路”的标志性工程，也是扶贫、脱贫、致富的民心工程。“一带一路”倡议的本质是与各国合作发展经济、发展产业息息相关的：一方面特别注重基础设施的改善，另一方面积极发展产业，以带动当地的脱贫减贫工作。因此，“一带一路”与精准扶贫之间无疑有巨大的契合点。在“一带一路”国际合作的大背景下，将“精准扶贫”的理念植根于所在国家发展产业、减贫脱贫的事业中，并互鉴互学、交流分享，不仅有利于奉献中国扶贫经验和中国扶贫智慧，以解决世界各地的贫困问题，而且也有利于传播中国“人类命运共同体”的理念，从而将有利于发挥并提升中国在国际事务中的影响力。

十八洞村的政治优势与全球治理

十八洞经验以及精准扶贫的方略举措，无疑也是贫困治理的“中国样本”。这一样本，彰显了中国的政治和制度优势，凝结着贫困治理的“中国经验”。充分挖掘中国扶贫减贫样本所蕴含的宝贵经验，不论是对继续推进精准扶贫方略、如期全面建成小康社会，还是对及时总结中国脱贫攻坚的国际经验，进而为全球的贫困治理贡献“中国智慧”“中国方案”都具有重要意义。把精准扶贫政策以及十八洞村样本国际化，是中国参与“全球治理”的关键一招。

精准扶贫和十八洞村的成功，最能体现出中国特色社会主义道路的优势，与以往扶贫模式不同，精准扶贫模式有着自身独特的政治和制度优势。这些优势，实际上构成了当今中国在推进国家治理体系和治理能力现代化进程中，实施精准扶贫方略，决胜全面小康，并最终从根本上治理贫困的重要政治资源。中国自身的政治和制度优势，不仅使得精准扶贫成为贫困治理的“中国样本”，也推动了精准扶贫在实施过程中不断实践并形成了“中国经验”。与以往中国的扶贫和世界其他国家的贫困治理不同，自实施精准扶贫方略以来，中国在扶贫攻坚过程中所采取的诸多举措和贫困治理的实践，形成了不少有益的经验。这些经验，都值得从理论上加以总结。

在挖掘十八洞精准扶贫的国际样本价值时，我们还应注意的是：在精准扶贫战略思想和中国贫困治理的理论阐释中，既要科学总结中国贫困治理的成功经验，又要用更加有利于国际推广与传播的理论话语范式来建构贫困治理的理论话语体系。在贫困治理的话语阐释中，除展示贫困治理的“中国样本”，还应让世界看到“中国经验”和“中国智慧”，这是中国为全球治理提供的“中国方案”，也是中国“人类命运共同体”理念的组成部分，而不是在贫困治理问题上输出“中国模式”，搞所谓凌驾于人的“国际援助”。因此，我们建议：要根据不同地区和不同国情，考虑精准扶贫的本土化。中国贫困治理经验国际化的真正价值，就在于这一经验能否充分地本土化而造福一方人民。否则，中国贫困治理经验的国际化势必会因“水土不服”而收效甚微。

当然，我们的最终目的是：要使精准扶贫理念与十八洞的样本价值，能真正融入“全球治理”的进程当中去，成为“人类命运共同体”理念的一部分。也就是说，要把中国贫困治理经验的国际化同参与全球治理结合起来。随着中国的崛起并越来越深入地融入世界，如何有效地参与全球治理并为世界贡献全球治理的中国方案和中国智慧，是全球化时代摆在中国面前的一个机遇和挑战。在全球治理的诸多领域中，贫困治理无疑是中国最有成效、最有发言权的领域之一。在推动贫困治理经验国际化的进程中，我们不仅是为贡献方案而总结经验，而且还应适应当前国际社会了解和借鉴中国贫困治理经验的现实需求，并以此为契机，在全球反贫、减贫领域提高中国参与全球治理的话语权和影响力。

总之，充分挖掘十八洞的样本价值，把其放在“一带一路”的大背景和积极参与全球治理的进程之中，我们相信：十八洞村的样本价值一定会超乎想象的。

十九 十八洞村的未来畅想

早晨7点，十八洞村梨子寨村口的前坪，一改往日热闹的场景，异常的宁静，偶有一两位老农拉着牛车，或是早起干农活儿的村民路过，长廊外的大妈们还没出摊，杨姐饭庄、巧媳妇等农家乐也还未升起炊烟，一切都似井然有序地等待着什么，就好像在等待一个时机，时机一到，所有沉睡的事物就都会瞬间炸开，开启崭新的一天……

图19－1　十八洞村梨子寨清晨的景色

十八洞精准扶贫的“上学期”

十八洞村人的岁月时光距习近平总书记的到访已经过去快五年了，这五年里，十八洞村的每一丝变化都备受世人瞩目。特别是在2018年习近平总书记的元旦致辞中，作为背景的书柜里摆满15张照片，其中

4 张是关于精准扶贫的照片，这 4 张中又有两张是十八洞村的照片，被各界媒体解读为“意味深长”，仅 15 张照片中就有两张是十八洞村的，可想而知习近平总书记对十八洞的关注和期待。

图 19－2　习近平总书记称呼的“大姐”石拔专

首都高校师生调研团在采访十八洞村的石登高书记时，登高书记非常耐心地为大家讲解了目前十八洞村的情况以及对未来的构想。他说道，如今十八洞村梨子寨的村容村貌已经基本改造完毕，竹子寨、飞虫寨和当戎寨的村容村貌改造也在计划之内，当地的公共基础设施在 2016 年也基本改造完毕，包括水、电、路、网络等方面得到很大改善。目前政府主要工作有三个：第一是发展旅游业，第二是打造十八洞村品牌，第三个是加强村民思想道德建设，把思想从“要我脱贫”转变到“我要脱贫”，同时，在政府工作中要完成从管理型政府到服务型政府的转变，扶贫要同扶智、扶志及扶制相结合，不仅要在智力和脱贫志气上给予村民信心，更要在政策和制度上走一条可异地复制、全国推广的扶贫路线，牢记总书记的嘱托，不能搞特殊化，但绝不能没有变化，做好样本供大家参考借鉴创新。

登高书记介绍，2018 年 7 月中旬，中央金融扶贫巡视组再次来到十八洞村进行精准扶贫调研，主要考察的是十八洞村集体经济的发展。中央金融扶贫巡视组对现阶段的扶贫工作给予高度肯定，并对十八洞村下一阶段的扶贫工作提出了新的要求。登高书记代表十八洞村领导班子对巡视组进行了汇报，强调了十八洞村的集体经济在 2016 年前几乎是空白，总量仅为 3.5 万元，而通过各级政府、社会各界力量的帮扶，2017 年增长到 53.68 万元。

集体经济作为我国经济发展的重要组成支柱，十八洞村未来将如何发展集体经济？带着疑惑，登高书记向我们解释道：第一，合作医疗和养老保险往后将由村集体代缴；第二，预留资金对特别贫困的村民进行再次帮扶，以免出现脱贫后再返贫现象，以此来激发特困户持续脱贫的内在动力；第三，为发展产业需求作准备，使后继增长更具动力。

在梳理扶贫工作的难点时，大家一致认为，目前扶贫工作最难做但又最需做好的事情有两件，一是如何激发群众内在动力，二是如何做好产业规模的不断扩大。

习近平总书记曾明确指出，扶贫要实事求是，因地制宜，要精准扶贫，切忌喊口号，也不要定好高骛远的目标。三件事要做实：一是发展生产要实事求是，二是要有基本公共保障，三是下一代要接受教育。在各级党委和政府的关心下，十八洞村正想方设法，把现实问题一件件解决，探索可复制的经验。

十八洞村作为“精准扶贫”首倡地，它的扶贫和发展更应做到实事求是，因地制宜，要达到精准扶贫的要求。在习近平总书记精准扶贫思想的指导下，从湖南省委、省政府到湘西自治州，各级政府领导和企业对十八洞村提供了大量的支持与帮助。2017 年由步步高集团投资 3000 万建立的十八洞山泉水厂，正是源于湖南省委书记、省人大常委会主任杜家毫的关心和创意，在率团考察白俄罗斯途中，因心系十八洞村的产业扶贫，便向随行的步步高集团董事长王填提议，是否可以到十八洞看看有什么产业可做？就是这一问，让步步高集团董事长王填迅速考察了十八洞村，发现十八洞的山泉水水质很好，适合建水厂。于是，从筹划到建成投产，仅用6个月时间，创造了产业精准扶贫的“步步高速度”。步步高作为民营企业投资十八洞村，不仅增加了当地的税收，解决了当地就业问题，更是把收益的15%给到十八洞的集体经济，壮大了十八洞村的集体收益，老百姓脱贫也就指日可待了。习近平总书记最担忧的大龄男青年未婚问题，在水厂建成后，因为单身青年有了固定的收入，精神面貌也焕然一新，“脱单”问题逐步得到了解决。据水厂负责人介绍，单身青年在水厂工作后，成功“脱单”的大龄青年就有好几对。

因地制宜，精准扶贫，还体现在猕猴桃的种植上。2014年，苗汉子果品公司就联合十八洞村村集体，进行猕猴桃的种植。因为，经过勘查，十八洞村的海拔、土壤以及气候都非常适合培育猕猴桃，这让十八洞村老百姓又找到一个发家致富的好产业。现如今已是千亩猕猴桃园，不仅产量丰硕，老百姓的收益也是芝麻开花节节高。十八洞村由于山地多，耕地面积少，千亩猕猴桃园的土地便属于流转土地。据猕猴桃园负责人龙兴贵老总介绍，猕猴桃园属于股份制，苗汉子果品公司占51%，村民占49%，贫困户每人两股，自己交100，政府补贴3000；非贫困户每人一般，自己交50，政府补贴1500。猕猴桃是3年挂果，5年进入盛果期，一年一熟。也就是说2017年就已经有产量了，到2019年便是盛果期。到2019年时，村民每人基本能分到5000元红利。如果管理妥善，可以稳产30~50年，对于十八洞老百姓来说，猕猴桃的种植能源源不断带来收益，是精准扶贫产业扶贫探索的又一个重要成果。龙兴贵老总说，未来几年，又计划在村里建立副食品加工厂，可生产猕猴桃罐头、猕猴桃干果等小零食，形成一条完整的生产链。

图 19－3　猕猴桃园迎来大丰收

梨子寨如今的“精准扶贫”广场已经是广为人知了，2013 年习近平总书记到来后，让这里变得家喻户晓，吸引来了社会各界人士前来旅游观光，梨子寨也逐渐形成了一条“红色旅游”线路，来往人群络绎不绝，如何吸引游客，如何发展十八洞旅游来带动经济的增长？显然也是产业扶贫中的一项重要工作。对此，石登高书记也提到，目前发展的所有产业都是为了能带动旅游经济的发展，只有旅游才能真正让十八洞充分富裕起来。首都高校调研团到达十八洞村时，十八洞正在修建一条“农旅一体化”的通道，目前十八洞村的旅游开发正在有序进行，在不破坏生态环境，维持原生态的条件下着力发展旅游业。

十八洞村的产业扶贫不仅仅是水厂、猕猴桃园和旅游，正如湖南省委书记、省人大常委会主任杜家毫在省人大常委会上所说：精准扶贫要“啃”的都是硬骨头，一定要自我加压、敢于担当，用心用脑、精准精细，把扶贫与扶志、扶智、扶心、扶技结合起来。我们不仅要迎难而上，一年一个目标，还要接受国家层面的脱贫攻坚年度“考试”，上半年是“半年考”，年底则是“年终考”，到2020年要“毕业”。

在公共设施建设方面，在各级政府的帮助和支持下，2016年十八洞村的水、电、路、网络等公共设施建设已经发生翻天覆地的变化。十八洞村老百姓家家户户都通上电了，自来水管也接到家里来了，习近平总书记亲自接见的石拔专“大姐”家墙壁上也挂上了液晶电视，“大姐”由于没看过电视，第一次见习近平总书记不知道该怎么称呼。现如今，家里通上电了，有网络了，“大姐”说要天天在电视里看总书记。据了解，村民施六金与妻子的结合就是在通网后，在上网过程中认识的。5年来，十八洞村铺上了沥青路，修起了游道和护栏，村民的房屋修缮一新，农家乐增加到了15家。村里的苗家特色观光休闲游，吸引了游客30多万人次。从319国道湘西花垣段南行约半小时，有一条全长4.2公里、宽10米的“彩色”公路，这条公路正是通往十八洞村的，由于修建了与外界互联互通的公路，游客逐渐多起来了，据了解到2018年春节期间，游客数量达到日均3000人次。5年来，湘西交通运输主管部门为十八洞村修建了“三条路”——一条产业路，带动了十八洞村多种产业的快速发展；一条旅游路，推动了十八洞村旅游事业的快速发展；一条环形路，把6个村民小组、4个自然村寨、225户939名村民紧紧地连在一起。

除了政府的助力，社会各界，包括央企、民企等企业也积极响应国家的号召，自觉担负起扶贫攻坚的历史重担，纷纷来到十八洞村进行投资建设，包括之前提到的步步高集团在此建立水厂，还有中海集团、中建五局在十八洞村进行援建，在竹子寨修建1800平方米的新村部，包括村史展览馆以及接待室。

教育是民族振兴、社会进步的基石，是提高国民素质、促进人的全面发展的根本途径，一个国家的实力如何，归根结底是看教育，一个国家是否富裕也是看教育。扶贫不仅是在经济上脱贫，更是在智力上脱贫，只有真正在思想上富有了，这个地区也才能真正脱贫而不怕返贫。

教育也是2013年11月3日习近平总书记来十八洞村时特别关心的一件事，他提到不能让孩子输在教育起跑线上。据石登高书记讲，梨子寨和竹子寨中间有一个“村小”，目前只有学前班、一年级和二年级。学前班人数目前是15人，一年级和二年级共14人，只有一位公办的教师。三年级就要去镇上上学。可想而知，目前十八洞村的教育问题也是比较严峻的。同时村上也表示希望社会各界的支教组织能够来到这里，帮助十八洞村的孩子提高自信心，认识更广大的美丽世界。十八洞村的扶贫工作组对教育问题也进行了探索，村委与两所高职院校签约，只要是十八洞村的有意愿上职业学校的学生，除了免除学费外还有生活补助，24～35岁的青年可以免费进行技能的培训，并能够提供就业岗位。不积跬步，无以至千里，千里之行始于足下，教育问题是一个地区乃至国家发展的根本，相信十八洞村能够把教育发展放在至关重要的位置上，使十八洞村的孩子们如习近平总书记交代的那样，不输在教育的起跑线上。

从2014年到2018年，这是第一个5年，在这5年里，十八洞村做出了水厂、猕猴桃等成熟的产业，在2017年也已经摘去了贫困的帽子，相信这仅仅是一个开始，要使十八洞打造出一个真正的大“IP”，在2020年我国将实现全面建成小康社会的目标之际，十八洞村将会源源不断地探索出更多产业，实现真正的小康社会，为全国乃至全人类的扶贫事业做出样本，这将是人类历史上的一个重大历史里程碑。正如2018年6月，老挝国家主席本扬也来到十八洞村学习精准扶贫的思路一样，相信将会有来自更多地方的人士来此学习成熟的十八洞扶贫经验，真正做到让十八洞的经验可复制、可推广。

十八洞精准扶贫的“下学期”

如果说2013—2018年，是十八洞村实施精准扶贫的“上学期”，那这半个学期，十八洞村给“精准扶贫”交上了一份优异的答卷。而如何脱贫致富奔小康，如何振兴乡村，应该是十八洞村“下学期”的艰巨任务了。

2020年我国要全面消除贫困，全面建成小康社会。对此，湖南省委书记、省人大常委会主任杜家毫表示我们不仅要迎难而上，一年一个目标，还要接受国家层面的脱贫攻坚年度“考试”，到2020年一定要圆满“毕业”。

2013年以前，十八洞村不仅人口稀少、物资贫乏，壮年或有想法的人全部都外出打工了，留下来的几乎是老弱病残，留守儿童、孤寡老人居多。因为要生活、养家糊口，怎么办？只能出去打工赚钱，提高人均收入，青壮年都出去了，随之而来的留守问题也严重了，一些孤寡老人在家就靠一点家禽或耕地养活，缺乏劳动力的人群只能靠政府兜底补助，没有劳动力就没有发展，脱贫也是遥遥无期，就连婚嫁也成了大问题，没有婚嫁就等于孕育不了下一代，人口就越发得稀少。

2013年11月，随着习近平总书记的到来，十八洞村就像一口沉睡的火山，瞬间就爆发了，至此十八洞村正式开启了精准脱贫之路，在国家和各级政府的指导帮扶下，基础建设、村容村貌都有了翻天覆地的变化，在外漂泊的务工人员在电视里看到十八洞的变化，心系家乡的人员部分回来了，此时建设需要人力、发展需要动力，用石登高书记的话说就是“鱼儿回来了，鸟儿回来了，虫儿回来了，在外打工的人儿回来了，从外旅游的人儿更多了……”任何事物的发展离不开天时、地利、人和，此时的十八洞村三个有利条件都有了，接下来就是撸起袖子加油干了。

杜家毫书记在一次会议上强调说，要确保到2020年，农村贫困人口全部脱贫，决不落下一个贫困地区、决不落下一个贫困群众的庄严承诺兑现。十八洞村委也在不断积极响应国家及省委的号召，在十八洞村的脱贫致富之路上不断耕耘，在十八洞村未来发展上不断探索，不断尝试，不断规划设计。

正如杜家毫书记在省委常委会上说的一样：“要把扶贫与扶志、扶智、扶心、扶技结合起来，尽快交好脱贫攻坚答卷，兑现向人民的庄严承诺，决不让一个贫困地区、一个贫困群众落下。”在扶贫过程中，最难的就是思想脱贫。其实，在美国也有几千万的贫困人口，对于经济发达的美国来说，完全可以直接用金钱来扶持。如果直接给贫困地区以钱，表面上可能很快消除了贫困人口，但真正的贫困消除了吗？这只不过是把扶贫的“责任”给卸掉了，不管了，让一些好吃懒做或者缺乏上进心的人钻了空子，长期下去实际上形成了一个恶性循环。所以，扶贫、减贫不仅仅是中国的问题，也是全世界的一个难题。习近平总书记提出的“精准扶贫”倡议，不仅让十八洞村贫困对象136户的542人彻底脱掉贫困的帽子，而且十八洞村人的努力，形成了精准扶贫的一个样本，更为全国甚至全世界贫困地区的扶贫脱贫提供了一个可供复制、可供借鉴的蓝本。

不仅如此，十八洞村人，在如何“扶志、扶智、扶心、扶技”等方面，也探索了一条积极可行之路，这也是可供复制的重要经验。比如，十八洞村开展的“思想道德星级化”管理模式，就是一条可供复制的好经验。据调研，十八洞村四个寨子，每户人家门口都贴有“星级评判标牌”，最高是5星，这个星级是村民互相打分形成的。评分内容包括：支持公益事业、遵纪守法、个人品德、职业道德等，思想道德水平高，愿意为人民奉献且努力奋斗的村民星级高，相反星级低，在十八洞村每位村民都非常在乎自己的面子，一旦星级低了，就感觉非常丢脸。就是用这个办法，成功激发了很多村民的奋斗意识、为公意识和无私奉献意识。例如，在征收公共用地建设广场、停车场等时，有的村民不乐意，这时扶贫工作组就会挨家挨户去做思想工作，例如在筹资种植猕猴桃时，村委希望村民能够用国家补发的3000元资金入股，能进行长期的收益，当然有个别的村民想不通，为什么国家发给自己的钱不给到个人，而要交到集体？扶贫办也会一一去向村民解释，就是用这样的方法，让村民的思想有了彻底的转变，只有村民的思想意识提高了，扶贫的工作才能有序进行，才能实现真正的思想脱贫。

当然，思想的转变和“脱贫”也不是一朝一夕的事情。的确，扶贫不仅仅是要补齐资金上的短板，更要在思想上树立自强的意识。十八洞村委和扶贫工作队仍在不断努力，他们正在带领村民们全力脱贫致富，争取在2020年到来之际，真正实现小康生活。如今，无数双眼睛在时刻关注十八洞村的新变化。

央企助力十八洞村

调研团在十八洞调研的第6天，正好赶上十八洞村党支部与中海集团、中建五局参与扶贫工作项目部的党支部成立“联合党支部”，旨在十八洞村脱贫摘帽、致富奔小康和乡村振兴过程中，积极发挥党组织和党员的先锋模范带头作用，这是“精准扶贫”过程中一个创新点、一个新创举。从与中海集团驻十八洞村精准扶贫项目负责人晏朝晖的谈话中了解到，中海集团非常重视党建工作，建立联合党支部就是在精准扶贫过程，彼此发挥各自优势，形成合力，真正做到“你中有我、我中有你”。

在调研中，我们还了解到中海集团等国有企业，正在积极助力十八洞的公共设施和服务方面的建设，这对十八洞村未来发展无疑起着“锦上添花”的作用。目前，中海集团和中建五局正在按照湖南省委、省政府的指示要求，援建多个项目，这些项目包括：十八洞村村级活动中心及其西侧商业用房的土建与装修工程；新安置小区施工现场三通一平工作；感恩广场和精准扶贫广场；十八洞村村口大门改造及其周边范围绿化改造；位于十八洞村范围内的 4 处公共卫生间建设等。

图 19 –4　中海集团援建项目的施工现场

据中海集团驻十八洞村精准扶贫项目负责人晏朝晖介绍，中海集团对十八洞村的精准扶贫，大致为“三步走”：

第一步就是“党建 + 支部建设”。也就是上面提到的与十八洞村党支部、中建五局十八洞村扶贫项目党支部成立联合党支部，每月举办主题联合党日活动，动员广大党员、群众深入参与到精准扶贫工作中来。

第二步是“党建 + 产业发展”。产业发展要精准、要因地制宜，如何进行产业发展，十八洞村精准扶贫项目党支部明确了“没有调查就没有发言权”“从群众中来，到群众中去”的工作路线，实地进行走访调研，首先就是进行贫困户走访，了解贫困原因、分析脱贫障碍等。其次就是进行文化扶贫和非遗保护，了解到当地的苗绣工艺作为传统的非物质文化遗产，就开始进行有针对性的帮扶，形成将非遗保护和文化扶贫相结合的创新模式。再次就是“造血式”帮扶，十八洞村是以爱国主义教育与乡村旅游相结合的红色旅游精品景区，但管理经验较为匮乏。项目党支部通过引进中海物业先进的管理理念和经验，不仅能推动旅游业发展，提升旅游品质，还能带动当地村民就业，进而提高村民收入。中海物业已与花垣县委、县政府精准扶贫项目工作组多次会议沟通，形成了初步合作方案。最后是猕猴桃产业帮扶。十八洞村猕猴桃，被誉为“精准扶贫”第一果。2018 年的产量是 2017 年的 6 倍，形势喜人。项目党支部现场调研了猕猴桃产业的合作模式、产果期、销售等情况，并针对现在的销售情况拟定方针，进行专项帮扶。另外，将以集团名义采购猕猴桃，在集团内部消化或赠送给员工，或者作为附属品赠送给客户。

第三步是“党建 + 乡村建设”。也就是上面提到的援建项目，包括十八洞村建设工程中的重点项目，如新的村部和展示馆等。

据悉，自 2018 年 8 月份以来，先后有湖南省委书记杜家毫、湘西土家族苗族自治州委书记叶红专、湖南省住房和城乡建设厅党组书记、厅长鹿山、湖南省国土资源厅党组书记、厅长王一鸥等省、州级领导来视察指导，对中海集团的扶贫工作给予了充分肯定。

国企、央企积极参与到国家的精准扶贫大业中来，它们以贫困地区的基础建设为纽带，通过加强基础建设来开展精准扶贫，这充分体现了国企强烈的社会担当和社会责任感。在十八洞村脱贫致富的过程中，发展集体经济至关重要，集体经济的发展既要有民营企业的带动，也要有国企的推动，只有各种经济成分都来参与国家的扶贫大业，扶贫、脱贫、致富的“百花园”才有可能更加艳丽多姿。

十八洞村的新村部

十八洞村的精准扶贫现在正在构制一篇大文章。石登高书记说，以产业来论，将涉及18个产业，这些产业均围绕“十八洞”这个品牌来打造。同时，还要打造“十八洞”的文化品牌，用旅游业来带动文化产业发展。目前，正在尝试的“农旅一体化”，就是希望能把农业、旅游业与文化产业真正结合起来，让游客来到十八洞村以后，有可学的、可看的、可吃的、可玩的、可住的。最后，把“十八洞”这块金字招牌的政治优势转化为经济优势。

谈到政府管理，石登高书记也有自己的看法，他希望把管理型政府向服务型政府转变，一切为村民服务，在发展过程中，只要村民有需要、有想法，且适合本地发展的，政府都应想尽一切办法来支持。不过，石登高书记谦虚地说：“现在暂时还不敢想太多，把眼前的工作做好才是关键……”

眼前的一个重要工作就是中海集团和中建五局联合捐建的十八洞村的新村部正在动工，当新村部建成之后，一个“天更蓝，山更绿，水更清，村更古，人更美，情更浓”的“梦里边城”十八洞，将给世人展现出一个全新的形象。让我们拭目以待吧！

尾声

DIAOYANSHOUJI

调研手记

调研手记（一）

从2018年7月22日到29日，8天的时间转瞬即逝。首都高校师生十八洞调研团成员在十八洞村度过了令人难忘的一周多时光，许许多多的人与事，时常在脑海里浮现：尽职的村干部，朴实的村民，有责任心的步步高水厂厂长，美丽的十八洞村，动人的故事，还有时刻在记录采访的调研团成员。所有这一切，调研团成员都在用文字去记录它。我们想用自己手中的笔，为十八洞村的脱贫摘帽和乡村振兴尽一份力，为中国的扶贫事业尽一份心。虽然调研告一段落，但中国扶贫之路还很长，希望这本书可以为中国的产业扶贫事业留下一点记忆。

图1　调研团部分成员与杨秀富及其儿子合影

王凯（中国社会科学院大学）：十八洞村的村干部

经历了8天的调研，真的受益良多。朴实的村民让人感到温暖；勤奋努力的村干部让人感到惊叹。记得调研团一名成员由于长时间暴晒出现不适，竹子寨的村民便用土方草药给他治疗，之后还不收费用；在竹子寨，一位大姐还邀请我们去她家的小院里吃玉米，和我们聊了很多寨子的变化和自己的规划，从大姐的笑容里，我真正感到村民的幸福；梨子寨的杨老师，用了一下午时间与我们一起走访，还一直感谢我们，说是在为十八洞做贡献。他不知道的是，在调研团成员心里，真正为十八洞做贡献的是像杨老师这样深入基层一线的普通干部。

很多干部的经历，也让调研团成员受益良多。在来十八洞之前，对基层干部的工作和生活都不了解，这次调研真的让我理解了他们的不易。负责十八洞村旅游工作的巫局长，湘潭大学毕业后就来到这里支边，本有机会可以调到市里，临走时，村民一句“我们对你不好吗?”问得巫局长哑口无言，他说：“他们对我真的很好。”就这简单的一句话，巫局长放弃回市里的机会，在这里支边十三年；彭勇老总是县里的得力干将，在十八洞任职之前，已搞成了好几个项目，突然一纸调令便把他调到十八洞，彭总二话不说全脱产来到十八洞搞建设；第一书记石登高，在来十八洞后，得知自己的亲人已身患重病，由于十八洞工作一茬接一茬，工作三个月没有休过一天假，回家次数也寥寥无几。这些都是我们与十八洞村的干部们聊天时得知的，他们还一再嘱咐，不要写“我”，不要写“我”，这是小事，要我们多写写十八洞！十八洞振兴了，他们也值得了。

正是由于村民的努力、干部的勤奋、政府的支持才有了十八洞的今天，以后，十八洞村仍需要许多人才来到这里，为乡村振兴做贡献！我们常常在想，一个村子的振兴到底要具备什么呢？来到十八洞村之前，总是在想，村民有钱不就可以了？真正在十八洞村调研之后才发现，乡村的振兴，不仅仅是村民富裕，如果要达到村民脱贫，出去打工是最便捷的方法。但是，乡村作为中国社会的基础，它的振兴一定是整个农村区域的振兴与发展。乡村应该形成与城市完全不一样的发展逻辑，它具有自己的特色，拥有城市不具备的产业。这样不仅村民富裕了，更重要的是解决了很多孤寡老人、留守儿童的社会问题，十八洞村正在朝着乡村振兴的道路前进。我们相信，十八洞村也一定会为中国的精准扶贫和乡村振兴提供榜样！

短短8天的调研，学到的东西比在学校里一年的都多，作为一名年轻的研究者，有时就在想我们到底能做些什么？我们是不是要成为象牙塔里的孤单研究者？或是商场上的"精致的利己主义者"？此次参与谭老师带队的调研团队，让我真正明白，一个研究者，要做的就是深入中国社会，真正探知他们的所知所想，通过自己的笔，为社会的广大劳动者奉献出自己的心力。

产业扶贫调研永远在路上，而十八洞村只是第一站罢了。

图2　休息中的部分调研团成员

丁洪梅（中国人民大学）：我们还在路上

本人有幸参与了本书关于水厂建设过程和山泉水上市内容的写作，虽然因故错过了去十八洞实地考察的机会，但是通过对十八洞水厂总经理邹爱华的采访，通过自己对水厂员工（也是当地居民）的采访，以及其他调研团队成员的努力，获得了水厂的筹建、发展过程的全貌。

在经济发展越来越迅速的今天，能看到偏远地区红红火火的建设，这些建设能带给当地居民一些实实在在的利益，是很开心的事情，这些成就离不开党的领导和国家的支持，离不开对于实事求是原则的践行。

当然，这期间还是有很多问题不能忽视，诸如大龄青年单身的问题等，虽然很多现状在改变，但十八洞位置的偏远是改变不了的，每家每户都有自身的烦恼，这些烦恼和琐碎如何能得到整体的解决，是需要上层领导好好思考和探索的。此外，十八洞是幸运的，得到了国家的重视和关注，我们的祖国还有许许多多边陲乡村，全面建成富强民主文明和谐美丽的社会主义小康社会是一项重要工作。

毋庸置疑，十八洞仍然是一个典型和值得探索的个案，对于十八洞的调研是一个长期的过程。感谢我的导师孙利军老师，给了我一次机会，结识了关注湘西产业扶贫的谭云明老师，并有幸参与到十八洞的调研团队当中。感谢提供资料支持的十八洞水厂领导和员工，感谢一起调研的团队，他们提供了实地考察的一手素材……所有这些都会成为人生中宝贵的财富，充实着自己对于现实的认识和思考，对于“十八洞”的调研还没有结束……

图3　调研团成员走在调研的路上

訾怡露（中国传媒大学）：七月骄阳正好时

其实我来到十八洞调研完全是一件偶然的事。才从高中毕业的我暑假极其“无聊”，在原来上学的高中学校作播音专业的助教。工作虽日日重复，但生活也算是小资有趣。直到有一天被老师推荐，有幸参与到这个极具意义的调研活动中，开始了不一样的生活。

我清楚地记得那一天是 7 月 21 号，搭乘了一天的汽车终于到了目的地——湖南省湘西自治州花垣县十八洞村。那是一个烈日炎炎的下午，太阳燥得让人心生畏意，可能这也预示着这次的调研并不简单。

我对十八洞的第一印象是觉得这儿发展得真好，竹廊里排成一列的小摊和每隔几户就有一家农家乐，让人感觉置身于一个休闲的度假山庄，有山层峦叠嶂，有泉溪水叮咚，绿意盎然的地方总是让人沉醉。这里每个人都很热情好客，生活节奏也很平稳，不像城市生活那么快，但也不慢，因为每个人都有拼劲，都在不断努力奋斗。

接触几天下来，发现这里还是有一些相较其他地方发展较为落后的地方。最直观的就是人均收入，在五年前的 2013 年每人年纯收入不过 1668 元，而五年后的现在虽是在大幅增长，但也不过人均 10000 元左右。然而你在当地人的脸上看不到一点因物质水平不高而产生的颓废和不自信。

他们也有很多让我们新来者惊讶的地方，印象最深刻的就是十八洞的水厂了。习近平总书记常说精准扶贫要因地制宜，那么这个水厂就是十八洞村人和扶贫者们的智慧结晶。利用十八洞特有的山泉水，纯净无污染、零成本，既解决了一部分人的就业问题、吸引劳动力回流，又为集体经济增加了收入，是可持续发展的好项目。

其实我们在十八洞调研的几天里，主要是采访当地的村民、政府工作人员，看一看他们的生活方式和生活态度，在逐渐融入当地生活的过程中，我们也渐渐地学到了当地人对生活乐观而淡然的人生态度。

一方水土养一方人，十八洞虽然因为方方面面的原因落后于大时代，但是他们对生活的心态，对现在生活在都市里的人们不无借鉴。

历时 8 天的调研活动落下了帷幕，在这一路上我们收获了成长，虽然也不乏遗憾，但我们一起见证了十八洞村的发展历程，同时，十八洞村还将以更快的速度成长和进步。

我们一起期待！

图4 罗一坤和訾怡露同学攀爬艰险的山路

罗一坤（中央财经大学）：但得众生皆得饱，不辞羸弱卧残阳

“但得众生皆得饱，不辞羸弱卧残阳”一句出自李纲《病牛》诗，赞颂了牛不辞羸病、任劳任怨、志在众生、唯有奉献、别无他求的性格特点。我想用此句送予每一位奋战在一线基层的扶贫工作者。

在一般的扶贫工作宣传视角里，大众所看到的常常是依靠勤劳智慧发家致富的贫困户和贫困集体，或者是党和政府推行了某项引导人民脱贫的政策措施，而社会的关注点也往往放在各级政府如何为精准扶贫定调子、拍板子和扶贫工作已取得的成就上。这些固然是精准扶贫工作宣传中至关重要的一部分，但我想说，基层扶贫工作者同样是扶贫攻坚战里不可或缺的一分子。

精准扶贫是一项巨大且持久的工程，众多繁杂的政策要由基层扶贫工作者们向百姓作解答，众多的扶贫措施要由他们具体落实，众多的扶贫工程要由他们牵头推进。同时，扶贫工作中遇到了什么难题，百姓有什么诉求，实施中出现了什么障碍，也需要由基层工作者们向政府和社会传达转述，他们的重要性可见一斑。在十八洞村走访的几天里，笔者除了登门拜户，记下所听所想，做得最多的就是与基层扶贫工作者交谈。

一名基层的扶贫工作干部，既要沉下身子，脚踏实地干实事，牢记党的嘱托，又要尽心尽责，带领村干部及群众扑下身子、苦干实干，身体力行把党的方针政策落实到基层和群众中去，真心实意为人民造福。扶贫工作是当前所有工作的重点，作为基层扶贫干部更要事无巨细，以民为先。在工作中，要按照习近平总书记的指示行事，对党忠诚、心系群众、忘我工作、无私奉献，不忘初心、扎实工作、廉洁奉公、身体力行，扎实做好基层扶贫工作。这一切，没有高度的自我要求和责任感是无法做到的。在此向所有基层扶贫工作者表示敬意。

最后，谨以《堂吉诃德》里的话，献给千千万万致力于扶贫事业和奋战在精准扶贫一线的基层工作者。“我的丰功伟绩，值得浇铸于青铜器上，铭刻于大理石上，镌于木板上，永世长存，等我的这些事迹在世上流传之时，幸福之年代和幸福之世纪亦即到来。”

图 5　调研团成员在采访水厂厂长张和良

王肖（首都师范大学）：我们都一样

十八洞村应该是什么样的呢？

我想，应该是贫困的吧。在大山深处，交通不便，进出困难，可能还过着很原始的生活。我猜，应该是宁静秀美的。有别于大都市车马喧嚣，保留着自然的沉静安然。我觉得，应该是祥和幸福的，日出而作，日落而息，东篱采菊，悠然南山。

十八洞村村民应该是怎样的呢？

我想，应该是困苦的。无论是在精神上，还是在物质上，比起山外的人，他们都相对匮乏。我猜，应该是朴素热情的，没有在物欲横流的世界里沉浮，还保留着纯挚与仁善。我觉得，应该是坚韧幸运的，世世代代生于大山，造就了他们山一样的坚韧沉稳，得总书记亲临，作为精准扶贫首倡地无疑是幸运的。

这就是我对十八洞村的初步印象。粗暴单薄，和所有人对大山里居民的标签式印象大同小异。甚至有时候会想，我们是一样的吗？我们真的生活在同一片时空之下吗？科技水平、生活习惯、思维模式，竟让我恍惚以为是另一个时空的造物。

初到十八洞村，就经历了一山又一山的阻隔，开车三个小时我们才到了寨口。一路上并不无聊，没去过的人，很难想象出处处山峰处处险的壮丽。我们初次与那里的山打招呼，即使有老师的提前提醒，依旧被震撼的惊叫连连。我们举着手机不停地拍照，可等停下来，却没有一张满意的。那样或险峻，或秀丽，或沉静，或曼妙的山，即使静立，也不是能被限制在小小的相框中的。

一周的走访调研，我们见到了十八洞村的很多村民，只会说苗语的苗家阿婆，在十八洞村水厂做工的好客的“玉米”姐姐和她“沉迷”手机的婆婆，德艺双馨的退休老教师杨老师，三代人本着良心做事的医疗室阿姨，不太懂政策心存抱怨的村民。也听到了“党和国家还能害咱们吗？跟着政策走就行了”的言论。也目睹了旁边是悬崖、只有两脚宽的小路，以及为十八洞村的未来奔波的当地领导的辛勤劳动。

喜怒哀乐，众生百态，他们鲜活而又真实，我们都一样，每一个人都在努力地过好自己的生活。我们不应该区分山里人和我们，苗族还是汉族，因为我们都是中国人。

图6　调研团成员与村民合影

李彰（北京大学）：山美水美人更美

十八洞村是个苗族聚居村落，在梨子寨的村口，“精准扶贫”四个红字镌刻在大石头上。这里和一般的苗族聚集村落一样，很多村民穿着苗族特色的衣服，背着背篓，住着青瓦木板房。

习近平总书记到过的梨子寨是十八洞村中最小的一个寨子，从梨子寨步行不到十分钟的距离，就有另一个寨子——竹子寨。同在十八洞村，竹子寨却没有梨子寨热闹。竹子寨更宽敞，发展农家乐也很合适，但客流量一直不多。如果能够完善寨子间的基础设施，提供一些技术指导，竹子寨也会热闹起来。

走进竹子寨，有种在路边的瓜果，有屋门前嬉闹的孩童，还有淳朴的村民们。随意地沿着石板小路走着，不知不觉走到了一户人家的院子里，刚想赶紧退出来，阿姨就热情地招呼我们进屋坐。这幢青瓦木板房前，有一块宽敞的空地，地势较高，能够看到下方绿油油的梯田和西瓜。阿姨热情地张罗我们坐下，又去屋里端来一大盆玉米请我们吃。素未谋面，大家却都被阿姨的淳朴和热情感染。边吃着玉米边聊着，这才知道阿姨名叫杨秀兰，现在十八洞山泉水厂工作。杨阿姨的家里住的人不多，屋外的空地显得格外宽敞，问到为什么不开农家乐，杨阿姨笑着说："想是想开，但没那么多钱装修，我也不会，好多东西搞不懂，没有那个本事。"就着农家乐的话题断断续续地聊着，杨阿姨总是笑着说自己笨，学不会，从未抱怨过什么。

这里山美、水美、人更美，祝愿十八洞村的发展越来越好、十八洞村的生活更加多姿多彩。

邹璇（中国传媒大学）：印象"十八洞"

来到十八洞村是一个很偶然的机会，有一天我的老师跟我说愿不愿意去进行一次调研，主要是进行产业扶贫的调研，地点在湖南花垣县的十八洞村。我一听，这不正好可以回老家了嘛？至于什么扶贫什么调研统统抛在脑后，于是兴冲冲地报名参加了此次由谭老师亲自带队的首都高校师生调研团。

7 月 21 号，我们北京的几个不同高校的学生就在北京西站会合了。经过长达一天半的时间，将近 1700 多公里的路程，我们一行 8 人包括谭老师就来到了十八洞村。在去之前当然是做了大量的工作，基本情况大致了解了个大概，惯性思维觉得这就是个"挺穷、挺落后"的地区。但当我们真正来到这里后，却完全打破了这个想法。不仅有公路直达十八洞村，就连村口的"十八洞村"标志都建得很有特色，特别是进到习近平总书记当年来的梨子寨，更是另一番景象，村民有条不紊地劳作或走动，房屋建筑等也是修葺的别具特色，既保留了苗寨原有的特点，又在此基础上经过翻新或整修，梨子寨广场的游客长廊、公共卫生间都修建的很大气，完全感受不到贫困的气息，只有"精准扶贫"四个大字让人猛然想起这是习近平总书记当年来过的地方。关于十八洞的变化，相信在本书的正文中都已经提到，这里就不多做赘述，主要谈几点自身感想。

第一个是老百姓精神变化。正所谓精神力量无穷大，一旦人的精神变得富有，那么什么都无法将他打败。给我留下深刻印象的是十八洞村村民的“精神气”。村民们脸上洋溢着会心的笑容，他们步伐既轻快又有力，他们的眼神明亮又坚定……十八洞还有一位“网红”老人石拔专，她如今已是家喻户晓的“大姐”了，来往游客几乎都会来看望她，和她合影的游客络绎不绝。无论大家如何“捧”着，她总是保持着那份淳朴，脸上的笑容灿烂而生动，总是忙不停地做着家务；还有“杨老师”，他们一家都是村里的知识分子，父亲曾是教师，自己也在县里教育局工作，如今回到了村里。他总是戴着草帽，穿着棉麻布料的苗服穿梭在各个寨子，每次看见他都是匆匆忙忙地赶路。在谈起为何回到十八洞时，他只是简单的一句“因为村里需要我”。习近平总书记当年曾路过杨老师家中，杨老师父亲正好在门口，因此和习近平总书记亲切握过手。谈起这段往事，杨老总是眼里闪光，这种幸福感油然而生，他能记住和习近平总书记见面的每一个细节。杨老师家门口的对联就是杨老亲自创作纪念习近平总书记到来：“习主席握手温暖人心，共产党领导福泽万代”，横批“幸福人家”。

第二个触动我的地方是村干部的务实精神。从村主任龙吉隆，到第一支书石登高。不是在去村民家里的路上，就是在去开会的路上。有一次我们调研团去村部采访，虽然提前联系到了龙主任，但在采访过程中电话信息不断，皮肤晒得黝黑的龙主任此时正带领队伍在建设一条“农旅之路”，特别忙，采访到一半，龙主任实在没办法戴着草帽骑着摩托就外出了，说了句“等我一会儿”就走了。这时正好碰见登高书记回来，时值中午 12 点 40 了。不过登高书记非常重视我们的采访，为我们详细介绍了方方面面情况。由于错过了午饭时间，我们也不好意思多打扰，但他却说一会儿还要开紧急会议。有一次采访负责旅游的彭勇，晚上6点多了，还看到石登高书记等几位村干部在一起开会。调研团调研的几天，总是能在不同的地方碰到村干部和扶贫工作队的人，他们有的戴着草帽，有的挽起裤腿，有时在施工现场，有时在村民家中。有了这么多有干劲的村干部，我相信他们会带领村民走向更加美好的未来的。

每个地方都有每个地方的景色，也有着不一样的文化和特征。十八洞村位于武陵山脉中段。这里大山环绕，植物葱郁，河流清澈，空气清新，环境非常优美怡人。都说“湖南山水滋养人”，这句话真不假，苗族姑娘们穿着刺绣的苗服，金闪闪的头饰，美丽之貌不言而喻。这是7月的十八洞村，虽然炎热，但是抹不掉这里浑然天成的美景。早上7点多，能够看到远处山上烟雾缭绕的仙境，正如诗句所写“远看寒山石径斜，白云生处有人家”的意境。我喜欢民族服饰，苗族传统服饰我拿起来也是爱不释手。离开十八洞村的前一天，和中海集团一行去调研苗绣，在一个手工作坊，店主看我如此喜欢，便为我装扮起来。这些刺绣的服装，多样的首饰，真是让人难以忘怀。

图7 调研团成员邹璇同学在体验苗族服饰

十八洞村8天调研转瞬即逝。第一天来的时候很不适应，因借宿在水厂员工宿舍，条件艰苦，每天需走1小时山路才能抵达梨子寨，办事很不方便，对我们这些没吃过苦的孩子来说，这一切都是一种考验。但随着一天一天过去，我们被这里的原生态所吸引，也被这里村民的亲切所感染，我们慢慢喜欢上了这个地方。我们由衷祝愿十八洞村会更加富饶更加迷人。扶贫工作一直在路上，同时也希望这项工作尽快抵达终点，在2020年全面建成小康，实现我国第一个百年奋斗目标，并乘势而上开启全面建设社会主义现代化国家新征程，向第二个百年奋斗目标进军。我们想，或许5年后甚至10年后，我们还想回来看看……

结 语

短短一周多的调研，调研团成员与十八洞村的很多村民与干部结下了深厚的友谊，尽职尽责对所有问题都细心回答的杨老师；豪爽好客，带我们参观水源地的水厂厂长；老实朴素，有无数故事的杨秀富大哥；邀请我们吃玉米的玉米大姐。他们用自己的行动为十八洞村的脱贫致富探路。当然，还有志同道合的朋友们，北京大学的赵杰老师为苗语的保存记录着；广东海洋大学的“寻湘”团队在十八洞村做义务支教；还有湖南设计院的老师们在为十八洞的村容改造服务。这些人与调研团一起，为十八洞村的乡村振兴在尽着自己的一份责任。

十八洞村的探路调研只是一个开始，谭云明教授与首都高校师生调研团开展的产业扶贫思考永远在路上。

图8 调研团成员与广东海洋大学的同学一起吃饺子

调研手记（二）

2013 年 11 月，习近平总书记在湘西十八洞村首次提出“精准扶贫”理念，几年过去，那里贫困村的扶贫工作开展得怎样？有哪些特色和经验？老百姓的生活有哪些改变？扶贫工作还有哪些改进的空间？

中央财经大学新闻系卓越人才培养计划项目 8 名学生组成的“精准扶贫调研团”在教授谭云明的带领下，对此进行了实地走访。

2017 年 8 月 9 日至 16 日，考察团一行“跋山涉水”探访贫困村，仔细聆听项目负责人、村干部、施工工人、当地村民介绍“脱贫之路”，同学们用自己的眼去看，7 天上千公里的考察，让团队成员们对“精准扶贫”路上的困难与成就，有了不一样的体会和认识。以下就是同学的调研手记。

李少菲（中央财经大学）：贴近土地，新闻才有温度

入学以来，一个问题一直萦绕在我的心头：什么样的新闻是有温度、有价值的新闻，我何时能够写出这样的新闻？

2017 年暑假，我找到了答案。

在炎炎烈日下的 8 月，我有幸作为新闻系卓越人才培养计划的一员，参加由谭云明教授带领的湖南产业扶贫考察活动。在为期一周的考察过程中，我们走访了楠木桥村、十八洞村、插柳村、塘代村等精准扶贫代表性村落，采访了邵阳市扶贫办领导和步步高集团总裁陈志强。从贫困村村民到产业扶贫总裁，从政策的制定者、执行者到政策的受益者，我们用踏实的态度、坚实的行动，走过了产业精准扶贫的每一环。

2013 年 11 月习近平总书记在湖南湘西考察时，提出“扶贫要实事求是，因地制宜，要精准扶贫，切忌喊口号，也不要定好高骛远的目标”，这是国家领导人首次提出扶贫要“精准扶贫”。2015 年，党的十八届五中全会召开，进一步提出全面实施精准扶贫、精准脱贫政策。如今，已有 5564 万中国人摆脱贫困，农村贫困人口每年都减少超过 1000 万人。全国贫困发生率从 2012 年底的 10.2% 下降到 2016 年底的 4.5%，下降 5.7 个百分点。

在湖南，我看到了企业的主动投入、无私奉献，看到了政府的踏实肯干、攻坚克难，看到了脱贫村的积极转变、勤劳朴实；也看到了许多以前不曾想象过的难题，看到了工作队藏在微笑后的无奈，看到了村干部的一次次苦口婆心与徒劳而返……扶贫，面对的是一个个活生生的人，不是轻松的、一蹴而就的，而是靠一线工作人员和领导者勤勤恳恳、一点一滴开垦出来的。

在这其中，我印象最深的是步步高的陈总。

采访陈总的时候，我们来到了步步高新天地的梅溪书院。还记得陈总对我们说：“一定要重视知识，知识是人类进步的阶梯。”他的笑容平易近人，让采访者如沐春风。陈总还说，湖南这里，很多民营企业依据自己的实际情况跟农村对接。我们是零售企业，在终端去做；种子厂提供种子；钢材厂离得比较远，但它能帮助修路……你只要有这颗公益的心、热爱的心，就能连接到一起。有心就有机会。每个能在市场上成长起来的企业，都有其独特的价值主张和人文环境的，都可以因地制宜，对接在一起。只要人人都献出一点爱，世界就会变得更温暖。

在采访过程中，陈总反复强调的一个词，就是“我愿意”。他说，我们的一切行为都是基于你这个人的思想观点和价值主张，你认为这件事有价值有意义，你就会积极地去做，乐意去做。

陈总的“我愿意”在精神层次上给我们的采访以新的启迪。扶贫、脱贫，其中参与的贫困户和企业、政府，不都是在向着人民群众内心深处对美好生活的向往而前进吗？农民有责任感，愿意去做，就会努力脱贫、勤恳劳作；政府愿意去做，就会在扶贫路上排除万难，帮助群众；企业愿意去做，就会主动投入扶贫大潮，为扶贫事业添砖加瓦。

陈总的话是从实践里总结出来的，是从第一线企业家心里迸发出来的。“我愿意”是他作为扶贫企业的感悟，也是对全社会的呼吁。

通过这次考察，我意识到什么样的新闻是有温度、有价值的——必须是贴近人民群众诉求的新闻，必须是去到第一线采访来的新闻。只有贴近土地，实打实地去调研、去采访，才能获得第一手的信息，获得在第一线奋战的人的感悟，获得以前自己在书桌前想不到的启迪。

贴近土地，新闻才有温度。这温度来自人心，来自对实践的总结和体悟，也来自我们对未来的向往。

图 9　2017 年暑假参加调研的李少菲同学

温琳琳（中央财经大学）：艺术客栈——脱贫新方法

8 月 13 日上午，我们师生一行来到了此次湖南产业扶贫调研的第三站——湖南绥宁县关峡苗族乡插柳村。

插柳村是 2016 年 4 月，由原插柳村、岩头村、文家村、农科站合并而成的。2012 年被列为国家重点贫困村，2016 年列入全国乡村旅游扶贫重点村，是湖南师范大学对口帮扶村。

上午湖南师范大学派驻插柳村扶贫的队长陈远南老师给我们详细介绍了湖南师大与插柳村结对帮扶过程中的困难和成就。午饭过后，由驻村队长陈远南老师安排，我们八个学生兵分两路采访了开设艺术客栈的两家贫困户。当时雨下得很大，小路泥泞，我们跨过石板桥，朦胧中看到兰溪河畔一家农屋外面正飘着一面红色旌旗，上面写着“艺术客栈”。这就是我们采访的第一家客栈主人苏新国、苏坤翠夫妇。

老人带着我们走向二楼的客栈，客栈的墙壁、门、地板都是干净的浅黄色木板。一共有四个房间，每个都是有两个单人床的标间。客栈是2016年9月24日开始修建的，在政府的帮助下，苏氏夫妇一家在二楼盖起了客栈，为湖南师大来插柳村写生的学生提供住宿。我们来的时候正是盛夏，荷花盛开的荷塘，杨柳依依的溪边，石桥横卧，确实是写生的好地方。客栈中的木床、被子、电线、卫生间都是扶贫办出资购买并装修整理的。有几幅学生的写生作品挂在墙上，给这座客栈增添了些艺术的色彩。去年写生的学生来了三次，今年四次，每次会有七八个学生。20元一晚，一般会住两周左右。凭借客栈，一年会有两千块左右的收入。

两个老人家身体都不好，黑瘦的。苏新国是这家客栈的男主人，63岁，腰痛、脚痛的老毛病很多年了，还患有肾结石，去年住过院，今年在长沙开刀了，治疗肾结石，又花了不少钱。老人话不多，说完做手术的事，他便掀起衣襟，给我们看他腰间的伤口，说动了手术，还得每天吃药，说完又陷入沉默。女主人苏坤翠，57岁，肠胃不好，常年药不间断，小医院大医院都去过了，病情也是时好时坏。老人说，现在坐公交到县城买药，因为政府修好了路，交通方便多了。

老人家有一儿一女，子女都有各自的小家庭且在外打工，苏氏夫妇二人的儿子与儿媳常年在杭州打工，每个月打几次电话维持着杭州与这间小房屋的联系。女儿也已嫁到县城，之前女儿还经常回家看望二老，与二老一起过节，但今年女儿也外出务工，难得回家一次。说到这儿，苏坤翠尴尬地笑笑说，儿媳因为嫌弃家里穷，不愿回公婆家住。儿女也没有给养老费，老人说他们过自己小家庭的生活都难，反而做父母的不能帮他们。苏坤翠又叹了口气说："开始看别人去杭州打工挣钱，我儿子一去，那边生意就不好了，可能是运气不好。"村子里都是留守的老人和儿童，年轻人大多出去务工了。

关于收入来源，除了刚盖起来的客栈，老人说，之前身体好的时候种苞谷，现在两个老人有病在身，田地租出去了，一共有 3 亩地，一亩地 400 元，没有分红或提成，收入就 1200 元。村子里大多把地租出去，租给外地人。家里还有一个小商店，虽然现在插柳村有游客来了，但商店多了，其实大家收入都不是很好。

当问及贫困户、低保户是怎么评议的时候，老人不清楚，只是向村子里交了一份材料，村里的干部也了解情况，就评为贫困户了。选贫困户的流程和规范问题还有待改善。

那扶贫工作开展以来，二老的生活上有什么改善？但从吃来看，老人说"一个菜没得吃"，下大雨，菜都淹死了。以往一天也就一个菜。现在就是去找一些野菜、小咸菜就饭吃。

图 10　2017 年暑假参加调研的温琳琳同学

开了客栈，但是生活似乎没有什么变化，钱，又都花在药上了。穿着上，更是不记得上次买衣服是什么时候了。扶贫工作可以说任重而道远。

杜雨薇（中央财经大学）：关注扶贫倾听民声，新闻人在路上

为了更好地理解和分析“精准扶贫”的政策、成效，了解产业在精准扶贫中的地位、作用，我和同为新闻系卓越人才培养计划项目的其他7位同学，在系主任谭云明教授的带领下，来到了湖南农村，从2017年8月9日至8月16日，我们深入调查走访了麻阳县楠木桥村、花垣县十八洞村、绥宁县插柳村、邵阳县塘代村四个典型的产业扶贫村落，历时7天，途经千余公里的考察，收集了大量第一手资料。作为新闻学子，谭教授带我们一起用双脚丈量土地，用心关注和倾听民声。

我的第一个采访对象是住在怀化市麻阳苗族自治县谭家寨乡楠木桥村的村民陈阿伯，炎热的中午在马路边纳凉时遇见，还未打招呼，陈阿伯就热情地开西瓜给我们吃，路边树荫下，摆得红绿水灵，满满当当。《湖南省农村扶贫开发实施纲要（2011—2020年）》将农民人均纯收入2300元定为扶贫标准，低于这个标准的都被纳入帮扶对象，陈阿伯就是村里的贫困户之一。谈得兴起，阿伯要带我们去他家坐坐，他家的房子虽然是1989年建的，但卧室床头、门墙都有清晰的长裂缝，已达危房标准，现在还未接到拆迁通知。阿伯向我们表达了担忧：“今年干旱收成不好，不知道什么时候才能搬新家……”

陈阿伯目前在村里的产业园打工，一天干活儿十小时，工资一百，遇到天气不好时不出工，这比年轻人在外打工强。另外，以前自家的几百亩地，以一亩20元的价格由村里统一征收，变成了现在的猕猴桃种植地。尽管现状没那么好，但是陈阿伯说他看见了农业基地的发展，合作社也在盈利，这些变化都是他能切身感受到的。

第一天调研不知不觉结束了，这是我第一次来湖南农村，第一次面对贫困户去了解他们的生活……精准扶贫是一项伟大的工程，政策落地到实惠于民要经过太多人的努力，就像楠木桥村，这片高山上的玉米地，就是勤劳村民的双手和产业扶贫政策共同结合创造出来的奇迹。意义重大，收获太多，坐在车上我的思绪久久不能平静……

8 月 12 日，我们来到了荷花美荷叶香的绥宁县插柳村，因为组内分工，我的第二个重点采访对象是插柳村的苏维清。

苏叔的家是木头搭的老房子，有十几个年头了，家里的大黄狗和几只鸡在我们脚旁踱来踱去。苏叔一边招待我们坐，一边换下雨靴，擦了擦脸上的雨水。原来刚才苏叔是去卖莲蓬了，每天早起采摘莲蓬，拿到村口售卖，现在正是卖莲蓬的好时节，每个莲蓬卖两元钱，一天可以卖两百多个。知道我们要采访他时，他刚下班，午饭都还没来得及吃。

苏叔以前也是贫困户，这些年慢慢脱帽了。当被问及这些年精准扶贫有哪些变化时，他兴奋地说，最大的变化是水泥路通了，让游客和村民出入更方便。苏叔还给我们算了他家多种经营的账，他说“荷花塘更赚钱，很多村民都不种水稻了，我一年的收入大部分都是来自荷塘”。除此之外，苏叔还加入了养羊合作社，五个人一组，轮流照看，尽管目前没什么大收益，但他表示看好未来。

苏维清大叔对我们说话总是笑呵呵的，很是乐观。其实他家里的情况并不怎么好，妻子有糖尿病，母亲卧病在床，自己身体也不健壮，有腰伤，因此只能干种荷采莲或者在村口做门卫之类的不太费体力的活的。在我们低头叹气替他担心之际，苏叔一个转身，笑着说要采莲子给我们吃。这时，瓢泼的大雨依然在下，伞都没拿的他，便直冲到荷塘去了，任凭我们怎么追喊，他都不听。我们只好撑着伞，站在堤岸远远望着。偌大的荷塘里莲蓬头不时在晃动，而苏叔的身影却难觅踪迹。我们呼喊了半天，苏叔才上来，他不顾满头的雨水，边笑边递给我们十几个新鲜的莲蓬，让我们快尝尝鲜。我们满脸惊喜，再看苏叔早已湿透的上衣，一时感动得有些凝噎。偷偷将二十元钱放在桌上，和苏叔拍了张合影后，便结束了采访。

驱车离开时，又见映日别样红的朵朵荷花，看着手中的莲子，一阵暖意再次涌上我心头。苏叔带给我的感动不止于冒雨采莲，更多的是他明知生活不易，却依然以灿烂笑容面对的勇气和态度。而在精准扶贫、产业扶贫的过程中，领导班子有如何动员贫困户让他们实现真正脱贫的困难，贫困户有着自己技术和能力上的困难，但我想，哪怕有再大的困难也要攻克，只要像苏维清大叔那样以积极的心态来面对，就能逐一击破。就如那天滂沱大雨后出现的艳阳一般，一切都可以充满美好和希望。

图 11　2017 年暑假参加调研的杜雨薇同学

闵文（中央财经大学）：我从未把中国农村看得如此之深

2017 年暑假，我有幸以一个中央财经大学新闻系卓越人才计划成员的身份，在谭云明教授的带领下深入到湖南农村进行实地考察采访，以“精准扶贫”为主题对湖南十八洞村、插柳村等多个扶贫试点进行实地调研。

2013 年 11 月，习近平总书记到湖南湘西考察时首次提出“精准扶贫”的重要思想。三年多来，这一重要思想不断丰富、深化，从提出扶持对象精准、项目安排精准、资金使用精准、措施到户精准、因村派人（第一书记）精准、脱贫成效精准上想办法、出实招、见真效的“6 个精准”，到中央扶贫开发工作会议上明确“谁来扶”“扶持谁”“怎么扶”，再到扶贫要既“输血”又“造血”。找对“穷根”、精准扶贫，成为打赢脱贫攻坚战的必然要求。

带着这些思考和好奇，我们的考察调研之旅开始了。南方的夏季柔风轻抚着大地，空气湿润而清新，对于大多数成员而言，湖南农村的人们怎样生活、如何奋斗，他们从未感受过。在我们的心中，这潇湘大地中的一切都等待着我们去发现，用自己的眼去感知。

由于我们都是新闻系的学子，天然的专业敏感性让我将走访调研的重点放在了采访上。通过将课堂上学习到的采访技巧和实际操作相结合，与几位贫困户村民的深入交流让我也对他们的生活处境和主要矛盾诉求更加了解。

在这个过程中，令我印象最深的是采访插柳村的贫困户，也是特色客栈的主人——苏新国、苏坤翠夫妇。两个老人家身体都不太好，他们是因病致贫的一个典型。原本生活拮据的他们，在政府的帮助下开设了一家特色客栈，专门提供给来村里写生考察的大学生们。虽然客栈每天的费用很便宜，但是对于这个贫困户家庭来说能解决很大部分的医药费问题。

采访的过程中，男主人撩起衣服给我们看了他肚子上手术后的伤疤，女主人满脸愁容地给我们讲述了之前的苦日子，然而在谈到现在的生活环境时，两口子黝黑的脸上都不自觉露出了笑容。在这一刻，我才真真切切地感受到精准扶贫对于一个家庭，对于一个地区人民的影响有多大。

调研已结束，思考永不止。亲自走过湖南农村泥巴地的我，对国家精准扶贫政策有了更加全面深入的理解，对农村贫困户状况了解得越多，就越是感到精准扶贫这一政策的必要性和前瞻性，这对我以后的新闻职业生涯也有不小的影响。

图12　2017年暑假参与调研的闵文同学

张彩霞（中央财经大学）：深入基层，看湘西扶贫

深入到基层，才能看到中国扶贫事业的最真实现状；与百姓交流，才能知晓扶贫事业最真实的效果。百姓口中的扶贫介绍没有纸面文字官方正式，却句句真实，道破扶贫真况。通过一周的采访实践，了解产业扶贫的最新进展和问题，了解阻碍产业扶贫推进的困难所在。通过一周的调研，简单谈一下自己最真切的感受。

一是一时脱贫靠补助，一世脱贫靠产业。自中华人民共和国建立以来，中国共产党本着“代表最广大人民根本利益”的工作宗旨，不让一个贫困户掉队，对贫困户采取发放慰问金和慰问品的措施，但贫困户没有了慰问金，依旧处于贫困状态，难以从根本上解决问题。产业扶贫才是打开脱贫大门的钥匙所在。无论是发展旅游业，还是发展工厂加工业，它都在促进贫困户的角色转变，从过去的被动接受者变为价值创造者，推动贫困户适应社会主义市场的发展。

二是要想打好攻坚战，脱贫思想要转变。在基层调研的过程中，许多村干部反映目前众多贫困村村民还存在着“等”“靠”“要”的思想，以成为贫困户而光荣的思想依旧十分严重。如何转变贫困户的这种落后思想，如何帮助贫困户把眼光放长远，如何调动贫困户的积极性，考验着扶贫工作者的决心、创新能力和耐心。

三是一切从实际出发，找好工作考核关键。多数扶贫工作人员反映目前扶贫工作的考核工作以填表为主，是否脱贫由贫困户签字决定，不能全面地反映实际问题。

图 13　2017 年暑假参与调研的张彩霞同学

作为一名还未踏入社会的学生，还未走上工作岗位的准记者，我的采访技巧还显稚嫩，我对生活的观察还不够敏锐，无法全面地捕捉每一条信息。但作为一名从农村走出来的学生，却能深切感受到被采访者想要摆脱贫困的真期待。依稀记得苏大娘在谈到政府扶贫工作队给予的各种帮助时的欣喜与感激，也可以感受到苏大娘谈到自己与爱人病情时的愁眉不展。这次实践调研之所以让人印象深刻，大概就是感受到了农村生活、扶贫对象最真实的一面。

“纸上得来终觉浅，绝知此事要躬行。”实践让人深刻，更让人深知责任和使命。湘西扶贫仅是中国扶贫工作的冰山一角，中国扶贫之路还有较长的路要走。扶贫工作者既要结合地方特色，发展特色扶贫产业，又要真正站在扶贫对象的立场上，想贫困户之所想，想贫困户之未想，打好扶贫攻坚战！

麻钟元（中央财经大学）：扶贫路上，齐心协力

"精准扶贫"的攻坚战已经到了冲刺的阶段。作为一个新闻专业的学生，"精准扶贫"对我们而言，也是一件需要重视和关注的事情。"精准扶贫"是国家的重大工作，关系到国计民生。然而，仅仅从网上的新闻里看到的"精准扶贫"，终究是雾里看花，"绝知此事要躬行"，这个暑假，我们有幸跟随谭老师，来到"精准扶贫"的提出地——湘西十八洞村，进行了较为深入的考察。亲身体会之后，我对精准扶贫有了更深的感受和认识。

我们考察的第一站是楠木桥村，这是一个散落在巍巍高山上的村落。早饭过后，我们从怀化市区驱车前往，开出城区后，一路重峦叠嶂，群山连绵。我印象最深的是前往楠木桥村的盘山小路，真是蜿蜒曲折，汽车一开上去，就得加足马力，我们在车上被晃得东倒西歪，在广西山区出生长大的我，也是第一次乘车经过这么陡峭的路，不由得想山上的村民出山得有多不方便，物资运送应该也成问题。交通这么不便，原本我以为到了山上，应该十分荒凉，然而再往上开，路旁种着人工种植的景观花，司机和我们介绍说："这里搞起了采摘园，周末或者假日，会有很多市民过来自助采摘水果，可以给村里增加一些收入。"

半山腰上还种着一大片玉米，我们走了下来，楠木桥村党支部书记叫谭泽勇，也许是常年奋战在扶贫第一线的缘故，他皮肤黝黑，但是目光坚定，讲话富有激情，他自豪地向我们介绍："这一大片土地种植的全是甜玉米，这些甜玉米剥开须，便可生吃，这片玉米地是楠木桥村与步步高集团签订包销合同后，全部由当地贫困户种植的。包销合同签订后，合作社便组织当地的贫困户到社里'打工'，合作社以发放工资的形式给参与生产的贫困户农民按月多劳多得发放，当地农民因有了比较高的稳定收入，也就没必要去外地打工了。”这令我感到有些惊讶，在交通这么不便的高山上，竟然也能搞起产业扶贫。

农业产业园办起来了，不仅能够把土地资源集约化，“包销”的形式也使村民的收入增加更稳定，而且还可以顺道办起“采摘园”，发展旅游业，增加村里的收入渠道。

贫困地区往往在自然条件上就先天不足，限制了这里经济的发展，然而这里的村干部和村民却非不思改变现状，他们用自己双手，在高山上造出一片奇迹，因地制宜地发展产业，向恶劣的自然条件宣战。谭书记和我们说，“为了解决水源稀缺的问题，村里正打算在楠木桥村的高山上建立一个水坝”，在大山上建造大坝并不容易，然而大坝建成后，就可以极大地缓解水资源短缺的问题，不用再看天吃饭！

我们在路上还采访到了楠木桥村的一位贫困户陈阿伯，他满面笑容地和我们细说了精准扶贫之后生活慢慢好转发生的变化，让我印象最深的一点是，提到收入时，他开心地说：“年初，买了一辆新的红色摩托车，平常就骑着它去看看猕猴桃地，在村里兜风也是很爽的，我有信心，相信日子会越过越好。”贫困户憨厚淳朴的笑容，也许就是产业扶贫工作取得进展的最有利的证明。

后来几天，我们走过了湘西不同的村落，他们都有先天不足，自然条件欠佳，贫困户多，扶贫任务重，然而他们也都有同样的向“贫困”宣战的决心和魄力。村干部、扶贫工作队针对本村的条件，因地制宜地发展产业扶贫，他们在扶贫工作中也有不同的困惑、遇到不同的困难，然而依然坚守在扶贫一线。具有社会责任感的企业，如步步高等，在产业扶贫的路上随处可见它们的身影，为扶贫贡献了很大的力量。村民们乐观勤劳，用双手改变现状！

扶贫在路上，这次考察之后，我对扶贫工作充满了信心，我们一定会取得这场攻坚战的胜利！

图 14　2017 年暑假参与调研的麻钟元同学

李星瑶（中央财经大学）：广阔天地，大有作为

“精准扶贫”对我而言曾经只是一个生硬的政策和概念。可当我真正踏上农村——这片广阔而贫瘠的土地，感受日出而作日落而息的农村劳动人民生活，看到深入一线与农民同吃共住的扶贫干部，还有心系贫困人民为农村发展独辟蹊径的爱心企业家，我发现精准扶贫的种子早在这片土地上生根发芽了。在不远的未来我也将看到一个个新农村会逐渐在“精准扶贫”的政策中长成参天大树。

精准扶贫是习近平总书记在十八洞村正式提出来的。2013 年 11 月 3 日，习近平总书记来到湘西十八洞村考察时，首次做出了“实事求是、因地制宜、分类指导、精准扶贫”的重要指示。2017 年的暑假，时值党的十九大召开前夕，怀揣着对重要政策的实施落实效果的探究和对这几年来农村新发展的期待，我们实践团队一行九人，踏上了湖南湘西这块广阔而又神秘的土地，探索“精准扶贫”政策落地以来的一路发展。

在考察调研的日子里，我们遇到了代表各方利益来自不同群体的人。我们走访的第一个高山上的苗寨——楠木桥村，在半山腰上我们和两个“老陈”相谈甚欢。一个是稍显年轻的陈叔，一个是略显老态的陈伯。陈叔和陈伯在半山腰上和我们相遇，在西瓜地外的树荫下给我们切开好几个大西瓜以解口渴。树荫下除了大快朵颐的我们，还停放了一辆陈叔新买的红色摩托车。陈叔和陈伯都是面朝黄土背朝天的庄稼人，标配着黝黑的皮肤和满脸的皱纹。在树荫下乘凉与我们的交谈是那么轻松愉快，对未来充满了希冀。但当我们走近年纪大一些的陈伯的家时，我们看到的是半山腰上一间孤零零的20世纪90年代搭建的房子，再走近到院子里还能看到房子墙壁上的裂痕。这给我们带来的冲击是很大的，在听了老陈口中对生活的满足和希冀之后，再看到这座小房子对我的内心无疑是有冲击的。无论是对贫困和脱贫深刻的认识还是对劳动人民的乐观心态，对我们几个来自城市里的大学生都是一种心灵的冲击。

在塘代村，我们听到了来自湖南省扶贫队干部的声音。由湖南省政协办公厅领导的，直接与塘代村结对帮扶的唐队长，在塘代村这片土地上留下了很多故事。村民们纷纷向我们讲述，唐队长是如何长期驻扎在村子里，在这片土地上与农民同吃同住。当村子里产生矛盾，是唐队长与各方周旋谈和；当村里某户留守老人半夜生病，是唐队长赶来将老人送医……2015年前就来到村子里的唐队长，已经在村民心中留下了各种感人的记忆，赢得了无限的尊重。服务在一线的基层干部，默默无闻却又尽心尽力。

回到长沙，我们见到了步步高集团的陈志强总裁，并和他针对步步高在产业扶贫方面做出的努力进行了深入的讨论。陈总那掷地有声的话总在脑海里回响：“企业越大，越要承担起社会责任。我愿意做一个对社会负责的企业家。”这绝不仅仅是一句口号，也是一个目标，步步高集团确确实实走在了产业扶贫的路上，用它的行动印证着企业的承诺，并且坚持不懈，不计回报。

一路上，感动的瞬间太多，心酸的瞬间也太多。在农村这片广阔的土地上，在湘西这个神秘的角落里，我们看到了很多人物，他们在自己的岗位上勤勤恳恳、默默无闻地付出着。总有一天，这片土地会予以他们回报，让他们意识到，广阔天地，大有作为。

图 15　2017 年暑假参与调研的李星瑶同学

行家玮（中央财经大学）：深入湘西体味人间疾苦　扶贫攻坚播撒崭新未来

“在扶贫的路上，不能落下一个贫困家庭，丢下一个贫困群众。”习近平总书记在猴年春节前夕来到革命老区井冈山考察扶贫开发情况时如是说。

党的十八大以来，“精准扶贫”这句口号被人所熟知。然而，这四个字的分量远不是一句口号所能囊括的，这是一个时代的目标，也是关乎民生的要事。扶贫攻坚如同一场没有硝烟的战争，在各个乡镇中如火如荼地展开着。谁都知道，由于具体情况各不相同，真正使贫困人口脱贫绝非易事，因此习近平总书记指出，扶贫工作要遵循“实事求是、因地制宜、分类指导、精准扶贫”的原则，广泛凝聚社会各界力量，推进实施精准扶贫方略，为到 2020 年全面建成小康社会奠定坚实基础。

这是党的拳拳深情、殷殷期盼。为了真切感受党对扶贫工作的指导与开发，本着新闻记者求真求是的原则，我有幸加入了中央财经大学新闻系卓越人才培养计划，跟随系主任谭老师踏上湘西这方扶贫攻坚的重点战场，深入了解贫困户的实际状况和扶贫工作进程，带着新闻人对新闻事件的敏感和执着，通过采访、调查、查阅资料、座谈等多种方式为大家展示最真实的扶贫故事。

每每当我结束一天的考察工作回到宾馆，脑海里总能想起村里崎岖不平的山路的颠簸和憨厚村民的笑。其中最令我难忘的是插柳村“艺术客栈”的主人苏新国和苏坤翠夫妇。

那是一个正下着滂沱大雨的午后。我和学长学姐撑伞冒雨前往贫困户家里进行采访。跨过石板桥，兰溪河畔一家农屋外面正飘着一面红色旌旗，上面写着“艺术客栈”。走进艺术客栈，堂屋是一间小卖铺，简陋的桌子和柜台上放着一些食品和日用品，我们的采访对象就在里面忙活着。

说明来意后，主人带我们走向二楼的客栈。男主人苏新国外表黑瘦，走起路来要扶着栏杆慢慢挪着。女主人苏坤翠背有点驼，岁月的痕迹已印在脸上。经简要介绍得知，他们是因病致贫的一个典型。男主人苏新国 63 岁，腰痛、脚痛的毛病犯了很多年，现在又患有肾结石。2016 年就住过院，今年又在长沙开了刀，仅治疗肾结石，就花了不少钱。老人话不多，说起手术的事，便掀起衣襟，给我们看他腰间的伤口，现在还得每天吃药。女主人苏坤翠，57 岁，肠胃不好，常年药不间断，小医院大医院都去过了，病情也是时好时坏。当我们询问他一天的吃穿饮食时，两个老人说：“下大雨，菜都淹了，以往一天也就一个菜，现在只能找些野菜，弄些小咸菜将就将就。钱都花在买药上了，至于穿衣，更不记得上次买衣服是什么时候了。”说话时并没有流露苦色，好像这就是日常的生活，我心头一酸，开始询问这个客栈的事情。

老人们说，在政府的帮助下，他们家开设了客栈，多少能解决一点医药费问题。在政府的帮助下，客栈于2016年9月24日开设，客栈的一切物资都是扶贫办出资购买并装修整理的。客栈一共有四个房间，都是两人的标间，主要为湖南师大来插柳村写生的大学生提供住宿的。2016年写生的学生来了三批，今年到目前就已经来了四批，每次都会有七八个学生来住。客栈的标准是每人每晚20元，学生一住大多是两星期左右。这样客栈一年会有两千元左右的收入。除了大学生来住外，平时客栈都是空着的，因为插柳村虽然会有外地客人来游玩，但大多是当天来，当天就回去了。

老人说，老两口体弱多病，也干不了农活儿，有了这个客栈，日子也就没有那么苦了。我心里一边感激一边难过，心中暗暗对插柳村的扶贫工作充满祝福，希望老人能够慢慢脱贫，过上真正小康的日子。

为期一周的扶贫考察让我真正体会到了贫困村人民生活的不易和扶贫工作开展的难度。可是，我坚信湘西是一片希望的土地，在这里有时刻关注扶贫动向的党和国家，有各级政府的统筹安排，有愿意与村民同甘苦的村干部，也有像我们一样关注扶贫工作、报道扶贫工作的学生和记者们。总有一天，湘西人民一定会看到自己脚下的土地生发出绝美的风景，他们一定会发自内心的热爱和感激。

图16　2017年暑假参与调研的行家玮同学

附录 APPENDIX

谭云明教授主持的“产业扶贫与乡村振兴三部曲”的最后一部作品《振兴：鄂西瓦仓生态农业调查》于2022年10月正式出版，这三部曲是中央财经大学新兴交叉学科建设项目“当代马克思主义新闻观研究”的最新研究成果之一。借此，中央财经大学文化与传媒学院于2022年11月3日专门组织了一场学术座谈会，项目首席专家文化与传媒学院院长刘双舟教授、项目执行专家新闻系主任谭云明教授、新华社记者陈旭、《中国教育报》记者孔萌、中国新闻出版传媒集团广电事业部王禹主任、《中国新闻出版广电报》张博记者、中国经济出版社姜静主任和王西琨编辑等专家，以及参与鄂西瓦仓生态农业调查的学生代表参加了会议。王禹主任特地于2022年12月1日在“广电视界”公众号发表了《从〈探路〉到〈摘帽〉再至〈振兴〉，央财文化与传媒学院如何践行马克思主义新闻观?》一文。借本书第二次印刷之际，现将此文附录于此。

从《探路》到《摘帽》再至《振兴》，央财文化与传媒学院如何践行马克思主义新闻观？

日前，《中国新闻出版广电报》以《中央财经大学文化与传媒学院："三色"共融 把文章写在田野里》为题，专题报道了中央财经大学在传媒教育中深植马克思主义新闻观，坚持以新闻学主流为"本色"，以办好财经新闻为"特色"，以践行马克思主义新闻观为"底色"，为国家培养了一大批财经新闻专业人才。

谈起中央财经大学文化与传媒学院，在新闻与传播专业大家庭中，并不十分显眼，既没有人大、复旦等学院的历史悠久，亦没有清华、北大等学府在学科建设上的突飞猛进。但是，在我看来，它确是最具特色的学院之一。

很多业界朋友会问，此话从何说起？

毋庸置疑，马克思主义新闻观不仅是新闻实践的重要原则，也是新闻专业教育的重要内容之一。中央财经大学文化与传媒学院亦如此，通过开展马克思主义新闻观中国化之价值论研究等6个方面的研究，把马克思主义新闻观教育融入新闻传播人才培养的全过程，帮助学生深度理解马克思主义新闻观的新闻实践。

谈及此，我们需要思考多年来的一个话题，就是我们到底要培养怎样的新闻人才？

一段时间以来，业界甚至在学界一直被数据所裹挟，往往忽视了新闻的属性和初心。

正如中央财经大学文化与传媒学院院长刘双舟所言，"只有把握'培养什么样的人、如何培养人以及为谁培养人'这个教育的根本问题，才能培养出能符合时代要求的传媒人才。"

亦如此，新闻实践成为央财文化与传媒学院新闻传播教育的重要课题之一。

就在2022年，由央财文化与传媒学院教师和学生共著的“产业扶贫与乡村振兴三部曲”正式集结成册。我想，如此的实践行动，在当今的新闻传播专业教育中，亦不多见。

六年时间，一名教师先后带领二十余名学生，连续五年远赴贫困村实地调研，从湖南湘西、湘东到湖北鄂西，从《探路》到《摘帽》再至《振兴》，我们在书中所看到的不仅仅是脱贫攻坚、乡村振兴之宏阔，更是在细节描摹中感受到脱贫之难、振兴之喜。

这个调研团队的带队教师学院新闻系主任谭云明，在几近退休的年龄，坚持带领学生们走出“象牙塔”，走进火热的现实生活，在调研中感悟新闻初心，在实践中体味现实生活的苦与乐，在行路中探究新闻工作者的社会价值。

参与调研的同学中，有的是土生土长的北京人，有的则来自遥远的新疆，每个人的成长和生活环境不同，每个人对新闻价值的理解亦有不同，但是谈到调研后的感悟时，几乎异口同声回答，这是一次难得的人生经历。

学生梁江燕认为，从老师的言传身教中学会了如何采访、如何挖掘故事、如何做人，这是在课堂上很难学到的。而学生赖雯珺则认为，让我了解了中国乡村的脱贫、摘帽与振兴之路，这是课本中无法身心感知的难忘之旅。

这也应和了刘双舟的教育理念，在“象牙塔”里是培养不出真正的未来的记者的，因为不符合新闻教育规律。

“所谓大学者，非谓有大楼之谓也，有大师之谓也。”正是有着如此的新闻教育理念，有着如此为之实践的教授，才会培养出更富新闻理想的新闻工作者。

我们并不否认当前新闻教育所面临的转型压力，包括大数据以及新媒体等基本技能，亦是当今大学生必备的技能。但是，作为新闻学子，首先需要锻造的是新闻之理想和志向，这既是初心，亦是责任。

2022年，在教育部公布的国家级一流本科专业建设点名单中，中央财经大学文化与传媒学院的新闻学专业首次申报便成功入选。与此同时，由文化与传媒学院师生共同撰写的调研报告100万余字、调研论文5篇，已由中国经济出版社正式出版了“产业扶贫和乡村振兴三部曲”——《探路：产业扶贫十八洞村思考》《摘帽：苗家贡米助力脱贫的路径选择》《振兴：鄂西瓦仓生态农业调查》。

我们一直说，脚下有路，心中有光。这既是对新闻工作者的要求，也是对新闻学子们的勉励。而央财文化与传媒学院的教师和学子们，正是在泥水、汗水和泪水的浇灌下，呈现未来新闻工作者最美的模样。

后记

POSTSCRIPT

《探路——产业扶贫十八洞村思考》一书终于按中国经济出版社规定要求的最后截稿日期9月20日交稿了，这样一来，本书从策划到完稿，仅仅用了三个月时间，可算是一个“奇迹”。

2018年6月份，我与艾华商议：计划暑假组织首都部分高校师生前往湖南省花垣县十八洞村再做一次产业扶贫的调研活动。我把这个想法说出来后，立刻得到了北京大学陆地教授、清华大学吴金希教授、中国传媒大学彭文祥教授、中国人民大学孙利军教授、中国社会科学院大学罗自文教授、首都师范大学张桃洲教授等老师的响应，这些老师不仅自己参与策划，还及时联系好各自学校的研究生或本科生积极参与并予以指导，于是，在短时间内就组建了一支首都高校师生十八洞调研队伍，队伍中的学生成员有王凯、李彰、张向韬、丁洪梅、邹璇、罗一坤、付羿雨、訾悦露、王肖、刘彦希等。学生队伍组建成立后，再与中央财经大学新闻系、北京市写作学会、北京指点文章国际教育科技公司三家单位联合组成了一个策划、调研与写作的“班子”，一方面开始前期的策划组织工作，另一方面在网上和图书馆查找相关的文献资料。等各个学校放暑假后，调研团队的成员们于7月21日启程，从北京出发，直奔湘西十八洞村，在那里一待就是一个星期，大家吃住在十八洞村水厂的员工宿舍里，白天冒着高温酷暑，晚上顶着星星月亮，跑上跑下，聚焦十八洞村的产业扶贫，深度调研了这五年来产业扶贫十八洞所开展的工作、取得的成绩、存在的问题以及未来的规划等。这个调研活动《湖南日报》、湖南经济电视台均做了及时报道。

我们为何要组织这样一支首都高校师生调研团队到遥远的湘西十八洞村去开展调研活动呢？这还得从2017年的暑期说起。2017年也是我和艾华的创意，我们想湘西花垣县的十八洞村是习近平总书记提出“精准扶贫”伟大思想的首倡地，三年多过去了，习近平总书记调研考察过的湘西贫困村扶贫工作开展得怎样？那里的老百姓生活有了哪些改变？湘西扶贫工作有哪些特色和经验？我们很想去了解。于是，带着这些问题，经请示中央财经大学文化与传媒学院党委，最后文化与传媒学院新闻系党支部研究决定，由我领衔，带领新闻系卓越人才培养计划项目的8名学生，即李少菲、张彩霞、杜雨薇、闵文、温琳琳、行家玮、李星瑶、麻钟元，组成新闻调查实践团队，从2017年8月9日至8月16日，深入调查走访了湖南的麻阳县楠木桥村、花垣县十八洞村、绥宁县插柳村、邵阳县塘代村四个典型的产业扶贫村落，历时7天，途经千余公里的考察，调研团队成员一边向当地扶贫工作队队员了解一线产业扶贫的工作重点和难点，一边深入各个贫困户家中进行实地走访，收集到了大量一手资料。这个团队采取了田野调查法、文献综述法、专家访谈法等多种研究方法开展调研，以调研报告、照片视频、新媒体平台和新闻报道等形式呈现了调研成果，以展现企业开展产业扶贫工作中的创新扶贫模式、可持续性发展规划、产业发展与精准扶贫互促共赢以及扶贫攻坚阶段面临的难题等方面的调研内容，最后也为今后的扶贫工作展开提供了思路和建议。

这趟历时7天，途经千余公里，穿越神秘湘西，穿过大半个湖南的采访调研，注定是一个兴奋、紧张、好奇甚至有些恐惧的旅程：雄伟的世界第一桥——矮寨大桥，楠木桥高山上干裂的土地，十八洞村苗寨的风情以及夜空里闪烁的星星，插柳村乡民的质朴憨厚，塘代村养鸡场小伙子面对失败的坚毅，还有我们团队的“摄影家”闵文同学肩背重物的担当，行家玮同学湿透的衣背，麻钟元同学开朗乐观的笑脸……这一切都给我们烙下了难忘的印记。

尤其令我惊喜的是，通过这次策划、采访、调研、写作活动，一方面提升了学生的使命感和责任感，坚定了学生的新闻理想和胸怀天下的情怀，这些都是在课堂上难以感受到的，须亲自体验，方得“真经”。另一方面培养了学生对中国国情、中央战略决策在地方上实施情况的了解，锻炼了学生新闻调查的专业能力，使专业教育和思想政治工作有机地结合了起来，使学生思想政治工作有了温度、有了魅力，以此来增强大学生对党、国家和社会主义的认同，旨在将学生培养成又红又专、德才兼备、全面发展的中国特色社会主义合格建设者和可靠接班人。

2017年的调研活动得到了中央财经大学文化与传媒学院党委书记莫林虎和副院长王晓乐的全力支持，也受到了中央财经大学党委书记傅绍林、校长王瑶琪等领导的高度肯定。同时，还引起了中国扶贫开发协会副秘书长蒋任重和《中国教育报》记者王强的高度关注。《中国教育报》于2018年1月2日的头版和第四版分别以《“走过泥巴地，感知真实的农村”——8名大学生奔波千余公里考察湘西贫困村，写出10万字报告》《听，“扶贫曲”响彻贫困村——中央财经大学8名大学生在湖南探访贫困村、调研精准扶贫》为题做了广泛而深入的报道，随着媒体报道的宣传，在高校产生了很好的反响。

领导的肯定，媒体的关注，更激励了我们想进一步关心和了解中国的产业扶贫问题。加上2017年的调研有些走马观花式的，走得匆忙，看得不仔细，很多认识也浮在表面上，所以，我们决定2018年暑假带领首都更多高校的更多学生去湘西十八洞调研，让这些时代的骄子们，亲临贫困村寨的现场，真实地感受新时代中国扶贫事业的热度和艰辛。于是，我们再一次选择了十八洞村，让大家沉下心来，接上地气，开展广泛而深入的调研，特别要用“心”了解最新的鲜活的一手资料。

等我们调研完毕后，一种更强烈的冲动感时时向我们袭来，那就是我们有充分的理由和必要，把我们所看到、听到、感悟到的东西，总结整理出来。于是，我和艾华商议写一本书，为此，我们在长沙湘江边的小茶室，在夏天的一个雨夜，紧急拟定了书名《探路——产业扶贫十八洞村思考》，草拟了写作提纲和写作思路。

我们设定本书的基本思路是：在十八洞这块神奇的土地上，蚩尤的后裔世代生活于此，他们面对“山清水秀”的美丽风景，却一直守着“贫困”，他们曾世代挣扎着，但无法改变自己的命运。倘若不是习近平总书记的到来，他们仍不知如何改变自己的命运，也不知何时能改变自己的命运。自从“精准扶贫”思想在十八洞首倡以来，五年间这里的干部和群众在不断践行“实事求是、因地制宜、分类指导、精准扶贫”的伟大思想，在不断实践，在不断创新，在不断探索着：从“113”工程到猕猴桃基地建设，从农家乐到农旅一体化，其间有成功，也有试错，这是一个不断“探路”的过程。最后，在“精准扶贫”的路上，走出了一条“可复制、可推广”而又切合十八洞实际的因地制宜的脱贫致富奔小康之路。十八洞村在发展，十八洞村村民在蜕变，思想在升华。十八洞村在创造“奇迹”。十八洞村的产业扶贫路，既是一个模式，也是一个样本，但愿这个样本，能给全国的扶贫工作带来启示，也能为人类的减贫工作和全球治理带来启示，这或许就是十八洞村的意义所在。

2020年，中国要全面建成小康社会，中华民族伟大复兴的“中国梦”在时刻召唤着我们，激励着我们。连片贫困地区，如何脱贫致富奔小康，这是关键的短板。五年前，我们的习近平总书记总览全局，深思熟虑，运筹帷幄，因机缘巧合，在十八洞村提出了“精准扶贫”的伟大思想，这一伟大思想，既是解决中国脱贫攻坚战问题的指南，也是解决人类贫困问题的中国方案和中国智慧。习近平总书记来到了十八洞村后，不仅改变了十八洞村的命运，也将会改变中国和世界扶贫减贫的格局。

《探路——产业扶贫十八洞村思考》一书，凝聚了两年来，全体参与策划、调研、写作的师生的心血，大家既真切地把自己独立的观察写了出来，也把自己由此而得来的思考表达了出来，尽管这些观察、思考有可能片面、偏激，但确实是发自内心的肺腑之言。感谢参与策划、调研、写作的全体师生！正是每一个人的点滴努力，正是大家集体的观察、思考和智慧，才能通过此书，为世人展示出我们这个时代关于十八洞村扶贫、十八洞精神和十八洞样本的价值。

这本书的及时出版，除了要感谢所有参与策划、调研、写作的成员外，还要特别感谢中国经济出版社的领导和编辑，如毛增余社长、伏建全主任等。为了把《探路——产业扶贫十八洞村思考》一书赶在习近平总书记提出“精准扶贫”伟大思想五周年之际出版，他们不顾节假日休息，精心编排设计，其间的敬业精神令人动容。同时，更要感谢湖南步步高集团等企业的领导和员工，正是他们有扶贫的使命感和责任感，正是因为他们的创造和无私奉献，才成就十八洞村脱贫致富奔小康的伟大事业。当然，在此，还要感谢所有参与十八洞村扶贫工作的各级领导干部和十八洞的全体村民，他们是十八洞村脱贫致富的直接参与者，他们是我们这个伟大时代的“最可爱的人”。

再过一个月，即11月3日，就是习近平总书记提出“精准扶贫”伟大思想五周年的纪念日，我们这本书能够有缘在这个时间点正式出版，倘若能为这个纪念日增添一点“应景”的色彩，这真是一件非常荣幸而幸福的事。

作为调研活动的策划者和组织者，我深感责任重大，时时感到惶恐，因为水平和能力有限，我们没有把丰富多彩的伟大扶贫事业全面而真实地反映出来，书中定有很多的不足，衷心期待广大读者批评指正。

谭云明

2018年10月